O CHEMSEX NO BRASIL

Os desafios à construção de uma política pública de saúde pela superação dos estigmas e preconceitos

Belmiro Vivaldo S. Fernandes

Studio Sala de Aula Editora

Dedico este trabalho, primeiramente, às pessoas que incondi-
cionalmente, sempre estiveram ao meu lado nesta trajetória:
primeiramente, a minha mãe, Walderez Santana, eterna
protetora e grande parceira de vida. Igualmente, dedico este
trabalho a minha avó, Antonieta
Santana (in memoriam), que no plano espiritual onde se
encontre, sei que sempre está zelando
por mim e por minha mãe. O amor incondicional que sinto e
recebo das duas é tão forte que nos
faz sempre unidos.
Não posso também deixar de dedicar este trabalho toda a minha
família paterna, a
começar por meu pai, Pedro Martins Fernandes Filho, aos meus
irmãos Pedrinho, Sandro e
Paulinha, além de meus sobrinhos. Episódios recentes me fizeram
tomar consciência de que
família é sempre família e nos momentos mais difíceis não me
deixaram desamparado, material
e emocionalmente. Peço-lhes perdão por meus erros como filho/
tio/irmão distante e, com esta
tese, que é a consagração de um grau acadêmico, reparar
equívocos meus do passado, que por
imaturidade cometi injustiças.
Junto à família biológica, existe a família de alma. E, assim,
começo dedicando esta
pesquisa a minha irmã querida por quem tenho um amor
incondicional, Jeovanna, que sempre
está ao meu lado nos momentos alegres, tristes, leves e também nos
difíceis. A dedicatória a Jeo
também transmito ao meu querido afilhado André, seu filho, a
quem considero também um filho
e que ambos saibam que estarei sempre ao lado de vocês.
Dedico também este trabalho a todos os meus queridos parentes
afetivos, minha madrinha
Vitorinha e meu padrinho Valdevan, à tia Delma, a Aninha e a
Delcarlos, bem como ao tio
Raimundinho.
Ao longo da vida acadêmica também fiz grandes amigos e não
posso destacar o amor e
gratidão que sinto por Ezilda e por Ana Cristina, para quem
posso ligar a qualquer hora e que
estão a postos para sempre estar juntas comigo.
Dedico também este trabalho aos meus padrinhos acadêmicos,

profa. Maria Auxiliadora
Minahim e prof. Alexandre Sérgio da Rocha. Ambos me con-
heceram fora da Academia e
mantiveram comigo o compromisso de me ver doutor. Além tudo,
são amigos leais e fiéis,
compreensivos de minhas vulnerabilidades e que nunca
deixaram de confiar em mim e no talento
que gentilmente afirmam que eu tenho.
Dedico este trabalho a minha orientadora, Profa. Mônica
Aguiar, que tanto me acompanhou no mestrado como no
doutorado e que prosseguimos juntos no Grupo de Pesquisa Vida.
Aproveito para aqui já agradecer a paciência e a confiança de-
positada.
E, sim, finalmente, dedico este trabalho a todos os meus amigos,
próximos ou mais
distantes, da comunidade LGBTQ, inclusive alguns que já não
estão mais neste plano. Uma das
motivações que me levaram a todo custo finalizar esta pesquisa
foi dedicá-la a vocês. Recebam
este trabalho singelo com muito carinho e preocupação de
alguém que testemunhou muita coisa
nesta vida junto à comunidade e que, com esta colaboração,
pretende dar-lhes ferramentas para
ajudá-lxs em suas vidas e em sua saúde.

"Eu tentei criar consciência sobre a epidemia
de chemsex que é responsável por sim, por bastante
prazer, mas que, injusta e desproporcionalmente,
traz experiências de traumas, psicose, suicídios e
overdose entre (principalmente) homens gays por
todo o mundo. É verdade que esta epidemia é tão,
mas tão preocupante porque se tornou normalizada por muitos
homens gays. Praticamente todo
homem gay no mundo conhece alguém que foi afetado ainda
que indiretamente pelo chemsex. O legado e o trauma coletivo de
todas as mortes por
AIDS, ou de todas as injustiças sofridas por homens
homossexuais ainda persistem em nossas almas,
sendo muito ainda um trauma muito recente para
que tenhamos de lidar com uma nova epidemia de
mortes e traumas que acompanham o chemsex. As
mortes. . . mortes, entre homens gays brilhantes. . .
brilhantes, que simplesmente buscam diversão e
intimidade no sexo e no amor, mas que julgam isto
muito complexo, necessitando de drogas para encontrar o prazer
pode ser muito complicado [. . .]
eu não posso suportar isto, então eu me tornei um
ativista e não vou parar. Vamos juntos [nesta luta].
Eu insisto."

DAVID STUART,
CRIADOR DO TERMO CHEMSEX E PRINCIPAL ATIVISTA
MUNDIAL NO ASSUNTO

CONTENTS

APRESENTAÇÃO DESTA VERSÃO COMERCIAL

Esta é a versão comercial da tese que defendi em 01 de Junho de 2020, perante o Programa de Pós-Graduação em Direito da Universidade Federal da Bahia , para obtenção do título de Doutor em Relações Sociais e Novos Direitos.

Em relação ao caderno da tese defendida, fiz alguns ajustes, para que a leitura pudesse ficar mais acessível para todos. Assim, alguns rigores metodológicos um tanto quanto excessivos (mas necessários para uma defesa de tese) foram simplificados, a exemplo do uso de muitas referências ao longo do texto, cuja relação completa se encontra na parte final.

Da mesma forma, no texto apresentado aos meus examinadores, o capítulo com a transcrição das entrevistas (todas realizadas com aprovação de Comitê de Ética,– CAAE n. 82339518.7.0000.0041, disponível na Plataforma Brasil para consulta pública) foi incluído no corpo desta obra, ao invés de ter ficado no fim, como um apêndice, na versão entregue à banca.

Advirto, desde já, ao leitor, que os relatos são bastante gráficos e não tem por propósito algum estigmatizar ou expor os entrevistados (cujos nomes e características mais evidentes foram ocultados, por óbvio). Então, leia-os apenas se não for sensível a temas como dependência química, práticas sexuais muitas vezes não vistas como convencionais, dentre outras.

Também destaco que este trabalho, cuja orientação foi da professora Dra. Mônica Neves Aguiar da Silva (líder do grupo de pesquisa em bioética VIDA, registrado no CNPq e vinculado ao Programa de Pós-Graduação em Direito, do qual faço parte) foi aprovada com nota máxima (10,0, dez), dado o seu ineditismo.

Em suma, o propósito centra desta tese é demonstrar como o problema de saúde pública relacionado ao chemsex tem sido invisibilizado nas autoridades sanitárias brasileiras, que preferem aumentar o estigma à comunidade LGBTQ, em diametralmente oposta postura de outros países.

Igualmente, para evitar problematizações em excesso, quero esclarecer o seguinte: a escolha da amostra (vinte homens "HSH" - homens que fazem sexo com homens, independente de como se percebem, seja como gays, bissexuais ou até mesmo como heterossexuais) não foi aleatória ou de caráter estigmatizante.

Como trabalho científico que este é, foi necessária a comparação entre os universos de pesquisa já muito avançados no exterior (especialmente no Reino Unido) sobre o chemsex e o seu ainda pueril conhecimento no Brasil.

Obviamente, que podemos considerar a prática de chemsex por diversos outros grupos, dentro e fora da comunidade LGBTQ, inclusive por pessoas que se percebem como heterossexuais.

O tema do chemsex tende a ganhar importância cada vez maior ao longo dos próximos anos e, provavelmente, este livro ganhará outras versões, incluindo outros sujeitos de pesquisa, bem como o acompanhamento das políticas de saúde no Brasil que possam ter avançado ou regredido.

Estou à disposição para dúvidas, esclarecimentos, elogios ou críticas, no e-mail belmirofernandes@gmail.com ou pelo instagram @belmirovivaldo.

Obrigado por ter adquirido esta obra e peço que a leia com muito carinho e sensibilidade na pesquisa aqui desenvolvida.

Um abraço,

Belmiro.

OS DESAFIOS E A EXPERIÊNCIA DE SE PESQUISAR SOBRE O CHEMSEX

Uma pesquisa científica deve ter o condão de provocar, colaborar, problematizar, incomodar e, quando possível, até mesmo revolucionar. Muitas são as dificuldades colocadas diante do pesquisador, porque, em geral, os resultados de qualquer investigação não são imediatos; levam anos para que tragam algum tipo de colaboração tangível para a ciência e para a sociedade.

Acrescente-se a este o cenário o desafio de se pretender produzir ciência no campo das humanidades. Trata-se de uma tarefa, embora admirada por muitos pela ousadia, de colaboração percebida muitas vezes após anos, décadas, ou ainda *post mortem* ao próprio investigador. Este, aliás, abdica de grande parte de sua vida pessoal, familiar, social e até mesmo profissional. Some-se tal contexto ao completo desestímulo e dificuldades que são colocadas para aquele que pretenda fazer uma ciência de forma séria, pois o desejo de concentração necessário que é almejado, o acesso às fontes de informação – escassas, herméticas e muitas vezes excessivamente onerosas – e o enfrentamento de prazos curtos e de uma burocracia acadêmica que ganha os ares de soviética para comprovação de títulos, preenchimento de formulários e atingimento de indicadores de produtividade levam à reflexão: para que mesmo se está pesquisando?

Como esta pesquisa tem como linha a área de conhecimento a bioética, dentro da qual, como princípios e valores que se estacam, encontram-se a autonomia, a vulnerabilidade e a alteridade como os mais relacionados ao *chemsex*. Há de considerar, porém, que não há ser menos autônomo e mais vulnerável do que o próprio pesquisador, porque, dados o rigor dos ritos acadêmicos e desafios que se colocam em sua vida que se passa ao longo de cerca de três anos que dura um programa de doutorado, é obrigado a conviver, todos os dias, com o fantasma do fracasso, cuja máxima representação é a não conclusão de pesquisa.

É neste quadro que decidimos falar sobre o *chemsex*. Esta palavra, criada pelo ativista LGBTQ inglês David Stuart, a quem dedico também esta pesquisa, é um acrônimo das palavras *chemical* e *sex*, ou, em uma livre tradução, "sexo químico". Mas o que seria este tal sexo químico, que mereceria o investimento de recursos do governo federal em pesquisa, visto que esta tese resultou de uma vaga disputada e vencida por um candidato em um sistema de ensino público? Por que seria relevante? E o que seria mesmo o *chemsex*?

Primeiramente, há de se advertir que as palavras e seus sentidos evoluem com o passar do tempo e se ressignificam conforme os contextos em que são apresentadas. Até mesmo, para uma pessoa, *chemsex* pode significar uma coisa; para outra, algo completamente diferente. O próprio David Stuart já tem se manifestado e criticado abertamente em sua notável, geograficamente ampla e consistente produção ativista e também científica quanto a uma certa suavização do uso do termo e, como o mesmo já disse em mais de uma ocasião, em uma certa "apropriação cultural". Adotaremos nesta pesquisa o sentido de *chemsex* desenvolvido por David Stuart, mas estamos preparados para evolução rápida de seu sentido, de modo que poderá haver um inevitável deslocamento entre o criador e sua criatura.

Reduzir *chemsex* a simplesmente um "sexo químico" ou, como já se pode denotar, a prática de relações sexuais mediante a utilização de substâncias psicoativas, especialmente as consideradas drogas ilícitas, é diminuir a sua importância merecedora da dedicação de tantos e tantos pesquisadores e instituições científicas que se dedicam ao seu estudo em todo o mundo. O *chemsex* nasceu pensado em um fenômeno comportamental relacionado às pessoas que compõem a comunidade LGBTQ, mas, especialmente, em um recorte desta: os homens, gays, bissexuais ou como prefiram se denominar, que praticam sexo com outros homens, os "HSH", adotando-se um termo mais científico, presente na linguagem da saúde pública.

Assim, o *chemsex* já enfrenta de imediato, no mínimo, dois vetores de estigmatização e preconceito: o primeiro, que é o próprio consumo de drogas consideradas ilícitas por ordenamentos jurídicos e a prática de relações sexuais diversas do que determina a heteronormatividade. Imaginando-se como intersecções de conjuntos, existirão pessoas que apoiam ou não têm preconceitos contra as mais variadas orientações e identidades sexuais mas que abominam o consumo de entorpecentes e há outras que não consideram grandes problemas o consumo de qualquer ou de algumas substâncias psicoativas, mas que, por seu código moral e valores, não se sentem confortáveis em imaginar ou tomar conhecimento de que, sim, homens fazem sexo com outros homens e muitas vezes de forma coletiva, e que isto é muito mais frequente do que se pode imaginar.

Entretanto, e aqui já enfrentando a justificativa da pesquisa, os relatórios desenvolvidos no exterior – já que o tema é completamente invisibilizado pelas autoridades sanitárias brasileiras – demonstram que há sim uma grande relevância para se investigar o *chemsex*. Os fatores são múltiplos e aqui seu elenco não se encontra em qualquer ordem, seja cronológica, de prioridade ou de categoria.

Inicia-se assim a relevância da investigação a partir da percepção da própria dicotomia entre a solidão e a necessidade de pertencimento de 'gays', bissexuais, lésbicas, travestis, transexuais, a algum grupo. Até os dias de hoje, e não apenas no Brasil, a violência contra as pessoas LGBTQ é elevadíssima, começando pelo próprio seio familiar. Quando não manifestada de forma física ou sexual, é psicológica e moral, impondo-se padrões de comportamento incompatíveis com a psiquê do indivíduo. Mulheres masculinas são obrigadas a se feminilizar ou a cumprir o seu suposto papel de subserviência na sociedade; homens afeminados são visto com vergonha, de modo que seus trejeitos e jeitos de falar são de logo consertados desde a mais tenra infância. É muito comum dizer que muitas vezes as pessoas LGBTQ encontram o verdadeiro acolhimento familiar em suas famílias que são eleitas, não nas biológicas, mas esta afirmativa precisa também ser problematizada.

É comum retratar a comunidade LGBTQ como o símbolo do arco-íris, representando diversidade e união; porém, isto é um tanto quanto falacioso. Dentro da comunidade, cujas letras não são mais apenas as supra mencionadas, mas que aqui são adotadas como sigla por ser o seu termo mais difundido, padrões também são impostos, com divisões de castas e grupos. Focando-se nos homens gays e bissexuais, que fizeram parte deste objeto de estudo, existe um certo "padrão" a ser seguido e, curiosamente, a própria palavra "padrão" foi incorporada ao vocabulário da comunidade. Significa o homem gay desejável, musculoso, com percentual de gordura baixo, com dotes físicos atrativos, sedutor tanto sob o ponto de vista da carne como das condições financeiras e, logo, um ideal perseguido por multidões. Não se precisa provar isto cientificamente, basta olhar ao redor.

Qualquer pessoa que não se encontre dentro deste padrão precisa apresentar outros tipos de atrativos. Pode ser a simpatia, ou ainda o acesso a clubes e festas exclusivos, o próprio dinheiro ou ainda a droga. Sim, a droga é um atrativo. E, esta pesquisa foi desenvolvida com muita cautela e cuidado para que um raciocínio raso, porém bastante frequente em tempos de neo-conservadorismo, possa ser inferido: a de que gays e drogas andariam de mãos dadas. Isto é tão falacioso quanto à triste associação entre gays e o HIV. Entretanto, não porque não possa ser uma regra absoluta que se negue que seja um comportamento que ocorra com grande frequência e/ou que mereça a devida atenção.

Partindo-se desta premissa, com a droga ganha-se o acesso e a simpatia de muitos, e isto foi bem explicitado nas entrevistas realizadas nesta pesquisa. Convites aparecem, o afeto é química ou interesseiramente conquistado e, no fim de tudo, as causas que levaram a este mínimo momento de acolhimento pouco importam; a razão dá lugar à sensação; a sensação à emoção e a emoção à inconsequência.

Essas inconsequências perpassam por diversos ângulos. Primeiramente, aqueles que estão tão pouco acostumados a receberem o afeto, podem desejar ficar neste estado durante todas horas livres que têm disponíveis, porque não estão representando personagens impostos socialmente no trabalho ou na família. Querem comprar com a droga um elastecimento do tempo e a intensificação das sensações. Surge daí o primeiro dos problemas: a possibilidade de overdose.

Com a possibilidade de sobredose, outras ramificações problemáticas também surgem, como o receio dos demais envolvidos na prática sexual em serem maltratados pelas autoridades policiais e judiciárias em razão dos estigmas que o uso de drogas e que tais práticas sexuais não moralmente aceitas podem significar. O medo é presente e o risco é real. Da sobredose, podem surgir situações como danos físicos e psicológicos duradouros ou até mesmo permanentes, até o próprio óbito.

Com o uso de drogas, a capacidade cognitiva é alterada, o que gera problemas relacionados ao consentimento. Que práticas consentir? Até onde pode ir a busca pelo prazer? Seria a prática de sexo desprotegido uma opção? Há condições concretas de se avaliar e decidir isto durante a realização do ato sexual em tais circunstâncias? Por tais motivos, as pesquisas desenvolvidas em outros países, especialmente na Inglaterra, demonstram que há uma clara relação entre o aumento de infecções por diversas doenças sexualmente transmissíveis, a exemplo do próprio HIV e da sífilis, até mesmo porque ainda há um tabu com a dispensação das profilaxias pré e pós exposição (PreP e PeP, respectivamente). Ainda no campo do consentimento, há o risco real de violência física, sexual e patrimonial, além do aumento de taxas de homicídio.

Ainda há outros problemas graves relacionados ao *chemsex*. Primeiramente, que muitos praticantes não se consideram viciados em drogas, o que talvez tivesse levado às autoridades sanitárias da Organização Mundial da Saúde rever os códigos do Catálogo Internacional de Doenças (CID), fazendo incluir na 11ª edição (CID-11), que entrará em vigor em janeiro de 2022, a "desordem de comportamento sexual compulsivo", dentro da qual o *chemsex* foi compreendido como tal, sob o código 6C72. Assim, a série "F" do CID-10, que trata sobre dependência química, inadequada para a compreensão do comportamento, tornar-se-á superada, com tal importante atualização. Então, a abordagem de tratamento ao *chemsex* passará a ser multifatorial, perpassando por fatores além do mero vício individual sobre as substâncias, mas diante do próprio contexto social revela-se um gatilho para a persistência em tal comportamento.

Dito isto, a presente pesquisa tem como hipótese demonstrar que o *chemsex* é uma forma de manifestação de vulnerabilidade de pessoas que, dados contextos pessoal, familiar e social, não têm a plena capacidade de orientar o seu comportamento, tão-somente apresentando um falso ou superficial exercício de sua autonomia e necessitando da efetiva participação de políticas públicas de saúde para que possam abandonar tais práticas e se convencerem de que é possível a adoção de um *sober sex* (sexo sóbrio, conforme a expressão cunhada por David Stuart).

Esta hipótese apenas se torna possível se forem adotados adicionalmente dois postulados: o primeiro, de que existe na sociedade um "estado de exceção", orientado por uma biopolítica cerceadora de direitos à comunidade LGBTQ e que a bioética não pode ficar relegada a um papel de mera observação e compreensão, devendo servir de fundamentos para que tal política pública de saúde seja efetivada. Por este motivo, é que dentre as diversas correntes e teorias bioéticas, esta tese adotou como marco teórico a bioética de intervenção, difundida por Volnei Garrafa. Como explicitado no capítulo próprio, a bioética de intervenção não significa intromissão; portanto, reconhecendo a vulnerabilidade, oferece mecanismos ativos e regulatórios para o acolhimento daqueles que necessitam cuidar de sua saúde e de seu bem-estar.

Como objetivo central, a pesquisa investiga o grau de preparação do sistema de saúde brasileiro para acolher adequadamente os sujeitos participantes de *chemsex*, considerando sua complexidade e especificidades, especialmente em comparação com a realidade já vivenciada em outros países.

Partindo da hipótese levantada e do objetivo central, esta pesquisa se subdividiu, além da introdução, conclusão, apêndices e anexos em quatro capítulos de desenvolvimento, que, considerando-se esta introdução como primeiro capítulo, os demais foram assim divididos:

No capítulo dois foi apresentado com maiores detalhes o *chemsex*, trazendo os principais fundamentos e elementos das pesquisas desenvolvidas no exterior, especialmente o *The Chemsex Study* e o Relatório Astra. Destacou-se separadamente os riscos e danos já percebidos com tal comportamento, porque merecedores das políticas públicas de saúde e ações da iniciativa privada nos países que consideraram o *chemsex* como uma questão relevante. Este capítulo também traça algumas linhas sobre o reconhecimento do *chemsex* como um transtorno pelo CID-11, embora ainda não haja uma quantidade suficiente de literatura produzida para um melhor desenvolvimento, uma vez que tal alteração ocorreu ao longo do ano de 2019. Portanto, o capítulo tem caráter em certa medida também introdutório, por apresentar as diversas vertentes e ângulos do *chemsex*, sendo preparatório para o capítulo seguinte, que trata sobre a pesquisa empírica desenvolvida.

Assim, em reconhecimento à sugestão feita no exame de qualificação desta tese, acolheu-se a proposta de destaque da pesquisa empírica, sendo tratada em capítulo próprio, sendo o terceiro. A necessidade do desenvolvimento da referida pesquisa decorreu da absoluta ausência de dados sobre o *chemsex* no Brasil, mesmo dentro dos serviços de saúde, instituições de ensino relacionadas ou ainda em programas de pós-graduação em ciências humanas. Embora não tão usual na área jurídica, adotou-se a pesquisa empírica para melhor extração dos dados locais, porque apesar de o *chemsex* apresentar traços comuns entre vários países, existem especificidades locais em cada região, a exemplo do inventário de drogas disponíveis no caso brasileiro, em especial de Salvador/BA, Recife/PE e São Paulo capital. Dada a limitação de orçamento, porque desenvolvida parcialmente com recursos próprios e parcialmente com o recebimento de uma bolsa de produtividade do Centro Universitário Estácio da Bahia (ao qual já aproveito a oportunidade para prestar meus agradecimentos), foram entrevistados apenas vinte sujeitos, de modo que seus relatos foram trabalhados qualitativamente, como adiante será melhor explicitado e que foi detalhado no item "3.1 Desenho da Pesquisa", desta tese.

Acrescentado após o exame de qualificação é que veio o capítulo quarto, que trata primeiramente sobre a biopolítica. Em incessantes debates, provavelmente muito cansativos para os interlocutores deste pesquisador, eis que tanto em uma banca participada de uma monografia de graduação de tema afim ao testa pesquisa, que teve como orientadora a Professora Doutora Maria Auxiliadora Minahim, sobre a prática do *barebacking* (práticas sexuais intencionalmente sem o uso de preservativos), foi lembrada a importância do pensamento de Michel Foucault, que além de ter sido um importante filósofo e investigador do poder, da criminologia e da sexualidade, por ter sido portador de HIV e morrido supostamente por causa de complicações da AIDS, era 'gay' e frequentador de clubes de sexo. Logo, seu pensamento encontrou perfeito lugar de fala para a compreensão tanto dos mecanismos do biopoder, como sobre a regulação sobre os corpos e seus comportamentos. Talvez, se fosse vivo, Foucault teria sido investigador do *chemsex*. Por isto, este capítulo foi dedicado aos temas da biopolítica e biopoder, tanto no segmento da sexualidade, como do uso de drogas e do controle sobre o HIV/AIDS.

No capítulo quatro, ainda, foi apresentada a primeira parte (de duas) da análise bioética sobre o *chemsex*. Metodologicamente, no referido foi apresentado – o que é inevitável em trabalhos da área – o próprio surgimento da bioética, mas também os princípios da autonomia, vulnerabilidade, alteridade e, por fim, da responsabilidade em ligação com o anterior. Trata-se de uma seção com ênfase filosófica, que desafiou os limites intelectuais desta pesquisa, por ter sido desenvolvida por um investigador de formação jurídica e não em filosofia. Entretanto, seu propósito foi o demonstrado em seu conteúdo e relacionado à hipótese, de que diante do *chemsex*, a maior ênfase principiológica para uma adequada análise é a da vulnerabilidade dos participantes e a alteridade combinada com a responsabilidade dos agentes governamentais, especialmente de saúde, em livrarem se seus estigmas para protegerem a saúde dos envolvidos. Verificou-se, assim, o pressuposto de que a autonomia dos praticantes de *chemsex* já não seria são plena em razão da biopolítica e abre a discussão para o próximo capítulo, que trata sobre a bioética de intervenção.

Finalmente, o capítulo quatro é encerrado com a abordagem a bioética de intervenção demonstrou ser se não a mais, porém uma das mais adequadas teorias para a estruturação de uma política de saúde para o comportamento. Suas ferramentas, baseadas no reconhecimento da construção de uma bioética latino-americana calcada na vulnerabilidade e na não intromissão – apesar de seu nome denotar o contrário – possibilitou a apresentação de diversos aspectos teóricos para a preparação dos serviços de saúde no Brasil quando for decido politicamente que o *chemsex* é uma relevante questão de saúde pública. Igualmente, assim como ocorreu com as seções anteriores, não se pretendeu esgotar todos os conhecimentos acerca da bioética de intervenção, que possui diversas teses e dissertações muito mais aprofundadas e claras sobre o tema, especialmente na Universidade de Brasília, na qual o prof. Volnei Garrafa é docente. Entretanto, tomando-se por base principalmente a tese de compilação de Leandro Brambilla Martorell e outros escritos complementares, foi possível obter uma análise adequada de suas colaborações para a proposta desta pesquisa.

No capítulo cinco, último de desenvolvimento, analisou-se a estruturação do sistema de saúde brasileiro, tanto público, quanto complementar e privado, além de se verificar quais propostas são compatíveis com a realidade local, considerando tanto os limites jurídico-administrativos apresentados, como as peculiaridades do *chemsex*, explicitadas nos capítulos dois e três, quanto os limitadores biopolíticos e principiológicos descritos nas seções subsequentes. Inevitavelmente, dado a iminente entrada em vigor do CID-11, algumas propostas poderão ser aplicadas de logo; outras, apenas por certo tempo; enquanto outras apenas a partir de 2022. Optou-se por não se deixar a apresentação de propostas apenas para as considerações finais da tese, porque nesta haverá a retomada do trabalho, para demonstração da coesão de tudo o que foi exposto.

Quanto à metodologia, esta pesquisa se utilizou tanto da clássica teórico-descritiva, com revisão de literatura dos artigos científicos e estudos já desenvolvidos sobre o *chemsex*, além de outras referências específicas da área de bioética e de ramos jurídicos pertinentes, a exemplo do direito do consumidor, administrativo e constitucional. Como também já demonstrado e explicitado no capítulo três, houve desenvolvimento de pesquisa de campo submetida ao Comitê de Ética e Pesquisa do Centro Universitário Estácio da Bahia (CAAE n. 82339518.7.0000.0041, Plataforma Brasil), a fim de atender todas as normativas éticas nacionais e internacionais para pesquisas que envolvem seres humanos, visando defender os interesses dos sujeitos da pesquisa em sua integridade e dignidade e contribuir no desenvolvimento da pesquisa dentro dos padrões éticos, conforme Resolução CNS nº 466/2012 e Norma Operacional 001/2013. Além disso, foram observadas as diretrizes éticas internacionais (Declaração de Helsique, Diretrizes Internacionais para Pesquisas Biomédicas envolvendo Seres Humanos – CIOMS) e brasileiras (Resolução CNS 196/96 e complementares), diretrizes que ressaltam a importância da revisão ética e científica das pesquisas envolvendo seres humanos, com o objetivo de salvaguardar a dignidade, os direitos, segurança e o bem-estar do sujeito da pesquisa.

Embora multidisciplinar e com abordagem inédita – requisito para um trabalho de doutoramento – esta ou nenhuma outra pesquisa talvez esgotou ou pretenderia esgotar seu objeto. A dinâmica encontrou fatores relevantes, como o início da percepção do *chemsex*, sendo veículo de notícias em sites de acesso ao grande público e houve relevantes limites, como já salientados, como orçamentários, cronológicos e circunstanciais. Epistemologicamente, não se pretendeu ou se foi possível a análise em certos aspectos, a exemplo do direito penal – o que pode ocorrer em momento posterior.

Entretanto, dentre os objetivos secundários, que são o de dar visibilidade ao comportamento do *chemsex* e trazer à luz do direito e da bioética a sua devida importância, acreditamos que esta investigação atingiu o seu propósito.

É relevante, por fim, inicialmente pedir licença às nobres professoras avaliadoras, ao nobre professor avaliador e à querida e nobre professora orientadora para justificar que a presente introdução se fez intencionalmente extensa, para que melhor se pudesse compreender o percurso de desenvolvimento deste relatório de pesquisa, bem como pedir as escusas pela variação no uso ora da primeira pessoa do plural, ora do singular, ora da terceira pessoa, visto que este tema envolveu uma particular dedicação sobremaneira pessoal, em razão de se tratar da vida de pessoas ora próximas, ora conhecidas, tendo muitos se voluntariado a prestarem suas entrevistas com receio de terem informações sensíveis reveladas e, assim, sofrerem o estigma do que foi apresentado. Mas, por outro lado, reafirmamos que o rigor metodológico foi seguido à risca e houve também proposital intenção de que o texto fosse acessível não apenas aos letrados em direito, mas a todos os interessados em melhor compreendê-lo.

NOÇÕES PRELIMINARES SOBRE O CHEMSEX.

No capítulo anterior e introdutório desta investigação, foi abordado em linhas gerais como o chemsex decorre do profundo sentimento de solidão e desejo de pertencimento que permeia a comunidade LGBTQ, em que, de um lado, há pessoas que necessitam de validação sobre seus corpos, comportamentos e identidade e, de outro, daquelas carecem de empatia e se agem em oposição à alteridade, invisibilizando e julgando moralmente seus praticantes, legitimando seus estigmas e preconceitos. Era o momento da ciência começar a enfrentar racional e seriamente a questão, em razão do número cada mais crescente de danos físicos e emocionais causados à comunidade, tudo em busca de se sentir incluído.

Assim, progressivamente, pesquisas conduzidas ao longo dos últimos vinte anos têm indicado uma grande proporção de homens *gays* ao redor do mundo que fazem consumo regular de drogas ilícitas dentre a população, em geral (STUART, 2009). Este uso, especialmente em grandes centros urbanos, tem sido constatado através de "drogas de festa", como *ecstasy*, cocaína, quetamina, LSD e outras (BRAINE *et al*, 2011).

Evidências recentes indicam mudanças no uso de drogas entre alguns homens *gays*, tanto no caso das drogas mais popularmente conhecidas, como nas formas através das quais são ministradas. Assim, o termo *"chemsex"* ou o menos conhecido "party and play" (PnP) tem adentrado no vocabulário de parte da população de homens *gays*, em um comportamento que tem atraído a atenção da mídia (SEWELL *et at*, 2019). Logo, o *"chemsex"* é comumente entendido como sendo o sexo entre homens que ocorre sob influência de drogas (ilícitas) consumidas imediatamente antes ou durante sessões sexuais (DHOEST *et al*, 2016), embora, como já tenhamos afirmado anteriormente, este próprio conceito se encontra em revisão e mutação, para incluir outras formas problemáticas de consumo de drogas relacionado a práticas sexuais.

No cenário brasileiro pouco tem sido divulgado e, quando feito, ainda se dá de forma um tanto quanto alarmista e sensacionalista. Desde o ano de 2015, veículos nacionais de imprensa têm anunciado a adesão de homens gays brasileiros à prática do *chemsex*, comportamento até então não conhecido pela maioria da população ou, ao menos, não observado com um olhar mais cuidadoso. Mais recentemente, precisamente logo após o carnaval de 2020, o *chemsex* voltou a ocupar as manchetes (CUNHA, 2015), desta vez em destaque no grande portal de informações UOL, alertando para o comportamento. Embora a publicação tivesse como mérito alertar a população e trazer um pouco de sensibilidade para a temática, trazendo depoimentos de participantes e de especialistas, infelizmente reforçou alguns aspectos estigmatizantes já frequentes na cena LGBTQ, ao, de certa forma, banalizar suas causas, associando-o a expressões como "tédio" e invulnerabilidade. É necessário desconstruir isto.

De muito maior fidedignidade foi o relato autobiografado do ex-soldado britânico James Wharton, que em seu livro "Something for the weekend" (apenas disponível em inglês), narrou:

[...] sinto-me no topo do mundo. Eu tenho caras gostosos mais sociáveis que nunca. Sinto-me popular, um êxtase em si: meu corpo está sendo validado e mesmo para pessoas como eu. Isto é claramente o efeito das drogas na minha mente. Estou péssimo, não consigo pensar direito... [...] Eu não comi nada, pareço já tive contato sexual com pelo menos dez tipos diferentes. Estou totalmente confuso. Um dia mais tarde, tendo gasto mais £100 em suprimentos [drogas] eventualmente eu já pedi um Uber e volto ao meu apartamento dez milhas afastado no sul de Londres. Estou exausto, não apenas cansado. Estou com fome, mas sem apetite. Minha mente está cheia de rostos e encontros nos últimos dois dias, mas estou insatisfeito. Eu preciso tomar banho, escovar os dentes, para obter algo, qualquer coisa para o meu estômago. Mas eu não quero. Eu entro pela porta, eu olho para as muitas mensagens no Facebook de amigos e família preocupada por que estava tão silencioso todo fim de semana, mais uma vez, e eu um colapso na minha cama. Deixo cair o Valium e torno-me insensível. Eu fecho meus olhos e, num instante, está na hora de ir para trabalhar. Vou ao ônibus da manhã de segunda-feira e a realidade, já chegou. Eu me sentirei como merda até hora do almoço na quarta-feira, e então eu vou começar a pensar sobre o fim de semana novamente. É um ciclo que não consigo parar [...] (Os grifos são nossos) (WHARTON, 2017)

E é neste sentido que a percepção e a compreensão do *chemsex*, muito mais do que uma prática erótica pouco ortodoxa, livre e mais no sentido de uma dependência comportamental, que levou um longo caminho para ser compreendida e finalmente reconhecida como um transtorno tratável, como já defendia David Stuart (2019) e atualmente reconhece a OMS, que no próprio Reino Unido, terra tanto dele como de James Wharton, é que foram realizadas as primeiras pesquisas sérias e com significativos investimentos sobre o tema. É o que dedicaremos no próximo tópico.

O DESCORTINAMENTO DO CHEMSEX

Em 2014, a equipe de pesquisadores formada Adam Bourne, David Reid, Ford Hickson, Sérgio Torres Rueda e Peter Weatherburn (2015) publicou uma das mais amplas investigações sobre a prática do chemsex, intitulada "The Chemsex Study: drug use in sexual settings among gay and bisexual men in Lambeth, Southwark & Lewishan" (2015) Trata-se de uma pesquisa desenvolvida ao longo de vinte anos, que apresentou importantes resultados quanto ao tema.

Por se tratar de um amplo estudo, eminentemente qualitativo e detalhado, adiante foram resumidos os principais pontos abordados, sem que se ativesse a detalhes, como quantitativo exato e proporção de resposta dos entrevistados. O "Chemsex Study" serviu de inspiração para a realização da pesquisa empírica desenvolvida em Salvador/BA, de modo que os dados qualitativos adiante apresentados serviram de parâmetros para a formulação dos questionários das entrevistas semi-estruturadas realizadas na pesquisa de campo desta tese.

Quanto ao "The Chemsex Study", seus pesquisadores relataram que a motivação para realização dos levantamentos decorreu dos padrões comportamentais apresentados pelos sujeitos encaminhados do serviço de saúde gratuito à população inglesa, denominado Antidote, que apontou um crescimento do uso de três drogas na população LGBTQ, de 3% no ano de 2005, para cerca de 85% no ano de 2012, levando-se em consideração uma amostra de oito mil participantes. Dentre as drogas apontadas de maior utilização, foram listadas o cristal de metanfetamina, o GHB/GBL e a mefedrona. Porém, um dado importante chamou atenção dos pesquisadores: a utilização de tais drogas preponderamente em contextos de práticas sexuais, à proporção quase total do uso da metanfetamina, 75% para a mefedrona e 85% para o GHB/GBL. Ademais, identificaram que o uso de tais substâncias, nestes contextos, fora significativamente mais alto entre portadores do vírus HIV.

A equipe de pesquisadores desenvolveu duas hipóteses. Primeiramente, que embora não seja possível afirmar em princípio que o uso de tais drogas cause um comportamento sexual mais arriscado, entenderam que homens que as consomem durante relações sexuais estão mais suscetíveis dos riscos de transmissão do HIV do que aqueles que não as utilizam. Tomando por base a literatura investigada, entenderam que o aumento do risco se deve à hipersexualização provocada pelas substâncias, os longos períodos de práticas sexuais e por serem realizadas muitas vezes em grupo. Como consequência, poderiam surgir danos físicos e psicológicos aos participantes, como fissuras anais, cegueira cognitiva e diminuição das inibições sexuais, impactando igualmente no consentimento de relações desprotegidas.

Quanto ao acesso às drogas, ao mecanismo de organização dos encontros nos quais o *chemsex* é praticado, os pesquisadores concluíram, a partir das respostas dos entrevistados, que a mefedrona, o GHB/GBL e o cristal de metanfetamina, nesta ordem, são as drogas mais populares para a prática do *chemsex* no Reino Unido, apesar de a cocaína e da quetamina serem também comumente utilizadas; o crescimento da mefedrona e do

GHB/GBL se devia, ao menos em parte, com a queda da qualidade e da disponibilidade do ecstasy e da cocaína. Além disto, a maioria dos entrevistados relatou já terem experimentado diversas drogas, particularmente em casas noturnas ou em festas e que, a partir de então, passaram a utilizá-las em práticas sexuais. Uma parcela menor, ao contrário, foi introduzida no uso de drogas ilícitas pelos parceiros sexuais; um terço dos entrevistados fizeram uso injetável do cristal de metanfetamina e da mefedrona, visando sentir seus efeitos de forma mais rápida. Entretanto, asseguraram que não compartilharam agulhas e tomaram as devidas precauções; tendo isto sido dito tanto pelos que fizeram uso injetável das substâncias, quanto pelos que ainda não consideravam tal forma de consumo. Estes últimos assim se posicionaram por entenderem que o uso de drogas injetáveis estaria associado a uma adicção ou a um sinal de vida pessoal caótica·

Relataram os entrevistados que entre os principais meios de aquisição da droga estavam aplicativos, saunas e casas noturnas, podendo, entretanto, ter havido interesse de escambo de substâncias por sexo. O *chemsex* ocorre em múltiplos contextos, mas, principalmente, nas residências, saunas ou em qualquer espaço público permissivo. O sul de Londres era a área com maior prevalência, em geral, facilitada pela presença de maior população gay e por ser também um maior centro comercial de produtos e serviços relacionados à população LGBTQ. Os aplicativos e redes sociais LGBTQ provavelmente teriam aumentado a visibilidade do uso de drogas e do próprio *chemsex*, especialmente devido à maior aceitação de existência deste comportamento e redução progressiva de sua reprovabilidade.

Certos participantes admitiram ter dificuldade de manter o controle de seu comportamento quando estavam sob influência de drogas, especialmente quanto a práticas sexuais arriscadas de potencial contágio de ISTs, incluindo o HIV, afirmando terem se arrependido posteriormente quanto a concessões feitas neste cenário. Relataram problemas na negociação, chegando a abdicar do uso de preservativos durante as relações sexuais, atribuindo tal decisão aos aspectos psicossomáticos das substâncias, que encorajavam a realização de fantasias ou aumentavam o temor pela rejeição.

Apesar de a amostra de entrevistados apresentar um alto conhecimento sobre a epidemia do HIV, incluindo sua prevenção, um terço admitiu consentir práticas inseguras quando sob influência de drogas, acidental ou intencionalmente, ainda que desconhecesse o quadro sorológico de seu(s) parceiro(s). Um terço dos participantes afirmaram ter conhecimento de terem contraído doenças sexualmente transmissíveis no ano anterior ao da entrevista. A maioria dos entrevistados afirmou acreditar que as ISTs e o próprio HIV não seriam patologias tão sérias, com exceção da Hepatite C. Por esta razão, alguns dos que já eram portadores do HIV afirmaram não terem se protegido de futuras infecções. Uma pequena parcela afirmou que tinha controle de seus atos durante o *chemsex* e que inclusive por isto teriam virtualmente menores chances de contraírem HIV.

Quanto às experiências negativas e riscos associados ao *chemsex*, os pesquisadores afirmaram que enquanto foi relatado que as drogas facilitaram o aumento do nível de prazer, também estavam relacionadas ao aumento de danos físicos, mentais e sociais para a maioria do grupo entrevistado. A *overdose* foi uma constante preocupação presente em todas as narrativas, especialmente com relação ao GHB. Outro aspecto danoso narrado foi relacionado ao trabalho, à carreira e à produtividade, porque praticar *chemsex* demandava muito tempo na semana do praticante, envolvendo desde os preparativos, a duração das sessões e a recuperação química cerebral após a prática. Muitos participantes expressaram preocupação sobre as consequências do *chemsex* no cenário gay londrino, compreendendo que se trata de uma prática autodanosa e que também pode prejudicar a imagem da comunidade.

Quanto à administração do uso das drogas e à busca por ajuda, os entrevistados afirmaram em sua maioria, não sentirem

ainda necessidade de buscar ajuda profissional, acreditando e-
star no controle da situação. Entretanto, cinco dos entrevistados afirmaram terem se deparado com tamanha dificuldade
em se distanciar da prática que tiveram de se mudar tem-
porariamente de suas cidades e de se distanciar da própria
cena gay. Muitos dos participantes tentaram manter o uso de
drogas, reduzindo a dosagem e/ou diminuindo sua frequência, mas afirmaram que tal estratégia muitas vezes fracas-
sava. Foi afirmado pela maioria dos entrevistados ser válida
uma política de controle de danos, com o esclarecimento de se
praticar o de *chemsex* de forma segura, até que se chegasse a um
ponto de completo abandono da mesma. Afirmaram sentir-se
confortáveis com a ideia de terem maior acesso à informação
sobre as drogas e a serviços de redução de danos, tanto baseados
em clínicas quanto na comunidade, considerando assim adotar
tais cautelas quando disponíveis.

Estes foram, portanto, os resultados da pesquisa "The Chemsex
Study", que serviu de inspiração para outras diversas, seja no
próprio Reino Unido ou em outros países, com variação especialmente no número de participantes, aspectos entrevistados
ou ainda a restrição, ou não, a pessoas da comunidade LGBTQ.

Assim, ainda no Reino Unido e em 2014, foi divulgado um
denso artigo científico resultado de um grupo de vinte e quatro
profissionais da área de saúde e afins, denominado por Relatório ASTRA.

Igualmente relevante, diferenciou-se do "Chemsex Study" por
se valer de uma amostra de sujeitos bastante superior, precisamente 2248 (dois mil duzentos e quarenta e oito) HSH, maiores
de idade, porém todos portadores do vírus HIV, pacientes e
egressos de clínicas de ISTs presentes no Reino Unido entre 1.º
de fevereiro de 2011 e 31 de dezembro de 2012. Seu propósito
foi o de cruzar fatores sociodemográficos, como o uso de drogas
em sessões sexuais com o contágio do próprio HIV. Diferente-
mente da pesquisa advinda do The Chemsex Study, no Relatório ASTRA toda a amostra passou por entrevistas pessoais,

não tendo sido utilizada a técnica de respostas a questionários prontos, o que pôde garantir um maior espectro conclusivo entre o uso de drogas recreativas e a contaminação pelo vírus HIV. Saliente-se que a pesquisa foi financiada pelo "National Institute for Health Research" britânico, o que possibilitou sua ampla aplicação.

Como resultados observou-se que mais da metade (51%) dos entrevistados fizeram uso recreativo de drogas nos últimos três meses da realização de suas entrevistas, com a preferência das seguintes substâncias: nitritos (608 entrevistados; 27%); cannabis (477 entrevistados; 21%); drogas para disfunção erétil (460 entrevistados; 20%); cocaína (453 entrevistados; 20%); quetamina (280 entrevistados; 13%); MDMA/ecstasy (258 entrevistados; 12%); GHB/GBL (221 entrevistados; 10%); metanfetamina (175 entrevistados; 8%) e mefedrona (162 entrevistados; 7%). Além disto, dos 1.138 homens que usaram drogas, cerca de metade (529 pessoas, 47%) utilizaram três ou mais drogas e um quinto deles (241 pessoas, 21%), cinco ou mais drogas inclusive simultaneamente nas mesmas sessões sexuais. O uso de tais substâncias se revelou independente da idade, religião, ter ou não um parceiro estável também HIV positivo, carga viral negativa, possuir hábitos de fumo/bebida ou ainda adesão ao tratamento antirretroviral. O incremento do uso múltiplo de drogas estava associado com comportamento de sexo sem preservativo (78%), ainda que isto ocorresse com parceiros sorodiscordantes (25%). Identificou-se, também que, dentre as drogas, a metanfetamina estava mais associada ao sexo sem proteção do que em relação às outras drogas.

Já em Nova Iorque fora realizada pesquisa dentre portadores do vírus HIV, com idade de cinquenta anos ou mais, tomando como amostra seiscentos e quarenta homens, duzentas e sessenta e quatro mulheres e dez transgêneros, entre março e outubro de 2005, recrutados entre serviços de saúde e hospitais que atuam no segmento de HIV/AIDS. Teve como diferencial, portanto, ampliar o objeto para além dos HSH, de modo a buscar outras variantes.

Dentre os participantes, 45% (quarenta e cinco por cento) se identificaram como homens *gays* ou bissexuais, sendo estes, dentre a amostra, que mais utilizavam drogas, em uma comparação de 53% (cinquenta e três por cento) frente ao grupo que menos usava drogas, formado por mulheres (de todas as orientações sexuais), no percentual de 36% (trinta e seis por cento). Quanto ao uso de drogas específico durante relações sexuais, os homens *gays* e bissexuais assim agiam em 45% (quarenta e cinco por cento) dos casos. O estudo ainda demonstrou que a solidão aumentava as chances de prática de sexo desprotegido, o que se relevou em uma proporção maior entre os homens *gays* e bissexuais, afirmado por 49% (quarenta e nove por cento) dos entrevistados.

A informação foi corroborada pelo artigo publicado em 02 de março de 2017, intitulado "Together alone - the epidemic of gay loneliness", Michael Hobbes, após realizar entrevistas com alguns praticantes de *chemsex*, explicou que o uso de drogas por homens *gays* e bissexuais representava "uma combinação de tédio e solidão" (HOBBES, 2017). Em seu levantamento, expôs que as taxas de depressão, solidão e abuso de substâncias na comunidade gay são de duas a dez vezes mais frequentes do que entre heterossexuais, concentrando-se, precipuamente, entre os homens. Somente em Nova Iorque, três quartos dos homens *gays* sofreriam de ansiedade e depressão, abuso de álcool ou substâncias ilícitas, além de sexo desprotegido, ou uma combinação de todos os fatores.

Um dado relevante referiu-se ao impacto da igualdade jurídica, inclusive para o casamento, que, por um lado, representou um importante incremento para alguns homens *gays*, mas, para diversos outros, também representou um retrocesso, porque muitos passaram a se sentir incompletos por não atingirem este status.

Com base no resumo elencado sobre algumas das mais relevantes e pioneiras pesquisas realizadas no exterior sobre o *chemsex*, faz-se necessário explicitar que algumas substâncias apresentam maior compatibilidade com a prática, enquanto outras, a exemplo da heroína e dos opioides, foram pouco ou quase não citadas. Além disto, a escolha de determina(s) droga(s) para o desenvolvimento das sessões se baseia tanto nos efeitos desejados, como em sua disponibilidade geográfica e financeira.

Há substâncias que são referenciadas quase de universalmente, como o GHB, por proporcionar o conjunto de sensações mais compatível com aqueles que buscam fazer *chemsex*; já outras, como a metanfetamina e a mefedrona aparecem com maior incidência nos estudos realizados no exterior, mas mesmo em pesquisas sobre dependência química não relacionada a práticas sexuais pouco são citadas em países do hemisfério sul. As razões perpassam aspectos econômicos ou pela disponibilidade de outras drogas localmente que provocam os mesmos efeitos e que são mais fáceis de se encontrar e mais baratas.

Já também será observado que existem drogas, a exemplo da cocaína, que embora variem quando à frequência de uso – mais disponível e barata nos países tropicais; mais cara e elitizada nos países do hemisfério norte – acaba sendo citada nos diversos estudos do *chemsex* ou de dependência química como um todo.

Há ainda outro fator que se revela quanto ao inventário de substâncias, que é o propósito de sua síntese para certos contextos. Logo, o *ecstasy* é muito conhecido pelos frequentadores de festas de música eletrônica, LGBTQ ou não, por aguçar sensorialmente a experiência com as luzes e as batidas. Já o *Poppers* teria sido criado e desenvolvido para tonar o intercurso anal menos doloroso e mais prazeroso; por este motivo, primeiramente se difundiu entre os HSH para depois, com a superação dos próprios estigmas, junto aos heterossexuais.

Acrescente-se que há drogas que ganham maior ou menor relevância conforme a época e este é o caso do LSD, muito popular nos anos de 1960 e 1970, mas que entrou em ostracismo e o lança-perfumes, que apesar de ser uma droga muito usada nas festas carnavalescas, foi apontada como de preferência dos jovens nascidos entre o final de 1990 e início dos anos 2000.

Assim, a apresentação das substâncias a seguir foi adstrita ao uso específico do *chemsex* e tanto o álcool como a *cannabis* foram desprezados não porque seriam desconsiderados como drogas, mas porque ou são lícitas (álcool e *cannabis* para alguns países) ou estão em processo de legalização de seu uso, inclusive recreativo. Logo, como esta pesquisa também perpassa pelo proibicionismo e suas consequências do consumo de substâncias ilícitas na busca por auxílio dos serviços de saúde, o seu detalhamento, dentro deste corte epistemológico, seria apenas catalográfico.

Diante disto, as drogas mais comumente associadas ao *chemsex* são o GHB, a cocaína, o ecstasy, a quetamina e, em outros lugares, mais especificamente nos países do norte, o cristal de metanfetamina e a mefedrona (SEWELL *et al*, 2017). Com exceção da quetamina, todas as drogas citadas têm efeito estimulante e sua finalidade é o aumento dos batimentos cardíacos e da pressão sanguínea para disparar sensação de euforia, mas, em algumas outras, a exemplo do GHB, da metanfetamina e da mefedrona, também aumentam a excitação sexual (RACE *et al*, 2017).

A mefedrona é uma droga ainda pouco utilizada no Brasil, porém com certa popularidade no exterior, especialmente no Reino Unido e Estados Unidos. Era uma legalizada até 2008 no Reino Unido, quando se tornou ilegal em 2010. Na gíria, é conhecida por "miau-miau", "MCAT" ou "planta de comer". Pode ser consumida através da ingestão de pequenos tabletes, cheirada na forma de pó, injetada ou administrada através do reto. Como efeitos principais, causa euforia, maior sensibilização à música, melhoria do humor, diminuição de hostilidade, incremento do raciocínio e estimulação sexual(SCHIERANO e POTTER 2016). Como efeitos colaterais, pode ocasionar ansiedade, paranoia, superestimulação do coração, da circulação sanguínea e do sistema nervoso central, provando risco de infarto ou ainda de derrame (MEASHAM *et al*. 2018).

O GHB popularmente é conhecido por "G", "Gina" ou "ec-stasy líquido" (HAMMOUD *et al*, 2018). Embora cientificamente sejam distintas, o GHB (gama-hidroxibutirato) e o GBL (gama-butirolactona) são muito próximos e causam efeitos semel-hantes. Seu consumo ocorre através de pequenas doses lí-quidas, ou por meio de pequenas quantidades em pó dissolvido na água, ou em bebidas não alcoólicas. Ocasionalmente pode ser injetada. Seus efeitos descritos são euforia, diminuição de inibições e aumento do desejo sexual. Também é utili-zada para potencializar o efeito de outras drogas, bem como de facilitar o sexo anal receptivo ou torna-lo mais prazeroso (GAISSAD, 2013). Como efeitos colaterais, pode provocar lapsos de memória, alucinações, enjoo, tremores e agitação. É muito arriscada no consumo associado com álcool e/ou anfetaminas. A *overdose* pode disparar o "sono G", um estado de perda de con-sciência que requer atenção médica.

Já a metanfetamina é conhecida popularmente como "Crystal", "tina", "meth", "ice" ou "T", sendo uma forma mais pura da anfetamina, que é um estimulante (D'ÁVILA, 2016). Pode ser consumido por meio do fumo através de pequenos cachimbos, cheirado na forma de pó, misturado com água, injetado ou ainda administrado via retal. Seus efeitos são a euforia, aumento da energia durante o sexo ou para dançar, aumento da autoconfi-ança, sentimento de invencibilidade e impulsividade, redução da sensação de dor, intenso estímulo sexual e diminuição de inibições (RACE *et al*, 2017). Como efeitos colaterais, pode causar problemas no sono, perda de apetite, tremores, convul-sões, irregularidade nos batimentos cardíacos, episódios de de-pressão, exaustão e paranoia (NEWMAN *et al*, (2012).

Já a quetamina (ou cetamina) é conhecida como "K", "Special K" ou "Vitamina K". É um anestésico, que pode ter sua versão para uso em animais (Barros *et al*, 2002) ou em seres humanos, porém é ilegal quando vendida sem receita médica. Pode ser con-sumida através da ingestão em pequenas pílulas, cheirada como pó ou ainda injetada. Como efeitos, em doses sub anestésicas, a quetamina produz um estado dissociativo (NUNES *et al*, 1992)), caracterizado pela perda da conexão com o próprio corpo físico e o mundo externo. Em doses maiores, usuários experienciam o chamado "K-hole" ("buraco do K", "cair no buraco"), que é um estado de extrema dissociação, com alucinações visuais e auditivas. É muito utilizada para apreciação de sessões de música em clubes noturnos ou "raves" (GOULART *et al*, 2009). Como efeitos colaterais, provoca confusão, agitação, ataques de pânico, dificuldade de retenção de memória de curso e longo prazo e depressão para usuários crônicos. Também pode provocar enrijecimento das paredes da bexiga, ocasionando problemas no trato urinário também entre usuários regulares(BARROS *et al*, 2002).

Já a cocaína é conhecida como "coca", "pó", "padê", "teko", "raio", dentre outros. É um estimulante considerado ilegal desde o início do século XX (FAZIO *et al*, 2011). Normalmente é consumida através da inalação do pó (SARTOR *et al*, 2014) ou fumada, na forma de "crack". É possível também ser injetada (WAKABAYASHI *et al*, 2014). Provoca aumento da energia, autoconfiança e sentimento de excitação (CALIPARI *et al*, 2014). Seus usuários se descrevem como mais sociáveis, comunicativos, bem como psicológica e fisicamente mais fortes. Como efeitos colaterais, provoca aumento da temperatura corporal e aumento dos batimentos cardíacos, com associação a risco de infarto. Usuários crônicos podem apresentar também problemas de retração gengival e em cartilagens da face (FAZIO *et al*, 2011).

O *ecstasy* é uma droga psicoativa cuja denominação química responde pelo termo 3,4-metilenodioximetanfetamina, ou, abreviadamente, MDMA (FEDUCCIA *et al* 2010). Quanto ao seu nome popular, é conhecido como "bala", "pílula", "molly", embora alguns considerem ser esta uma variante mais potente do próprio *ecstasy*. Foi criado em 1914 para servir como supressor do apetite, mas em 1960 passou a ser prescrito por psicoterapeutas como antidepressivo (GOODWIN *et al*, 2013). Nos anos de 1970 iniciou-se sua proibição, sendo ilegal em diversos países, inclusive no Brasil. Seu efeito perdura no organismo por seis a oito horas, produzindo sensações como maior interesse sexual, aumento do estado de alerta, sensação de bem-estar, euforia, aumento da sociabilização e extroversão (BOUSMAN *et al*, 2010). Como efeitos negativos, provoca aumento da temperatura corporal e da tensão muscular, dores de cabeça, náuseas e até mesmo breves episódios de psicose. Relata-se que após o seu consumo, por alguns dias, o usuário tende a apresentar quadros depressivos, além de fadiga e ansiedade (REVERON *et al*, 2010).

O *Poppers* é o nome popular do denominado nitrato de alquila, cuja ação farmacológica é o relaxamento musculo-vascular. Sua forma de ser administrado é através da inalação do vapor do conteúdo líquido, que é volátil (ROMANELLI *et al*, 2004). Consequentemente, acaba tendo um efeito imediato de caráter vasodilatador, mas também apresentando desinibição para o usuário, sendo reconhecido seu consumo desde a década de 1970. A popularidade aumentou a partir dos anos de 1990, por facilitar a penetração anal em razão do relaxamento dos esfíncteres (VIGNAL-CLERMONT *et al*, 2010). Causa, igualmente, uma alucinação mediana, tornando-se também interessante para o uso em festas e danceterias por proporcionar maior clareza nas luzes e cores (SAVARY *et al*, 2013). Não se trata de um produto proibido de forma ampla, sendo lícito seu comércio, inclusive na própria Irlanda.

As citadas drogas são consumidas geralmente de forma combinada e são muitas vezes associadas com sessões sexuais que envolvem um grande período de tempo, também com a participação de múltiplos parceiros (MILHET *et al*, 2019).

RISCOS E DANOS JÁ IDENTIFICADOS EM PESQUISAS REALIZADAS NO EXTERIOR

Embora a noção de chemsex tenha recebido uma atenção significativa da mídia nos últimos anos, seus estudos acadêmicos e científicos são mais recentes, especialmente quando abordado em associação com contextos sexuais. Alguns dados publicados indicam um aumento progressivo na adesão a tal comportamento ano após anos. Para efeitos ilustrativos, em 2005, drogas consideradas mais pesadas, como o cristal de metanfetamina (DAWSON, 2006), o GHB (ROLL et al, 2012)) e a mefedrona representavam apenas 3% de todo o consumo entre os homens gays e bissexuais entrevistados. Porém, em 2012, foi relatado um aumento do consumo para 85% dos participantes (MA e PERERA, 2016).

Dentre os entrevistados no estudo, praticamente todo o cristal de metanfetamina foi descrito como de finalidade para o uso sexual, assim como 75% da mefedrona e 85% do GHB. Associados a isto, também tem sido reportado um aumento importantte de casos clínicos envolvendo saúde sexual, a exemplo do contágio por infecções sexualmente transmissíveis. Estudo de 2012 indica que 19% dos HSH usaram GHB nos últimos seis meses, enquanto, no mesmo período, foi reportado em 10% dos participantes o uso de cristal de metanfetamina e 21% de mefedrona. Junto a isto, todas as drogas citadas foram significativamente mais utilizadas por homens portadores do vírus HIV (POLLARD *et al*, 2018).

Além das mudanças nos tipos de drogas consumidas, também há evidências de novas formas de consumo. No mesmo estudo de 2012, 80% dos homens informaram que fizeram uso do cristal de metanfetamina para fins sexuais de forma intravenosa (o que representa um aumento de 20% em relação ao ano de 2011) embora existam outros estudos que informem que o percentual foi de 30%, representando um aumento para 80% em 2012. Praticamente um quarto dos pacientes recebidos no serviço "Club Drug Clinic" (integrante do Chelsea & Westminster Hospital) informaram que usaram muitas das citadas drogas na forma injetável, representando um aumento de 18% em relação ao ano anterior (MORRIS, 2019).

Estima-se que o consumo pode ser ainda mais elevado, o que se deve a mudanças no comportamento de homens *gays* visto mundialmente, porque assim como nos países como Inglaterra os estudos sobre o *chemsex* têm sido recentes, em outros praticamente não há dados suficientes (SEWELL *et al*, 2019).

O perceptível crescimento no uso de drogas durante práticas sexuais se demonstra preocupante. Existe clara associação entre o uso de drogas e os casos de transmissão de HIV, apesar das intensas pesquisas nos últimos 30 anos (GOURLAY *et al* 2017). Enquanto não é possível afirmar que tal uso de drogas seja a causa exclusiva ou predominante na adesão a um comportamento de risco, é possível afirmar que existe uma associação entre ambos: homens que praticam sexo utilizando tal elenco de drogas são mais suscetíveis em aderir a práticas sexuais menos seguras que homens que costumam não utilizar, o que foi percebido em uma pesquisa conduzida nos Estados Unidos entre usuários de metanfetamina que são portadores de HIV no ano de 2013 (KOTT, 2011).

Neste caso específico, sabe-se que esta droga causa sensação de hipersexualização e comumente destinada a "maratonas sexuais" e na prática de sexo grupal. Ademais, traumas retais permitem um contágio mais facilitado de HIV e outras infecções (GOURLAY *et al*, 2017). Muitos estudos sugeriram que o uso de metanfetamina teria causado um aumento na adesão de práticas sexuais de alto risco, especialmente através de jogos sexuais ou pela redução das inibições durante a intimidade (BAKKER e KNOOPS, 2018).

Igualmente há estudos que indicam adesão a práticas sexuais de alto risco em relação ao uso do próprio ecstasy, ao GHB e à quetamina. E, consequentemente, o uso múltiplo de drogas também tem se mostrado bastante relacionado às notificações dos casos de contágio por HIV do que entre homens que apenas informaram terem utilizado apenas uma droga. Um outro estudo apontou que no ano de 2013, que entre os participantes de uma pesquisa, 36% afirmaram que eram mais suscetíveis em aceitar aderir a práticas sexuais desprotegidas, inclusive com intercurso anal, quando sob influência de drogas (MUSTANSKI *et al*, 2011).

Por estes motivos, muitos têm sugerido que o *chemsex* tem sido, em parte, responsável pelo crescimento no contágio por HIV entre homens que fazem sexo com homens nos últimos anos, embora não seja possível afirmar definitivamente em períodos temporais quando isto se mostrou mais alarmante.

Há um aumento exponencial no conteúdo de HIV quando as sessões sexuais não envolvem apenas duas pessoas, mas sim um grande número de participantes. Ademais, outras ISTs também têm um aumento do vetor de transmissão, como hepatite C e sífilis. Também há estudos com relação a portadores de HIV que aderem regularmente a terapias antirretrovirais quando participantes de *chemsex*, porque segundo alguns estudos, 60% dos HSH afirmaram terem deixado de aderir completamente ao uso de medicamentos integrantes da terapia enquanto envolvidos nas sessões de *chemsex*(GASTALDO *et al*, 2009). Isto se mostra particularmente preocupante, porque já se encontra demonstrado cientificamente que o portador de HIV com carga viral indetectável – o que apenas é possível com a adesão regular à terapia antirretroviral – também não transmite o vírus; logo, o abandono, ainda que provisório, da TARV é um potencial do aumento da carga viral e, consequentemente, torna-se o fator de transmissão do HIV (BENOTSCH *et al*, 2011)

Dentre a população de HSH que fazem uso de drogas injetáveis, há também preocupação sobre a possibilidade de compartilhamento de seringas ou outras formas pouco seguras de injeção de drogas. Embora todas as drogas consumíveis nestes contextos exijam cuidados acrescidos em seu uso combinado, não há ainda estudos claros quanto a como tem se dado o uso combinado de GHB, cocaína e outras drogas no *chemsex*, o que prejudica um planejamento quanto a uma política de redução de danos (SEWELL *et al*,, 2017).

Quanto especificamente ao GHB, este é consumido normalmente em pequenas doses, diluídas em água ou bebidas não alcoólicas. Assim, é acaba sendo muito provável uma overdose acidental, o que leva ao usuário o que se conhece como "Sono de G", relatado como um estado de perda de consciência no qual o indivíduo passa a necessitar de um monitoramento cuidadoso para evitar sufocar-se, além do que uma dose um pouco mais elevada pode levar a uma parada respiratória. Já o cristal de metanfetamina pode causar perda de apetite, distúrbios do sono e ataques de pânico, além de que o seu uso prologando pode disparar psicoses, exaustão e uma variedade de danos ao organismo (RACE et al, 2017).

Já uma overdose de mefedrona pode levar um superaquecimento do corpo ou uma elevação dos batimentos cardíacos, o que pode ser ainda mais elevado se consumida em combinação com outros estimulantes, a exemplo do MDMA ou cocaína. Sintomas similares podem ser percebidos com o uso de cristal de metanfetamina, acrescido de confusão mental, paranoia e comportamento agressivo quando há uma overdose (SCHIERANO e POTTER, 2016).

O RECONHECIMENTO DO CHEMSEX COMO DESORDEM DE COMPORTAMENTO SEXUAL COMPULSIVO PELO CID-11

A pós a descrição do padrão comportamental do chemsex e à afirmação feita por diversos entrevistados nas pesquisas desenvolvidas no exterior, restou evidente que há elementos de adesão não plenamente voluntária à prática, apresentando sinais semelhantes a um vício, porém ocasionado multifatorialmente. Não se trata de uma dependência química provocada apenas por fatores individuais ou familiares, mas de um contexto muito mais amplo de ritos de iniciação e validação para pertencimento a um grupo na busca do afeto e de sensações de prazer.

Por tais motivos, era desafiador realizar o diagnóstico adequado do *chemsex* enquanto um transtorno, distúrbio ou doença tratável, pois a Classificação Internacional de Doenças separava abissalmente dependência química de distúrbios relacionados à sexualidade. Tal classificação passa por atualizações periódicas, estando em vigor a sua décima edição (CID-10), de 1992, porém tendo sido editada a CID-11, que entrará em vigor junto aos países integrantes em janeiro de 2022 (Organização Mundial da Saúde, 2008)). Atualizações menores podem ocorrer nos intervalos de tais edições, sendo as mais frequentes a cada três anos.

Em um esforço de se buscar uma adequada classificação para o *chemsex*, depara-se com os códigos da série "F00-F99" da CID-10, que abordam transtornos mentais e do comportamento. Por se tratar de área estritamente médica, seria de elevada irresponsabilidade ou ousadia buscar a subsunção do comportamento, visto que isto exigiria um conhecimento técnico-científico específico. Entretanto, apenas por apreço acadêmico e científico, pode-se observar compatibilidade dentro da série "F10-F19", que trata de diversos transtornos comportamentais por uso de substâncias psicoativas ou ainda dentro do CID F65.0, que trata de fetichismo; F65.6, que trata da múltiplas distorções de preferência sexual; F65.8, que trata de outras desordens de preferência sexual; F66.2, que trata sobre o transtorno de relacionamento sexual, finalmente, o próprio F99, que trata sobre transtornos mentais não especificados em outra parte.

Por se tratar de um fenômeno comportamental discutido há menos de uma década, é compreensível observar que o *chemsex* não tenha encontrado uma exata subsunção dentro da classificação disponível no CID-10. Entretanto, tal situação foi modificada com a edição do CID-11, que passou a conter especificamente um capítulo exclusivamente relacionado à saúde sexual, dissociando-o dos transtornos metais da série F do CID-10.

Eis que, em verdadeira mudança paradigmática, o CID-11 reconheceu sob o código 6C72 a "desordem de comportamento sexual compulsivo", incluído no capítulo que trata sobre desordens mentais, comportamentais ou neurodesenvolvidas (CISION,

2019).

Em artigo sobre o tema, Briken et al esclarecem que durante a última década, existiram diversos debates no meio médico-científico para que se decidisse a partir de que circunstância um comportamento sexual compulsivo deveria ser classificado como uma desordem mental ou comportamental. Assim, decidiu-se por sua inclusão no referido CID-11, sendo caracterizada como um persistente padrão de falhas no controle da intensidade, repetição e urgência dos impulsos sexuais, resultando em comportamento sexual que pode perdurar por um longo período, como de seis meses ou mais, potencialmente causador de impactos na vida pessoal, familiar, social, educacional ou outras áreas importantes da vida do indivíduo(KRAUS *et al*, 2019)).

Tal comportamento pode ser manifestado, segundo os autores, em uma ou mais situações: a) participação em atividades sexuais repetitivas como foco central da vida pessoal, a ponto de negligenciar com a saúde, com cuidados pessoais e outros interesses, atividades e responsabilidades; b) ter a pessoa feito diversas tentativas malsucedidas para reduzir a incidência deste comportamento; c) a pessoa permanecer com tal comportamento sexualmente repetitivo apesar de uma série de consequências e adversidades, incluindo o trabalho e a própria saúde; d) finalmente, a permanência da pessoa na participação de tais atos ainda que tenha pouca ou nenhuma satisfação sexual.

Advertem os pesquisadores que o diagnóstico do paciente não pode ser baseado em julgamentos morais ou desaprovações diante dos impulsos sexuais, não podendo também ser considerados, isoladamente, como indicativos de psicopatologia. Devem os pacientes ser avaliados também com indicadores, a exemplo de se autodenominarem adictos sexuais e também tem de se ter em conta que outros sintomas associados podem vir acompanhados, especialmente decorrentes da saúde mental, como ansiedade e depressão.

Um traço importante é que o diagnóstico proposto deve ser decidido por exclusão; ou seja, quando o paciente apresentar outras desordens, como bipolaridade, demência, estar sob efeito de medicamentos ou ser exclusivamente atribuído aos efeitos de substâncias ilícitas (citam os pesquisadores especificamente a cocaína e cristal de metanfetamina), é necessária uma cautela especial quanto à decisão diagnóstica. É também a opinião de Renae Powers, afirmando que uma vez que o diagnóstico da CSBD sendo percebido, não mais tenderá a advir de um julgamento moral impeditivo para que seus portadores possam buscar auxílio nos serviços de saúde(POWERS, 2020).

Concluem assim os pesquisadores que a atualização do CID-11 com o reconhecimento do referido transtorno tornará possível um melhor diagnóstico e ofertas de tratamento, cm reflexos também na redução da culpa e da vergonha na busca por auxílio dos mecanismos de saúde.

Em sintonia com a Organização Mundial da Saúde, algumas organizações governamentais ou não governamentais localizadas em diversos países já propunham uma abordagem terapêutica semelhante no tratamento do *chemsex*, multidisciplinar e considerando aspectos sociais.

Assim, na Espanha, a prefeitura de Barcelona abordou o *chemsex* em seu Plano de Drogas, por considerá-lo um vetor do aumento de infecções sexualmente transmissíveis e também ocasionar a dependência de substâncias químicas. Segundo dados coletados em 2016, foram atendidos na cidade 193 casos de consumo problemático de drogas associadas a sexo, sem considerar aqueles que possam não ter sido documentados. Já um centro de saúde comunitário denominado BCN Checkpoint fez um levantamento de que o *chemsex* poderia triplicar o risco de infecção por HIV na comunidade gay. Deste modo, tanto a prefeitura de Barcelona, como sua Agência de Saúde Pública iniciaram estratégia para implementar, a curto prazo, programas de prevenção e tratamento pelo uso de substâncias associadas a contextos sexuais especificamente para a comunidade LGBTQ (MOUZO,

2017).

Em Portugal, a diretoria geral de saúde constatou que determinado surto de hepatite A surgido no país e em outros do continente europeu em 2016 teria sido causado pelo *chemsex,* manifestando preocupação com o risco a infecções sexualmente transmissíveis a exemplo do HIV, bem como o incremento de uma política de redução de danos quanto ao uso de drogas em tais contextos (PIMENTA, 2017). Em Lisboa, organizações comunitárias nas áreas de saúde sexual ou mental apresentaram a necessidade da divulgação dos riscos das substâncias consumidas e estratégias de sua redução, o que inclui o acesso a consultas de profilaxia pré-exposição (PreP), bem-estar sexual e mental, com iniciativas presentes no Centro Hospitalar Psiquiátrico de Lisboa, além da capacitação de profissionais nas áreas de sexologia e comportamentos aditivos e dependências químicas (LEITE e GOMES, 2020).

No Reino Unido, desde 2017 o *chemsex* tem sido citado e tratado especificamente como política pública de saúde, oficialmente disponibilizada nos sítios eletrônicos governamentais. Dentre as principais estratégias adotadas, encontra-se o aumento de informações sobre os malefícios do álcool e outras drogas, especialmente na população jovem; o desmantelamento de rede de tráfico de drogas, para restringir o suprimento das mesmas; um sistema amplo de recuperação dos usuários, executado pelo serviço denominado "National Recovery Champion", o que inclui alojamento, oferta de empregos e saúde mental; por fim, uma atenção à circulação internacional das substâncias e controle de fronteiras, por se compreender que o a prática não é adstrita ao território nacional, mas repetidas em diversos outros países (Governo do Reino Unido, 2017).

Ainda no Reino Unido, não se pode deixar de enaltecer o trabalho pioneiro desenvolvido por David Stuart em sua clínica localizada no Chelsea & Westminster Hospital da Fundação NHS, conhecida também como "Clínica da 56 Dean Street" (NHS Chelsea and Westminster Hospital, 2020). Em seu sítio eletrônico pessoal e oficial, David Stuart apresenta-se como a primeira pessoa que desenvolveu o termo *chemsex*, admitindo ter sido praticante deste comportamento por muitos anos, o que lhe rendeu, segundo o próprio depoimento disponível na página principal da publicação, problemas com a polícia, acúmulo de traumas e o próprio contágio de HIV, além de ter sido também profissional do sexo. Atualmente, define-se simplesmente como um ativista, embora possua dezenas de artigos científicos publicados (STUART, 2020) e, por sua formação terapêutica, fornecer auxílio e acolhimento a diversas pessoas que o procuram em sua clínica, além de ser um divulgador e conscientizador da problemática, viajando por todo o mundo.

Nos Estados Unidos já existem clínicas especializadas, porém privadas, no tratamento do *chemsex*, especialmente a Seeking Integrity, fundada pelos doutores Rob Weiss e David Fawcett (CISION PR Newswire, 2019), especialmente pelo reconhecimento no CID-11, que entrará em vigor em janeiro de 2022, sob o código 6C72, referente "compulsive sexual behaviour disorder" (CSBD), ou, em tradução livre, desordem de comportamento sexual compulsivo.

Quanto ao Brasil, ainda não foram noticiadas clínicas ou iniciativas específicas, estando o país ainda na fase de divulgação jornalística esporádica e ainda pouco científica sobre o tema.

O CHEMSEX
NO BRASIL

O chemsex começou a ser divulgado nos veículos de informação no Brasil aproximadamente no ano de 2015, com a publicação no sítio eletrônico iGay, do portal IG, sob o título "Chemsex: prática de transar compulsivamente com drogas chega ao Brasil", escrito por Simone Cunha, ainda disponível para acesso (CUNHA, 2015).

Referindo-se a uma série de reportagens publicadas pela BBC Londres, intitulada *The Rise of Chemsex on London's Gay Scene* ou, como traduziu livremente, "O crescimento do sexo químico na cena gay de Londres", compilou a opinião de alguns jornalistas e cientistas entrevistados no referido documentário. Adiante, merecem destaques alguns trechos da matéria, com grifos nossos:

[...] Azhar identificou que usar drogas para transar compulsivamente não está diretamente ligado ao desejo de sentir prazer. Ele notou que alguns personagens **buscam nesta prática uma forma de minimizar quadros de ansiedade, por não conseguirem estabelecer uma intimidade no relacionamento**. [...] Por aqui, este "modismo" [aspas da reportagem] ainda parece ser novidade. [...] tal prática ainda não acontece de forma recorrente no Brasil [...] **sendo que o uso de "apps" [aplicativos] ainda não é muito difundido para este fim.** [...] E para este tipo de ação, a psicóloga defende que não aposta em tratamentos paliativos. "**É necessário zerar completamente o uso de drogas e, na sequência, iniciar o tratamento para identificar o quadro emocional deste paciente (ansiedade, depressão, inadequação) que podem levar a tal atitude** [...]".

Além de uma ou outra matéria publicada, em 2020 o assunto voltou à pauta da grande mídia. Desta vez, foi no Portal UOL que, após os festejos de carnaval, publicou a matéria "Sexo químico, a transa com drogas leva foliões gays ao desatino" (SAMPAIO, 2020), como já exposto anteriormente e feitas as considerações críticas sobre o teor um tanto quanto sensacionalista do texto. Entretanto, há aspectos levantados que merecem relevância, por se aproximarem mais da compreensão atual sobre o *chemsex*. Destaque-se:

A facilidade de acesso ao sexo virtual não garante a desenvoltura A facilidade de acesso ao sexo virtual não garante desenvoltura na conquista "real" — nem liberta o internauta de preconceitos. Daí a necessidade do aditivo. De acordo com o infectologista Marcio Fernandes, da Universidade Federal do Rio de Janeiro (UFRJ), "esses jovens usam a droga como automedicação para enfrentar a homofobia internalizada (intolerância em relação à própria homossexualidade), a religiosidade extrema (o pecado do sexo com outro homem) e a vergonha associada à homoafetividade (o desprezo pelo amor entre dois homens)".

Na reportagem, o psiquiatra Marco Scanavino teria se referido ao *chemsex* ser uma "sindemia", afirmando:

O conjunto de fatores que levam a situações de risco é chamado pelos especialistas de "sindemia". O psiquiatra Marco Scanavino, responsável pelo laboratório de impulso sexual do Hospital das Clínicas, cita o eventual abuso sexual sofrido na infância, a depressão e a ansiedade. "A ideia de sindemia é a de que os fatores interagem, e isso amplifica os riscos." As drogas usadas no sexo químico promovem a providencial sensação de autoconfiança, invulnerabilidade, aumento da energia e do desempenho sexual.

Além disto, alguns praticantes foram entrevistados, abordando temas como socialização, sentimento de invulnerabilidade e intenção de não abandono da prática:

Fernandes diz que, por isso, são chamadas de drogas "sexualizadas" e "sociáveis" Nas palavras do publicitário Thiago R., 33, que há pouco mais de dois anos tornou-se adepto do chemsex, a droga o faz se sentir "invencível" na balada. "Em condições normais, sem esse estímulo, a impressão que se tem em uma festa gay é a de que todo mundo faz 'carão' (esnoba). Tomar só álcool não resolve. A bala, o K, o GHB te deixam ligado e relaxado, ao mesmo tempo. Rola uma 'hipersensualização'. Todo mundo que antes fazia carão passa a te desejar", acredita ele, que solta uma risada infantilizada enquanto fala. [...] Madruga explica que a sensação de invulnerabilidade frequentemente faz os praticantes do sexo químico se esquecerem do medo de contrair o HIV, vírus causador da Aids. Recentemente, o médico ouviu de um paciente: 'Doutor, eu já sei de tudo isso, porque você já me falou várias vezes. Mas na hora em que a gente bebe e usa droga, não lembra de nada". [...] Aparentemente, Pedro C. não tem intenção de abandonar a prática do sexo químico. Ele parece resignado: "Eu sei que não é bom para o organismo, que no dia seguinte vai rolar aquela ressaca tenebrosa e que corro risco até de morte, mas pago o preço. Se você experimentar, não vai querer outra coisa"

Nota-se nos trechos destacados a repetição de equívocos já superados nas pesquisas de ações governamentais e da sociedade civil na abordagem do *chemsex*, como a crença de que os aplicativos não seriam relevantes, que há apenas uma pura e simples busca pelo prazer e que a ação deve ser apenas ou preponderantemente individual sobre o sujeito.

Como será visto adiante nesta pesquisa, ainda não há iniciativas governamentais brasileiras, ou, quando advindas da sociedade civil, destinadas à compreensão e abordagem terapêutica sobre o *chemsex,* fazendo-se necessária a pesquisa de campo desenvolvida.

Por este motivo, decidimos realizar a pesquisa de campo, ocorrida majoritariamente no ano de 2018, com a devida aprovação do Comitê de Ética em Pesquisa em Seres Humanos do Centro Universitário Estácio da Bahia (CAAE n. 82339518.7.0000.0041, Plataforma Brasil), como adiante detalhado.

O DESENHO DA PESQUISA E PERFIL DOS ENTREVISTADOS

Diante da absoluta ausência de dados científicos sistematizados sobre a prática do chemsex do Brasil e, igualmente, dada a escassez de recursos materiais para o desenvolvimento de um levantamento inclusive quantitativo como o realizado nos estudos desenvolvidos na Inglaterra pelo The Chemsex Study e pela Relatório Astra e dadas as primeiras notícias de ocorrência de comportamento compatível com chemsex no Brasil, optou-se por uma abordagem qualitativa do problema, em busca da compreensão interpretativa da ação social (MINAYO, 2011).

Desta forma, considera-se que a pesquisa não pode significar uma variedade de informações levantadas sem um propósito, resultando tão somente de uma mera curiosidade, extravagância ou capricho do investigador, ou, muito menos, uma aplicação de espontânea de acordo com interesses não científicos. Deve, portanto, a investigação resultados em um conhecimento corporificado e de sensibilidade treinada, para o atingimento de estruturas concretas e explícitas (BECKER, 2017).

As mais diversas abordagens qualitativas apresentam um

propósito comum, que é uma certa identidade na busca por analisar o significado atribuído pelos sujeitos aos fatos, relações e práticas, bem como a tarefa de interpretar tanto as próprias interpretações, quanto as práticas dos sujeitos envolvidos e observados (DESLANDES e ASSIS, 2003).

A pesquisa qualitativa deve ser fidedigna, reconhecendo o ambiente natural dos entrevistados, não podendo se basear em criações artificiais do investigador. Envolve a observação de situações reais e cotidianas, através da construção menos estruturada e busca dos dados pela ótica dos próprios entrevistados (SILVERMAN, 2009). Logo, a análise qualitativa valoriza a correlação entre as estruturas sociais e as ações dos sujeitos no cotejo com os diversos referenciais teóricos, bem como a diversidade de técnicas e o *status* central dado à interpretação do significado das ações sociais.

O desenho do estudo de caso deve ter como ponto de partida uma situação específica, que pode ser uma entidade concreta, um indivíduo, um pequeno grupo ou ainda organizações não personificadas, sendo possível igualmente a análise de comportamentos padronizados de todos os atores do processo. Em outro sentido, também pode advir de uma comunidade, um relacionamento, um processo de decisão ou ainda um projeto específico (CRESWELL, 2014)

Quanto à presente investigação, elegeu-se um grupo de entrevistados, tendo vinte a cerca de quarenta anos de idade, residentes de Salvador/BA, Recife/PE e São Paulo capital, que tenham declarado algum tipo de envolvimento com práticas compatíveis com o *chemsex*, considerando-se também, neste universo, aqueles que tenham declarado ser portadores de ISTs como o HIV, sofrido ou não violência física, possuído ou não problemas com instituições policiais ou judiciárias, ou declarado haver dificuldade de superar o padrão, seja pelo vício nas substâncias, seja por compulsão sexual.

Para o presente estudo de caso, buscou-se selecionar técnicas de diálogo que pudessem coletar dados sobre valores, hábitos, crenças, práticas, experiências e comportamentos do universo escolhido (PORTELLI, A. 2016), mediante duas estratégias: a realização de entrevistas e a observação direta de alguns dos ambientes de realização do *chemsex*, respeitados, em ambos os casos, o necessário afastamento do pesquisador e do objeto de pesquisa, bem como o não envolvimento em práticas que pudessem ser consideradas ilícitas ou antiéticas, o que comprometeria a veracidade dos dados coletados.

Faz-se imperioso declarar e afirmar que a observação exige a interação constante entre o pesquisador e a situação pesquisada, respeitados os pressupostos e cuidados éticos já explicitados. Por outro lado, as entrevistas pedem um exercício de confiança junto aos entrevistados, especialmente porque muitos narraram experiências que, isoladamente, poderiam lhes trazer consequências negativas em suas vidas, sendo utilizadas com a finalidade de esclarecer ou aprofundar aspectos da situação observada (MARTUCCI, 2001).

A revisão bibliográfica, especialmente dos estudos análogos realizados no exterior quanto às práticas do *chemsex* teve por finalidade comparar os traços comuns e distintivos entre as mais diversas realidades, especialmente no cotejo de constatação do atual estágio da proteção da saúde dos envolvidos, das políticas públicas sanitárias disponíveis pelo poder público brasileiro e a complementação advinda de outras fontes.

Adotou-se a análise dos dados através do modelo de triangulação de métodos (vide ilustração abaixo), considerando três aspectos para elucidação dos fatos. Primeiramente, foram catalogadas as informações concretas levantadas com a pesquisa, incluindo dados empíricos e narrativas dos entrevistados. Em segundo, buscou-se o diálogo com a literatura específica quanto ao *chemsex* largamente já desenvolvida internacionalmente, mas ainda muito incipiente no Brasil, com destaque às pesquisas nas áreas médicas e que tenham recebido maior aporte de recursos, como visto no capítulo anterior. Investigou-se, em terceiro, o contexto mais amplo da conjuntura, perpassando por causas possíveis, a exemplo da hipótese de controle biopolítico sobre os comportamentos dos envolvidos, a estruturação do sistema de saúde brasileiro a partir do olhar da bioética de intervenção e a tentativa de soluções na forma de propostas tanto para o cenário atual, até dezembro de 2021, quando o possível cenário a partir de janeiro de 2022, quando o CID-11 passa a reconhecer o *chemsex* como um possível transtorno tratável de comportamento sexual compulsivo. A articulação dos aspectos, tomando por base os ensinamentos de Brisola e Marcondes (2014).

A articulação dos dados empíricos se propõe a minimizar o distanciamento entre a fundamentação e a prática de pesquisa, em que o processo interpretativo é realizado mediante valorização técnica dos dados primários à exaustão, para que, em um momento posterior, sejam contextualizadas, criticadas e comparadas com a revisão de literatura (GOMES, *et al.* 2005).

Quanto à técnica da observação direta, utilizou-se o mecanismo da observação aberta pouco ou não estruturada, o que não significa que esta tenha sido realizada sem um guia metodológico (LAVILLE e DIONE, 1999). Foram, assim, visitados, alguns ambientes descritos pelos entrevistados, a exemplo de clubes noturnos, acesso a aplicativos, vídeos e documentários que explicitam o contexto investigado (MATTOS, 2011). Utilizou-se do mecanismo da observação aberta pouco ou não estruturada, o que não significa que esta tenha sido realizada sem um guia metodológico. Foram, assim, visitados, alguns ambientes descritos pelos entrevistados, a exemplo de clubes noturnos, acesso a aplicativos, vídeos e documentários que explicitam o contexto investigado.

Assim, foi possível analisar a unidade social representativa para o estudo, em suas relações socioculturais, comportamentos, saberes e práticas (LAPLANTINE, 2012). Diante de tão complexo fenômeno, não é suficiente fazer perguntas, mas observar o que as pessoas fazem, que ferramentas se utilizam e como se relacionam entre si. Igualmente, foi possível encontrar, explicar e recrutar os possíveis candidatos às entrevistas. Tal técnica de observação é considerada como sendo conveniente, sobretudo à enunciação de hipóteses ou à explicitação de indicadores, bem como à percepção de hipóteses ainda não levantadas, que passam a ser verificadas com o auxílio de abordagens mais estruturadas.

Em continuidade à pesquisa empírica e a partir da seleção dos entrevistados, foram aplicados questionários pela técnica de entrevistas semiestruturadas, de modo a se obter uma noção preliminar dos principais aspectos verificados no *chemsex* nas pesquisas estrangeiras, a exemplo da iniciação da prática, presença e validação dentro da comunidade LGBTQ, meios de acesso às substâncias, locais em que a prática ocorre, o tratamento recebido pelos entrevistados quando envolvidos com situações policiais ou judiciárias, a busca por auxílio e a compreensão geral dos profissionais da área de saúde sobre todo o contexto apresentado.

Um questionamento muito frequente recebido nos diversos processos avaliativos, desde a seleção para o programa de doutoramento, passando pelas disciplinas atendidas, comitê de ética e pesquisa e, finalmente, pelo exame de qualificação, além de demais interessados que tomaram conhecimento da pesquisa seja pela divulgação dos artigos científicos por nós produzidos e conferências ministradas foi a escolha do público alvo dentro dos HSH; ou seja, homens que fazem sexo com homens. Esta escolha não foi arbitrária e, muito menos, com o propósito de criar ou reforçar estigmas e preconceitos, mas se deveu, inicialmente, à possibilidade de comparação com os resultados de pesquisas já realizadas no exterior que abordam a mesma temática, que tiveram como público-alvo participantes com o mesmo perfil, além de se alinhar com a própria gênese do termo *chemsex*, cunhada pelo ativista David Stuart, por compreender que a prática tem como concausas fatores culturais intrínsecos da comunidade LGBTQ e, quanto aos membros deste grupo, bastante predominante e frequente entre os homens *gays* e bissexuais.

Assim, como salienta Gil (2010), a pesquisa de campo deve focalizar no estudo de uma dada comunidade, através da observação direta do grupo estudado e da realização de entrevistas para captação de explicações e interpretações. Neste sentido, ao se pretender expandir o estudo do *chemsex* para outros grupos dentro da própria comunidade LGBTQ, como lésbicas, mulheres bissexuais, travestis, transgêneros, intersexuais, assexuais e pessoas não binárias, correr-se-ia o risco de se esvaziar a importante discussão do papel do HSH dentro da própria comunidade LGBTQ e da sociedade como um todo, especialmente quanto à expectativa que as relações de biopoder depositam sobre ele. Tais expectativas são, além de outras, de manter-se dentro do padrão próximo ao homem heterossexual, supostamente não afeminado, com aparência saudável e hipoteticamente livre de ISTs (em geral em decorrência da presença de músculos), como vetor de atratividade para a prática, ou de compensação, pela sua ausência, pelo fornecimento de substâncias utilizadas no *chemsex* para que possa haver sua inclusão e acolhimento sexual-afetivo dentro do grupo.

Com as entrevistas semiestruturadas possibilitou-se o desenvolvimento de uma relação mais estreita entre o pesquisador e seus entrevistados, pois com a interação face a face, proporciona melhores possibilidades de se penetrar na mente, vida e definições dos indivíduos(MANZINI, 1990/1991). Elaborou-se, assim, um roteiro previamente definido para que se evitasse fugir dos pontos de interesse da pesquisa. Entretanto, como o foco é determinado assunto, podem as perguntas ser complementadas por outras inerentes às circunstâncias, com respostas não padronizadas a puras e simples alternativas (RICHARDSON, 2012).

Relevante é, pois, esclarecer que as entrevistas podem ser completamente abertas, semi-estruturadas ou inteiramente estruturadas. Nenhuma das opções extremas seria pertinente, porque caso se optasse pela forma aberta, o foco da entrevista poderia se dissipar e, por outro lado, uma entrevista totalmente estruturada se repetiria, com a mesma sequência e mesmas palavras, através de um questionário, não possibilitado a coleta de dados não previamente programados (MOREIRA, 2002).

Os participantes desta pesquisa relataram ter usado uma ou mais drogas antes ou durante o sexo com outros homens nos últimos doze meses, sendo que a maioria se considera como usuários experientes. Embora muitos tenham admitido terem uma droga de preferência, muitos tiveram contato com diversas ou até com todas as drogas elencadas.

Foram entrevistados vinte participantes, que responderam a diversas perguntas presentes no roteiro semi-estruturado presente no apêndice desta tese. O perfil dos entrevistados teve como constante o fato de serem homens que fazem sexo com homens (sejam auto-identificados como homo ou bissexuais), todos maiores de idade, entre a faixa dos vinte aos quarenta anos, com algum tipo de experiência com a prática de *chemsex*. Todos foram entrevistados em julho de 2018.

No próximo capítulo, seguem-se tanto as perguntas e respostas na íntegra dos entrevistados, como a síntese de seus relatos.

AS ENTREVISTAS DA PESQUISA DE CAMPO E OS INDICADORES OBSERVADOS DA AMOSTRA

N este capítulo foram reunidos os conjuntos de relatos e impressões que esclarecem onde, quando e como ocorrem as sessões de chemsex, as drogas de preferência, as primeiras experiências com a prática e como a mesma é vista dentro da comunidade de homens gays na visão dos entrevistados.

As entrevistas se encontram em sua integralidade abaixo, o que inclui escolha de palavras, expressões, gírias e modos de construção, no apêndice desta tese. Por razões de precaução e respeito aos examinadores e considerando que muitos depoimentos apresentaram descrições minuciosas e gráficas, optou-se por se deslocar no texto da tese defendida para sua parte final, no apêndice.

Tal escolha não se deve a uma decisão de julgamento moral

nesta investigação, mas pelas razões retro citadas. Entretanto, para a publicação deste livro, preferimos transcrever logo abaixo o conteúdo integral das entrevistas, para que as considerações adiante formuladas representem um conjunto mais fluido e fidedigno para o leitor.

Ademais, de modo a se preservar metodologicamente o rigor deste capítulo, as únicas fontes de conteúdo são as entrevistas, optando-se por não se fazer, nas próximas seções deste capítulo, que contêm a síntese dos relatos, diálogo com a literatura científica, diversamente dos demais capítulos desta obra.

Entrevista 01

1. **Você sempre se relacionou sexualmente com homens?** R – Tive algumas experiências com mulheres na adolescência, mas somente passei a me relacionar com homens desde cerca dos meus vinte anos de idade.

2. **Com que idade você teve sua primeira relação sexual?** R – Não me lembro com certeza. Tive algumas brincadeiras quando criança, talvez uns oito anos de idade, e depois como adolescente. Vamos dizer que aos quinze anos foi minha primeira relação, com mulher.

3. **Com que idade teve sua primeira relação homossexual?** R – Com uns vinte anos de idade.

4. **Você usava drogas antes de ter relações sexuais?** R – Droga era algo muito difícil de achar [na época em que começou as relações sexuais com homens]

5. **Quando usou drogas pela primeira vez?** R – Álcool conta?

6. **Pode responder álcool e outras drogas.** R – Bom, álcool desde moleque... sei lá, adolescente, final da escola. Já droga provei maconha, como a maioria das pessoas, mas já foi na faculdade. Outras drogas eram

mais difíceis... ah sim! No carnaval também já provei lança-perfumes... vamos dizer que que foi com uns vinte anos de idade, ok?

7. **Usou drogas recreativamente com habitualidade, separadamente de sua vida sexual?** R – Ah, durante muito tempo foi apenas para diversão mesmo... carnaval, bater papo com os amigos, essas coisas. Eu acho que comecei mesmo a associar o uso de drogas com o sexo quando passei um tempo morando em São Paulo e fui conhecer algumas boates como a [NOME OCULTADO]. Aí a coisa começou.

8. **Quando ficou sabendo que existia a prática do uso de drogas misturado com sexo?** R – A gente não "fica sabendo" [aspas do entrevistado]. Lembro de ter feito uma vez usando maconha. Já em São Paulo, fiz uma suruba com dois outros caras e aí usamos pó. As outras vieram depois. Depois com o tempo fui percebendo que era algo comum, que muita gente bem instruída, rica, usava. Fazia parte do rito usar as drogas com o sexo.

9. **Com que idade usou pela primeira vez drogas associando esse uso à vida sexual?** R – É como eu te disse... quando fui a São Paulo, lá para meus trinta anos de idade. Não considero maconha uma "droooga" [ênfase do entrevistado], então não vamos considera-la, certo? Vou considerar de quando comecei a cheirar pó. Então, foi no começo de meus trinta anos de idade.

10. **Que drogas você já usou?** R – Todas, menos as injetáveis. Ah, e menos crack também.

11. **Poderia dar exemplos?** É importante. R – Sim, claro. Cocaína, quetamina, Poppers, GHB, metanfetamina (que provei no exterior, porque aqui não tem muita), AMD... enfim, várias. Ah, bala [ecstasy], doce [ácido]... não me lembro agora... mas usei diversas.

12. **Como resolveu fazer esse uso?** R – Olha... eu me lembro que tinha saído da [NOME DA CASA NOTURNA OCULTADO] e daí os caras com quem eu estava ficando me falaram de uma festinha. Então fui, tinha pó, provei, a gente transou horrores. E foi isso. Foi bem legal. Gostei muito.

13. **Com que frequência você usa drogas como parte do relacionamento sexual?** R – Eu já fui muito pior. Hoje, com mais de quarenta anos, tenho medo de overdose, de assalto, essas coisas. Então hoje em dia apenas gosto mesmo de um baseado. O pó me deixa muito doido. Não é a minha. Mas, até uns cinco anos atrás era quase sempre. Era um pacote completo. Chamava os caras para minha casa, fornecia o "teko" [cocaína] e daí a gente se curtia a noite toda.

14. **Que tipo de influência você acha que o grupo de parceiros tem sobre seu uso de drogas?** R – Quando eu fazia mesmo direto, eu acho que era uma influência meio que coletiva, recíproca, sabe? É como beber junto... cada um leva a droga um determinado dia. É normal usar. Mas também a gente respeita quando algum deles não quer usar. Acho que há uma influência de normalidade, a gente se conecta mais, fica menos fresco [no sentido de inibido].

15. **Quando você COMEÇOU a usar drogas associando esse uso ao sexo, por que fez isso?** R – Não teve uma intenção de nada. Simplesmente rolou.

16. **Como você considera o uso de drogas com sexo?** R – A droga te deixa focado no que você está fazendo naquele momento, especialmente com o G. É como se eu me sentisse mais sensual, apaixonado e fisicamente conectado, mas não na minha mente, mas sentindo isto por toda a minha pele, por todo o corpo. Na verdade, eu saio de minha mente e acabo apenas me concentrando no que o meu corpo está

sentindo e me faz pensar em nada mais além do que eu estou curtindo naquele momento. Após uns vinte a trinta minutos depois de tomar G ou de uns cinco após cheirar pó, ou ainda após uma hora para a bala bater, o mundo passava a ser um lugar mais belo, em que mais gente ficava mais interessante. Todos pareciam ser mais gostosos, com músculos maiores, mais másculos e com pênis maiores

17. **Como você considera a proibição ou desaprovação da mistura de sexo e drogas?** R – Eu acho assim... como [PROFISSIONAL DA SAÚDE, PROFISSÃO OCULTADA], sei todos os riscos e implicações. Só que, cada um sabe o que quer, sabe? Eu evito ficar influenciando, mas se a pessoa se coloca naquela situação é porque gosta e se sente bem assim.

18. **Você já se sentiu culpado por fornecer drogas aos seus parceiros?** R – Às vezes sim, às vezes não. Você sabe o que vai acontecer e faz de propósito. Ponto final. Eu pago minhas contas, sou um cidadão correto com minhas obrigações, já contraí o HIV e faço tratamento regular, sendo indetectável e não deixando de tomar meus medicamentos nem mesmo quando no sexo. Trabalho muito, a semana toda, e quero apenas relaxar no final de semana da forma que me deixa mais à vontade. O grupo de caras com que me reúno é também de bom nível social e todos concordam com a brincadeira. E quem chega de novo logo entra no ritmo. Não é uma desculpa dizer que foi descuidado por causa da droga. Ora, você "quis" a droga para fazer algo que te dá vontade. Não fico achando desculpas para o que eu faço. Apenas faço, não obrigo ninguém a fazer e depois que a festa acaba, tomo meu rumo.

19. **E quanto à relação entre o** *chemsex* **e o HIV, você acha que há algum incremento do risco para você ou para seus parceiros?** R - Já que eu sou portador do HIV

e tomo meus medicamentos regularmente, tendo carga viral indetectável, todo mundo sabe sabe hoje em dia que ser indetectável é igual a ser instransmissível. Logo, não estou colocando ninguém em risco. Quem quiser me pedir meus exames, sempre ando com eles em PDF no meu celular ,e os faço com frequência em torno de três em três meses. É uma opção minha. Eu gosto do contato pele com pele e também gosto de sentir o cara gozar [dentro de mim]. É muito chato ter que parar a transa no meio para pegar a camisinha, abrir, passar lubrificante e daí iniciar a penetração... nesse meio tempo, eu já broxei

20. **Desculpe, não quis ofender você... gostaria de continuar a entrevista?** R – Imagina, não me ofendeu não... é porque esse tipo de julgamento normalmente é feito... não por você, entenda! Mas eu não vejo ninguém realmente, pelo menos aqui no Brasil, tentando pesquisar de forma séria todo o contexto. Então, é isso. Desculpe se fui agressivo.

21. **De forma alguma! Você se sente confortável em continuar?** Eu teria só mais algumas poucas perguntas. R – Sim, sim. Pode continuar. Sem problema. [Nota: o entrevistado se tranquilizou e sorriu].

22. **Você é ou já foi o fornecedor da droga para o parceiro ou grupo?** R – Sim, como falei acima. Mas somente em situações mesmo quando eu ia transar. Nunca vendi ou passei droga para ninguém que não fosse participar de transa comigo.

23. **Como se tornou o fornecedor?** R – Olha, eu não me considero um fornecedor, nestas palavras... é porque tem muita gente que vende droga. Aí chega até você. Pode ser pelos aplicativos, pode ser por traficantes mesmo que vendem por [Nome do aplicativo ocultado]. Pode ser de "peguetes" [No sentido de parceiro sexual]. Enfim, não tantas as formas. Quando a gente

quer, a coisa acontece!

24. **Você vê vantagem em fornecer as drogas?** R – Vantagem... deixa eu pensar... [o entrevistado ficou um tempo em silêncio]. Tem vantagem sim. Não é que eu comande, mas eu viabilizo, faço acontecer. É porque eu não acho graça de transar sem usar alguma colocação [gíria para droga, uma forma de eufemismo]. E com quem eu transo normalmente também acha o mesmo. Então... é isso. Perco menos tempo, sabe? Como disse antes: eu trabalho muito, aí tenho pouco tempo para curtir, e ter de ficar ainda achando alguém que queira transar e ainda traga a droga? Se eu tiver a droga, fica mais fácil, entende?

25. **Você conta a seus amigos que usa drogas na prática do sexo?** R – De modo geral, meus amigos sabem. Eu sou meio linguarudo, mas evito que isto vaze para o trabalho... acho que ficou meio contraditório, não? [o entrevistado riu]. Nem sempre.

26. **Mas então, quantas pessoas com quem você não transa sabe que você curte [transar usando drogas]?** R – Deixa eu pensar [o entrevistado ficou um tempo contando]. Acho que umas quinze a vinte pessoas.

27. **Você conta a seus amigos que fornece drogas para a prática do sexo?** R – Não. Quando eu conto é que eu participei de uma transa, mas não entro nesses detalhes de quem fornece para quem. Só quando me perguntam se eu conheço alguém que vende. Aí a depender dou o contato.

28. **Você já teve alguma relação estável?** Quantas e com que durações? R – Tentei uns relacionamentos. Só que... o pessoal é bem interesseiro, sabe? Quando eu era mais novo, tentava alguém mais próximo a mim em termos de idade e tal. Só que quando fui ficando mais velho, busquei rapazes mais jovens. Mas já fui

roubado, tanta gente doida, interesseira. Olha, não sei se acredito nisto não.

29. **Você usou drogas com seu parceiro estável?** R – Deixa eu reformular minha resposta anterior, certo? Posso?

30. **Claro, imagina. Pode dizer.** R – Eu tenho sempre uns boys [gíria para garoto de programa] fixos, com quem transo com frequência. Digamos que eu os considero amigos de transa. Quando eu fazia mais droga, a gente sim, usava.

31. **Você usa drogas transando com um parceiro de cada vez ou coletivamente?** R – Ah, hoje em dia tanto faz... mas eu gosto mais coletivamente. Só que não faço mais tanto. Na verdade nem estou transando mais tanto assim...

32. **Você se sente pertencendo a um grupo especial usando drogas e sexo em conjunto?** R – Deixa eu responder isto não como hoje, porque estou bem devagar nesse lance de ficar transando [o entrevistado riu], mas quando eu fazia muito, entre meus trinta e quarenta anos de idade, claro que eu me sentia pertencente ao grupo. Assim, eu tenho minhas qualidades, sou alto, tenho [pênis] grande, aí todo mundo queria estar comigo. Aí a gente sempre se encontrava. Rolava uma confiança.

33. **Se você fosse preso por porte ou uso de drogas, continuaria usando?** R - Já estive bem perto disto [o entrevistado riu]. Fiquei um tempo assustado, tentei parar, mas depois de um tempo a gente volta, né?

34. **Você pratica sexo sem drogas também?** R – Prefiro punheta.

35. **Você sente alguma diferença em transar com e sem drogas?** R – Ah, totalmente! Sexo sem drogas, infelizmente, é bem chato. Por exemplo, após uns vinte

a trinta minutos depois de tomar G ou de uns cinco após cheirar pó, ou ainda após uma hora para a bala bater, o mundo passava a ser um lugar mais belo, em que mais gente ficava mais interessante. Todos pareciam ser mais gostosos, com músculos maiores, mais másculos e com pênis maiores.

36. **Você usa drogas sozinho, vendo filme/vídeo pornô?** R – Não curto muito não. Já fiz, mas não é a minha.

37. **Você aconselha ou acha que aconselharia colegas seus a usar drogas para fazer sexo?** R – Complicado isso, hein? Cuidado com o que você vai colocar aí! [o entrevistado riu]. Veja só, a droga é uma experiência muito pessoal. Não dá para saber como vai bater em cada um. Já tive amigos que morreram. Hoje me dia eu não mais ofereço. Já ofereci. Mas se for um amigo próximo e que eu saiba que não tem histórico de suicídio ou algum problema de dependência, eu relato a experiência. Não... eu não incentivo não.

38. **Algum outro comentário sobre sua experiência?** R – Tenho. Eu acho que o uso da droga me ajudou lidar melhor com meu HIV, porque sou soropositivo desde 2013, que eu saiba.

39. **Poderia explicar melhor?** R – É o seguinte. Já que eu sou portador do HIV e tomo meus medicamentos regularmente, tendo carga viral indetectável, todo mundo sabe hoje em dia que ser indetectável é igual a ser intransmissível. Logo, não estou colocando ninguém em risco. Quem quiser me pedir meus exames, sempre ando com eles em PDF no meu celular, e os faço com frequência em torno de três em três meses. É uma opção minha. Eu gosto do contato pele com pele e também gosto de sentir o cara gozar [dentro de mim]. É muito chato ter que parar a transa no meio para pegar a camisinha, abrir, passar lubrificante e daí iniciar a penetração... nesse meio tempo, eu já br-

oxei.

40. **Então o uso da droga te permite lidar melhor com sua condição de saúde durante o sexo?** R – Sim, diminui minha culpa, apesar de eu ser, como disse, indetectável.

41. **Você faz terapia?** Usa medicamentos [psiquiátricos]? R – Faço, faço sim. Conto tudo para meu terapeuta e para meu psiquiatra.

42. **E o que eles acham disto? Desculpe, é uma curiosidade. Não é um julgamento.** R – Não, tudo bem... fique tranquilo. Eles me acolhem, tentam diminuir minhas questões, mas não me reprimem. Enfim, funciona.

43. **Ok... acho que temos muito material já. Muito obrigado pela sua disponibilidade!** R – Imagina! Ficou tudo certinho aí? Qualquer coisa, estou a disposição!

44. **Não, não... está tudo bem sim. Muito obrigado.** R – Obrigado a você e sucesso na pesquisa!

Entrevista 02

1. **Você sempre se relacionou sexualmente com homens?** R – Sim, sempre. Nunca tive nenhuma relação com mulher.

2. **Com que idade você teve sua primeira relação sexual?** R – Aos dezenove anos de idade.

3. **Você usava drogas antes de ter relações sexuais?** R – Até uns dez anos atrás, não. Nunca. Nem de maconha gostava. E também não curtia álcool. Não tinha qualquer associação.

4. **Quando usou drogas pela primeira vez?** R – Eu tive um relacionamento duradouro, mas era muito abusivo. Eu também me sentia muito rejeitado por estar acima do peso. Comecei a malhar mais e aí fui convidado

para algumas círculos sociais. Um dia, muito cansado do trabalho, um amigo próximo me ofereceu cocaína para eu ter ânimo para emendar ir para a balada. Fiquei receoso, mas como eu já tinha vontade e confiava nele, decidi provar. Senti uma energia imensa tomando conta de mim, como se fossem uns vinte cafés expressos. Depois vi que a cocaína era algo muito mais comum no meu círculo social do que eu imaginava.

5. **Usou drogas recreativamente com habitualidade, separadamente de sua vida sexual?** R – Durante um bom tempo, uns cinco anos, eu só gostava de usar droga para sair à noite. Aí usava as drogas típicas de balada, como a cocaína, o ecstasy, o GHB. Não gostei de algumas, como a quetamina, porque tem um efeito alucinógeno. Maconha nunca foi minha praia. O uso do álcool foi aumentando na medida em que eu usava mais drogas.

6. **Quando ficou sabendo que existia a prática do uso de drogas misturado com sexo?** R – Notei em saunas que tinham caras que pediam por cocaína para transar. Eu achava isso meio estranho. Sinceramente, não associava que seria possível. Quando eu provei o ecstasy, que dá uma sensação de maior sensibilidade no tato, aí eu vi que era muito bom beijar, tocar e ser tocado. Só que isso só ocorria em festas e boates. Depois foi que, convidado e aceito em algumas surubas, vi que o povo usava e aí comecei a usar. E assim fiquei associando o sexo com as drogas.

7. **Com que idade usou pela primeira vez drogas associando esse uso à vida sexual?** R - Com uns 25 anos de idade.

8. **Como resolveu fazer esse uso?** R – É isso... eu tinha o maior tabu. Medo de me viciar. A questão é que eu via que existia alguma conexão oculta entre os caras... uma camaradagem que não dava para ex-

plicar. Pessoas tão diferentes, tanto em aparência, condições financeiras, corpos e todos pareciam ser bem íntimos. Tinha um lance do pessoal, em um "esquenta" [reunião para beber antes de ir para festas noturnas] havia um entra-e-sai de quartos. Depois entendi que o povo ficava cheirando pó.

9. **Com que frequência você usa drogas como parte do relacionamento sexual?** R – Hoje não uso mais. Em verdade, eu já tive experiências ruins com o uso de drogas no sexo. Mas levou um tempo em que eu só conseguia fazer sexo com drogas, assim como só conseguia sair à noite com o uso de drogas.

10. **Você se importa de falar um pouco sobre essas experiências ruins? Foi o quê? Overdose?** R – Eu acho que nunca tive a "overdose clássica", que a pessoa vai parar no hospital etc. Acho que estive muito próximo, mas, sim, tive ataques de pânico, sensação de abafamento, tontura, essas coisas. Eu percebia que isto piorava após eu gozar. Quando eu gozava, queria ir embora imediatamente do local, ou, quando as festas ocorriam em minha casa, que as pessoas fossem embora imediatamente. Depois passei a preferir me masturbar cheirando pó.

11. **Como você descreve o uso da cocaína com a masturbação?** R – Você se masturba por diversas horas, goza mais de uma vez, o orgasmo é bem mais intenso e quando termina só depende de você. Aí você toma Rivotril e dorme. Mas já tive medo de ter overdose. Mais de uma vez. Com o tempo, passei a precisar de mais pó para ter a mesma sensação. Hoje, parei por completo.

12. **Você parou sozinho ou contou com a ajuda de profissionais?** R – Olha, eu acho a abordagem dos profissionais muito distante da nossa realidade, honestamente. Não sabem as questões que nos levam

a usar a droga. Não sabem que é algo relacionado ao pertencimento em um grupo. Fazem uma abordagem meramente químico-comportamental, mas não dentro de um contexto, de nossas carências. Utilizam uns paradigmas ultrapassados... falam de ter um companheiro... honestamente, não há um treinamento ou pesquisa sobre isto. Eu não me senti acolhido.

13. **Que tipo de influência você acha que o grupo de parceiros tem sobre seu uso de drogas?** R – Posso resumir dizendo que todos os motivos pelos quais você é desprezado são esquecidos quando todo mundo está transando e se drogando. O feio fica bonito, o velho fica novo, o pobre fica rico. Todo mundo se conecta.

14. **Como você considera o uso de drogas com sexo?** R - Fazer sexo com o uso de drogas simplesmente liberta sua mente de um monte de questões que surgem durante a transa, como inseguranças com relação à performance, o próprio corpo, se o parceiro está gostando ou não, dentre outras questões. Aí, a gente simplesmente curte o momento e deixa essas paranoias para lá. Quando eu estou tomando G, deixo e peço para os caras gozarem dentro de mim. Sim, eu estava me arriscando mais, só que quando eu era [HIV] negativo, nunca permitira isto. Quando descobri que estava com o HIV, passei a realizar todas as fantasias que me vinham na cabeça. Eu sempre gostei da sensação de sentir a ejaculação, mas o medo de contrair o vírus me impedia. Agora já não tenho mais este receio

15. **Que drogas você já usou?** R - GHB, Quetamina, Cocaína, Ecstasy e Poppers. Ah, álcool e maconha também.

16. **Como você considera a proibição ou desaprovação**

da mistura de sexo e drogas? R – É um risco, mas eu acho que falta do poder público e aos profissionais entenderem melhor o que acontece conosco. A proibição tem um caráter muito moralista, impessoal. Falta empatia e cuidado. Um olhar mais sensível.

17. **Você é ou já foi o fornecedor da droga para o parceiro ou grupo?** R - Eu costumava adquirir para todos [os demais companheiros], comprando, de uma só vez, três a quatro saquinhos. No passado muita gente se impressionava com o acesso que eu tinha, mas hoje é bem mais fácil conseguir, especialmente através de contatos de aplicativos como [nomes de aplicativos]

18. **Como se tornou o fornecedor?** R – Não sei se eu me considero um fornecedor ou se fui um fornecedor. Eu mantive uma relação de confiança e acesso com uns três ou quatro *dealers* [gíria para traficante]. E aí normalmente os caras esperavam que eu tivesse a droga.

19. **Você vê vantagem em fornecer as drogas?** R – Ah, você domina... escolhe melhor os parceiros, viabiliza a transa. Pula algumas etapas. É um poder.

20. **Você conta a seus amigos que usa drogas na prática do sexo?** R – Para algumas pessoas eu contei. Em geral me enxergam como um viciado.

21. **Você já teve alguma relação estável? Quantas e com que durações?** R – Tive uma relação de três anos, em que morei junto. Era uma relação bem "careta"; não usávamos qualquer droga. Depois tive um namoro aqui, outro ali, mas nada tão profundo.

22. **Você usa drogas transando com um parceiro de cada vez ou coletivamente?** R – Depende. Só não gosto com muita gente, porque foge o controle. Pode ser individualmente. Acontece às vezes de sermos eu e mais outro cara e somente eu usar. Como gosto de ser passivo, facilita a penetração.

23. **Você se sente pertencendo a um grupo especial usando drogas e sexo em conjunto?** R – Sim, na época acontecia. Depois esses contatos desapareceram. Acho que uns dois ou três permaneceram como amigos, mas todos nós não usamos mais. Já tive gente próxima que morreu ou precisou se reabilitar.

24. **Você falou antes que conseguia, pelo que entendi, se libertar mais no sexo. Tem algum desejo que a droga liberava. Que desejos?** R – Olha, vou ser mais explícito aqui, ok? Quando eu estou tomando G, deixo e peço para os caras gozarem dentro de mim. Sim, eu estava me arriscando mais, só que quando eu era [HIV] negativo, nunca permitiria isto. Quando descobri que estava com o HIV, passei a realizar todas as fantasias que me vinham na cabeça. Eu sempre gostei da sensação de sentir a ejaculação, mas o medo de contrair o vírus me impedia. Agora já não tenho mais este receio.

25. **Então ser portador de HIV fez você usar mais a droga?** R – Sim. Eu me senti como se fosse no fundo do poço. Embora eu me cuidasse e tomasse medicamentos, mas é como se eu tivesse um passe livre para esse mundo mais obscuro.

26. **Você pratica sexo sem drogas também?** R – Ultimamente sim, embora eu tenha feito menos sexo, em geral. É gostoso. Minha preferência sexual muda... eu fico mais na posição de ativo, até porque não tenho dificuldade com ereção, porque algumas drogas broxam você. Mas às vezes dá tanto trabalho fazer sexo... encontrar alguém, conviver. Acho que o sexo está em um lugar de tara, de extravasar. Enfim, estou tratando isto com minha terapeuta.

27. **Você sente alguma diferença em transar com e sem drogas?** R – Tem. No sexo sem drogas você está mais consciente, mas também se sente mais seguro. Não

tem a sensação de que vai morrer por overdose ou algo assim.

28. **Você aconselha ou acha que aconselharia colegas seus a usar drogas para fazer sexo?** R – Curiosamente, eu sou bem intolerante com pessoas que têm vontade de fazer sexo com drogas. Eu desaconselho. E também não conto minhas experiências para qualquer um. Tenho receio de influenciar.

29. **Algum outro comentário sobre sua experiência?** R – Acho que a gente sempre está fugindo de algo, mas também não acho que haja um padrão a ser seguido. Não sei, estou ainda trabalhando isto em terapia.

30. **Ok. Muito obrigado pela sua disponibilidade!** R – Eu que agradeço.

Entrevista 03

1. **Você sempre se relacionou sexualmente com homens?** R – Sempre. Nunca tive nada com mulher.

2. **Com que idade você teve sua primeira relação sexual?** R – Com uns dezessete anos.

3. Você usava drogas antes de ter relações sexuais? R – Não, somente álcool.

4. **Quando usou drogas pela primeira vez?** R – Provei maconha logo adolescente, era o mais fácil, ainda no colégio. Outras vieram depois.

5. **Você poderia dizer quais foram as outras?** Se pudesse também detalhar quais e em quais épocas... R – Ok, vamos lá. Minha droga sempre foi maconha, além de beber, que sempre gostei. Aí comecei a sair muito com um amigo meu, que tinha ganhado muito dinheiro e começou a fazer várias festas e a viajar. Com ele comecei a provar outras todas.

6. **Quais outras? Você se importa de detalhar?** R – Claro,

sem problema. Na verdade, de todas as drogas de balada, como o G, K, bala [ecstasy], eu nunca gostei muito delas. Mas gostava mesmo de padê [cocaína]. Às vezes também cheirava lança [lança-perfumes]. Quando comecei a usar o padê era caro e então esse meu amigo normalmente providenciava para a gente. Era difícil comprar também, era toda uma função [gíria para dificuldade]. Tinha *dealer* [traficante] que apenas vendia quantidade mínima, como cinco petecas [pacotes] por vez... e isso há uns oito a dez anos, a uns cem reais por pacote. Com o tempo fiquei amigo de um *dealer* e passei a conseguir mais barato.

7. **Você falou muito sobre a relação com esse seu amigo. Vocês chegavam a usar drogas com sexo?** R – Com ele não, eu tinha vergonha [ele riu]. O lance de cheirar pó era bom para bater papo, bebendo whisky, essas coisas. Mas eu sim usei muito para transar com uns boys. Não gosto de sexo com várias pessoas. Gosto mais mesmo de tekar [cheirar] enquanto transo. Facilita a penetração [em conversa preliminar o entrevistado havia mencionado preferir ser o passivo da relação]. Às vezes também eu curtia bater uma [masturbar-se] cheirando.

8. **Então, só para eu entender melhor, sua droga de preferência passou a ser a cocaína e seu uso mais relacionado a sexo a dois ou em masturbação, seria isto?** R – Sim, isso aí.

9. **Você chegou a usar drogas recreativamente com habitualidade, separadamente de sua vida sexual?** R – Ah, já... já sim... várias vezes. Às vezes até para trabalhar [ele riu]. Gosto de ficar sozinho em casa e daí cheirar é bom. Esqueço dos problemas.

10. **Nós conversamos previamente sobre sua sorologia. O fato de ser portador do HIV seria um desses problemas?** R – Pode ser. Eu convivo com HIV há uns sete

ou oito anos. Ainda tomo o esquema de ingestão duas vezes por dia, diferente de quem hoje em dia somente toma um comprimido por dia. Gosto de transar sem camisinha. Mas o lance do pó é porque eu relaxo mais, curto mais, é melhor, entende?

11. **Quando ficou sabendo que existia a prática do uso de drogas misturado com sexo?** R – É isso... eu não fiquei sabendo... você mesmo que me trouxe essa palavra "chemsex"... eu nunca havia ouvido falar neste termo! Ou que tinha algum tipo de termo para isto. Simplesmente aconteceu. Mas é bem comum no meio gay todo mundo ficar colocado [sob influência de drogas] em balada e fazer aquelas festinhas. Eu mesmo comecei provando durante uma transa e achei bom.

12. **Com que idade usou pela primeira vez drogas associando esse uso à vida sexual?** R – Acho que há uns seis anos pra cá.

13. **Como resolveu fazer esse uso?** R – Ninguém sugeriu não! Tinha simplesmente lá uma bandeja na sala do boy e ele me ofereceu. Eu já conhecia a sensação mas nunca tinha provado transando. Bom, peraí, já não me lembro com maconha... tem de ser só com pó?

14. **Não necessariamente, mas podemos focar em drogas que não sejam maconha ou álcool.** R – Então tá. Aí, eu como eu estava dizendo, tinha lá a bandeja, fui lá, cheirei e foi massa! [ele riu]

15. **Com que frequência você usa drogas como parte do relacionamento sexual?** R – Ah, sempre... não consigo fazer sem. Fico envergonhado e travado sem padê.

16. **Você fala muito sobre vergonha... poderia explicar melhor?** Você se incomoda? R – Não, de forma alguma! Já estou aqui mesmo...

17. **Mas só preciso lembrar a você que a qualquer momento, caso se sinta desconfortável, pode parar, ok?** R – Não, não... tudo bem. Você deixou tudo explicadinho. Não me incomoda não. Tenho vergonha do meu corpo, da minha barriga, fico inibido, não tão safado, gosto de [pênis] grande. Sem cocaína não rola não... prefiro ficar na punheta.

18. **Que tipo de influência você acha que o grupo de parceiros tem sobre seu uso de drogas?** R – Olha, muita gente usa droga para transar. Muita mesmo. Não estou dizendo que somente seja uma coisa de gay. Mas se você entrar agora no [nome do aplicativo ocultado], vai ver um monte de gente querendo. Tem os sinais. Se tiver um raio [relâmpago] é porque o cara curte "raio" [raio também é uma gíria para a carreira de cocaína, por causa da aparência que lembra a forma de um raio]. Se tiver uma folha, é porque curte maconha, se tiver umas bolinhas coloridas é porque curte bala. Então, é fácil. É normal, entende?

19. **Como você considera o uso de drogas com sexo?** R – Eu já não respondi isso aí acima não?

20. **Acho que sim, mas queria saber a questão do que você sente no uso de drogas e o que deixa de sentir ao fazer sem.** R – Tá... com droga eu me conecto, sinto melhor a pele, fico mais safado, esqueço dos meus problemas, como de saúde, de trabalho, realmente sinto que estou no meu final de semana, sabe? Zerando a semana para começar a segunda-feira. Sem o "chemsex" – é "chemsex" que chama, é? – [respondo que sim], ficou tudo sem graça.

21. **E na segunda-feira, como você se sente?** Falo em termos de cansaço, indisposição e tudo mais. R – Não vou mentir a você que na segunda ainda não estou cem por cento. Estou lento. Só vou começar a melhorar lá para a terça-feira. Aí na quinta já fico

nervoso querendo de novo [ele ri].

22. **E no trabalho, você não sentiu dificuldades? Teve problemas?** R – [Pensa um pouco]. Sim, já. Já tive problemas de faltar ao trabalho, chegar atrasado, ficar nervoso, muito sensível. Melhora lá para a terça-feira.

23. **Mas e aí? Você procurou ajuda?** Você se considera um adicto? R – Adicto como viciado [respondo que sim]. É uma palavra forte, mas acho que sim, estou viciado nisto. Só que não vejo muito sentido. Acho essas relações de casalzinho muito "fake" [mentirosas]. Só quero curtir minha vida.

24. **Eu teria aqui várias outras perguntas, mas nossa conversa já até trouxe muitos elementos. Por isso, quero só fechar com uma última pergunta e depois eu deixo aberto para comentários gerais para você, pode ser? [Ele concorda]. O que você acha do suporte profissional, refiro-me a médicos, psicólogos, assistentes sociais etc. Eles entendem?** R – Eles entendem sim, tecnicamente. Porém, não conhecem o contexto da vida gay, como pode ser opressor por padrões e que não temos nossas liberdades. Parece que se você não tiver o corpão, dinheiro, posição, você é um lenhado. Fica afastado de tudo o que é bom. A família nem sempre aceita [a orientação sexual] ou quando aceita quer ficar regulando [ele se refere à privacidade]. Então, a solução que os profissionais dão é na forma de remédio, internação, terapia, mas não conseguem ir no fundo da questão, que é o problema da pressão social ao redor.

25. **Ok... acho que a gente conseguiu explorar bem um ângulo. Você tem algum comentário final?** R – Quero só dizer que você está de parabéns pela pesquisa e que isto não é sequer falado. Espero que ajude a que os profissionais e a sociedade possam entender

melhor. É isso.

26. **Muito obrigado pela sua disponibilidade!** R – Que nada, eu é que agradeço!

[Nota do entrevistador: chegou ao meu conhecimento que o entrevistado se encontra em tratamento de dependentes químicos atualmente, foi internado algumas vezes e vive em isolamento com a família. Justificaram-me que todos os amigos dele são estímulos para voltar a consumir drogas e praticar *chemsex*]

Entrevista 04

1. **Você sempre se relacionou sexualmente com homens?** R – Não, já tive experiências com mulheres.

2. **Com que idade você teve sua primeira relação sexual?** R – Rapaz, não lembro muito... mas com uns treze anos já tive alguma experiência, brincadeiras de garoto.

3. **A primeira relação foi com homem ou com mulher?** R – Foi com homem, em brincadeira com outros meninos. De transa mesmo, real, foi com mulher, já mais velho. Mas já tem um tempo que eu só transo com homem mesmo.

4. **Você usava drogas antes de ter relações sexuais?** R – Não, não... só álcool.

5. **Mas álcool também é droga... mas, tirando o álcool, quando foi seu primeiro contato?** R – Foi fumando baseado [maconha]. No carnaval, rolava lança. Essas outras drogas mais pesadas foi mais em viagem para fora, como São Paulo, porque demorou de chegar aqui.

6. **Que outras drogas mais pesadas?** R – Padê [cocaína], G [GHB], K [quetamina], essas aí.

7. **Usou drogas recreativamente com habitualidade, separadamente de sua vida sexual?** R – Maconha e álcool, já que você esclareceu, sim, eu usava direto.

Agora as outras que eu disse antes só mesmo em festa e transando.

8. **Quando ficou sabendo que existia a prática do uso de drogas misturado com sexo?** R – A gente não fica sabendo, pelo menos eu não fiquei sabendo. O que acontece é que às vezes o cara chega com G [GHB] para dar aquela incrementada na transa, com pó, e a gente vai curtindo.

9. **Com que idade usou pela primeira vez drogas associando esse uso à vida sexual?** R – Ah, já foi mais velho. Primeiro eu provei, novo, depois foi mais em festa, e mais recentemente, há uns cinco anos talvez, transando.

10. **Você já usou drogas injetáveis?** R - Eu nunca, mas sei que o povo injeta. Já acontece na minha frente. Quando eu vi pela primeira vez alguém injetando, fiquei logo assustado. Pensei logo "cara, que louco!". Por que alguém faria isto consigo mesmo? Porém, após perceber que algumas drogas não "batem mais onda" e que pessoas conseguem injetar com o uso de seringas descartáveis, comecei a considerar a possibilidade de fazer... talvez eu faça com alguém de minha confiança.

11. **Com que frequência você usa drogas como parte do relacionamento sexual?** R – Desde quando comecei a usar na transa não quis saber de outra coisa. É um outro nível de intimidade.

12. **Que tipo de influência você acha que o grupo de parceiros tem sobre seu uso de drogas?** R – Rapaz, é bem normal. Muita gente usa. Claro que tem muito cara que é careta, que não gosta, mas entre os que usam não tem tipo marginal. É gente de nível, profissional, com dinheiro ou nem tanto. Mas é bem comum. É fácil achar gente no [nome do aplicativo], é bem fácil achar na balada. É bem normalizado.

13. **Como você considera a proibição ou desaprovação da mistura de sexo e drogas?** R – Eu acho que deveria ser tratado como doença e não como crime. Não tenho opinião formada sobre quem vende, quem mata, os grandes traficantes. Mas o usuário não tem culpa alguma.

14. **Você é ou já foi o fornecedor da droga para o parceiro ou grupo?** R – Já. Tenho meus contatos. Mas eu não vendo, eu passo [sentido de revender pelo preço de compra] ou compartilho com a galera. É que nem álcool. Cada um leva uma coisa.

15. **Como se tornou o fornecedor?** R – Pô, eu não me acho um fornecedor...

16. **Desculpe, eu não estou querendo ofender você. Gostaria de continuar? Não estou chamando você de traficante. O que quero saber é se você também tem acesso à droga e, assim, consegue passar fornecer para as pessoas.** R – Ah tá. Bom, rola, acontece. Sempre é fácil achar quem vende. Aí todo mundo organiza e a festa acontece.

17. **Você se refere muito a "festa". Então você prefere usar em sexo grupal?** R – Sim, só tem graça se for com três ou mais pessoas.

18. **Você vê vantagem em fornecer as drogas? Acha que tem mais comando?** R – Acho que eu tenho acesso. Pode ser que eu não fosse ser convidado para uma festa e daí porque eu tenho o acesso, sou convidado. Já teve muita situação de eu não ter o acesso à droga e me darem alguma desculpa, dizendo que já tinha muita gente.

19. **Você conta a seus amigos que usa drogas na prática do sexo?** R – Não sou muito de falar sobre minha vida pessoal não. Só comento com quem tá no contexto.

20. **Você já teve alguma relação estável?** R – Só

namoradinha de adolescente. Com homem, não.

21. **Você se sente pertencendo a um grupo especial usando drogas e sexo em conjunto?** R – Eu acho que se você não tem droga, fica mais difícil transar, especialmente no fim de semana, quando todo mundo só quer pensar em balada. Se você tiver a droga, todo mundo quer você.

22. **Se você fosse preso por porte ou uso de drogas, continuaria usando?** R – Já fui [ele riu]

23. **Você se importa de relatar como foi isso?** R – Eu estava num carro com um cara, indo para um motel e eu tinha umas petecas [pacotes de cocaína] no bolso. Nem era muita coisa. Eram só três. Era pra nós dois e mais para o pessoal. Os policiais levaram a gente, nos ficharam como sendo traficantes e foi barra.

24. **Você sente alguma diferença em transar com e sem drogas?** R – Sim, toda. Sem droga prefiro punheta.

25. **Você usa drogas sozinho, vendo filme/vídeo pornô?** R – É gostoso, mas eu quando estou com droga prefiro mesmo arrumar suruba.

26. **Você aconselha ou acha que aconselharia colegas seus a usar drogas para fazer sexo?** R – Nunca aconselhei, mas também não fico policiando. Acho que cada um sabe de si.

27. **Algum outro comentário sobre sua experiência?** R – Não, nenhuma. Acho que já falei bastante.

28. **Agradeço sua disponibilidade!** R – Eu é que agradeço!

Entrevista 05

1. **Você sempre se relacionou sexualmente com homens?** R – Tive experiência com mulheres também.

2. **Com que idade você teve sua primeira relação sexual?** R – Com uns quinze ou dezesseis anos.

3. **A primeira relação foi com homem ou com mulher?** R – Com mulher. Queria ficar noivo dela.

4. **Com que idade teve sua primeira relação homossexual?** R – Já mais velho, com uns vinte e cinco.

5. **Você usava drogas antes de ter relações sexuais?** R – Não, não... sempre fui bem careta.

6. **Quando usou drogas pela primeira vez?** R – Quando eu descobri que era portador de HIV.

7. **Por quê?** R – Porque fiquei assustado, achei que fosse morrer, queria tomar um "porre", mas não era suficiente. Tinha um amigo que vendia pó, eu comprei e daí cheirei muito. Vi que era bom e passei a relaxar tekando [cheirando].

8. **Usou drogas recreativamente com habitualidade, separadamente de sua vida sexual?** R – Sim. Passei a gostar de beber whisky com pó. É bom demais.

9. **Quando ficou sabendo que existia a prática do uso de drogas misturado com sexo?** R – Um paquera meu me falou que tinha curiosidade de provar, porque viu em um filme [pornô]. Eu falei que tinha como conseguir para a gente experimentar. Aí usamos e foi ótimo.

10. **Com que idade usou pela primeira vez drogas associando esse uso à vida sexual?** R – Tem uns dois anos, no máximo.

11. **Com que frequência você usa drogas como parte do relacionamento sexual?** R – Bom, depois dessa experiência, eu e meu namorado começamos a transar com outros caras usando outras drogas. Aí provamos várias, como G [GHB], K [quetamina], Poppers e várias outras. Descobri também os caras que costumavam fazer festas em final de semana.

12. **Você continua namorando?** R – Não, a gente acabou, mas por outros motivos.

13. **Continua usando droga ao transar?** R – Sim, continuo.

14. **Costuma usar com apenas um único parceiro ou com mais de um?** R – Hoje em dia prefiro fazer em reuniões na casa de alguém. Cada um colabora com um pouco [de droga] e a festa acontece.

15. **Alguma vez algo nessas festas ocorreu fora do esperado? Violência, overdose etc.** R – Já, inclusive comigo. Eu tinha levado G [GHB], não tinha ainda muita experiência e tomei muito mais do que as doses. Fiquei desacordado na cama e só acordei no hospital. Foi o SAMU que me levou. Os caras lá da festa me disseram que ficaram preocupados comigo, mas com dúvida se haveria polícia no meio. Mas viram que eu não reagia aí chamaram o SAMU. Um amigo que estava lá e que tinha chegado há menos tempo e que não estava ainda alterado me falou que ele foi que tratou de esconder as evidências. No fim, foi só o SAMU mesmo que apareceu.

16. **E quanto à prática de sexo com uso de preservativos?** R - Sempre, sempre eu trato os caras como se estivessem infectados. É meio bizarro falar isto, mas é a forma que encontrei de não me arriscar a contrair qualquer doença. Quando eu tinha 18 anos a AIDS era uma realidade e vi muita gente morrer. Simplesmente fazer sexo sem camisinha nunca foi meu desejo e continuou assim, ainda que eu gostei de me masturbar cheirando pó. Eu até curto fazer sexo sem camisinha, mas quando estou com um cara que eu não conheço, por mais que eu esteja com a carga viral indetectável, não quero ficar na paranoia de que posso ter arriscado a vida do outro. Prefiro também não usar drogas que me tirem a consciência, e por isto eu prefiro a minha maconha ou dar uma cheirada [em cocaína] de vez em quando. Não curto G, porque

me deixa muito animal, nem K [quetamina], porque me tira o senso da realidade. Gosto de estar atento a todo o momento. E depois que a brincadeira acaba, não tenho peso na consciência e em rola aquele papo chato de insegurança pós gozo sobre a saúde sexual de cada um, que deveria ter sido dito antes. Mas ninguém gosta de conversar sobre isto antes... é um fato!

17. **Violência física você já sofreu?** R – Eu não, mas a gente fica meio que sem saber o que concordar. Já saí machucado com umas pegadas mais fortes. Mas a gente sempre sabe de gente que é roubada, estuprada, que apanha etc.

18. **Que tipo de influência você acha que o grupo de parceiros tem sobre seu uso de drogas?** R – Fácil: todo mundo usa e você se sente peixe fora d'água quando não está usando. Se não for para usar, melhor nem ir para uma reunião dessa.

19. **Como você considera a proibição ou desaprovação da mistura de sexo e drogas?** R – Eu não sou a favor de descriminalizar totalmente, mas tem muita hipocrisia. Muita gente usa, não é só gay. Hetero usa muito! Mas o gay, ou travesti, trans, o grupo todo [ele se refere à comunidade LGBTQ] fica mais exposta. Se for preto então, piorou. Você tem de rezar para não ir para a polícia. Tem gente que prefere correr o risco de não procurar ajuda médica com medo de ser fichado.

20. **Você é ou já foi o fornecedor da droga para o parceiro ou grupo?** R – Só neste contexto que te falei antes, de colaboração para a colocação [drogas] da festa.

21. **Você vê vantagem em fornecer as drogas?** R – Não é bem vantagem... se você não levar nada tem de oferecer outra coisa. Tem de ser um cara muito gato – não é meu caso! – tem de ter [pênis] grande, tem de ter dinheiro... quem não tem nada disto, a droga dá

acesso.

22. **Você conta a seus amigos que usa drogas na prática do sexo?** R – Tem muito julgamento, né? Não entendem o que nos faz usar droga para transar. Acham que é um vício e ponto. Recomendam clínica. Não é o caso. Do que adianta entrar numa clínica e nunca mais ter vida social?

23. **Você acha que os profissionais da área de saúde estão devidamente instruídos para auxiliar a pessoa que procura ajuda?** R – Não... ou pelo menos parcialmente. Tem um contexto muito forte. O hetero já é treinado a ter família, esposa, marido, ter filho etc. Não é que o gay não possa ter... hoje pode até casar. Mas daí eu vou repetir o modelo hetero? Não sei... acho que é preciso entender a questão mais a fundo. Quem sabe você não nos ajuda com sua pesquisa para isto?

24. **Infelizmente a pesquisa não dá para abarcar tudo. Mas, vamos focar em sua entrevista, pode ser? Você sente alguma diferença em transar com e sem drogas?** R – Com droga é melhor, fico mais solto, com menos vergonha e me desligo dos problemas da vida. Sem, fico consciente o tempo todo e não relaxo.

25. **Você usa drogas sozinho, vendo filme/vídeo pornô?** R – Não curto muito não.

26. **Você aconselha ou acha que aconselharia colegas seus a usar drogas para fazer sexo.** R – Jamais! Cada um na sua!

27. **Algum outro comentário sobre sua experiência?** R – Não, não. Acho que falei tudo. Você quer saber alguma coisa mais?

28. **Acho que enfrentamos tudo. Muito obrigado!** R – Obrigado a você!

Entrevista 06

1. **Você sempre se relacionou sexualmente com homens?** R – Tive relacionamentos e até namoradas.

2. **Com que idade você teve sua primeira relação sexual?** R – Com uns quinze anos.

3. **A primeira relação foi com homem ou com mulher?** R – Com mulher. Com homem veio depois.

4. **Com que idade teve sua primeira relação homossexual?** R – Com uns dezenove para vinte anos de idade.

5. **Você usava drogas antes de ter relações sexuais?** R – Maconha já tinha experimentado.

6. **E álcool?** R – Álcool conta? [Respondo que sim]. Ah, então, já bebia desde os quinze anos, mas mais cerveja e cachaça.

7. **Usou drogas recreativamente com habitualidade, separadamente de sua vida sexual?** R – Não considero habitual. Na verdade, só quando tinha um baseado. Nunca fui muito de droga. Fui mais de cachaça [ele se refere como "cachaça" a bebidas alcoólicas com um todo].

8. **Quando ficou sabendo que existia a prática do uso de drogas misturado com sexo?** R – Ninguém me contou não. Uma vez transando com um cara, ele ofereceu teko [cocaína]. Eu estava com dificuldade de dar [ser penetrado] e ele me falou que iria me relaxar. Ele também tinha Poppers, que tinha trazido da Irlanda. Aí foi muito bom e não quis saber mais de outra coisa [ele riu].

9. **Com que idade usou pela primeira vez drogas associando esse uso à vida sexual?** R – Foi nessa experiência que te contei. Eu estava já com uns vinte e dois anos.

10. **Que tipo de influência você acha que o grupo de parceiros tem sobre seu uso de drogas?** R – Eu vi que era bom, comecei a perceber que rolavam umas festas [no sentido de encontros privados em residências particulares] que o povo usava e transava gostoso. Comecei a fazer os contatos e quando eu queria relaxar no final de semana, sempre rolava.

11. **Como você considera o uso de drogas com sexo?** R - Muito massa. É bastante intenso. Acho que rola uma conexão diferente, você se solta mais. Você fica muito mais safado, porque todas as suas inibições desaparecem. Você acaba fazendo coisas que jamais faria quando sóbrio. Penetração, dupla penetração...? Quanto mais eu posso aguentar? Quando estou sóbrio nem cogito tais práticas, porém usando, tudo isto se torna possível e eu até passo a querer fazer.

12. **Como você considera a proibição ou desaprovação da mistura de sexo e drogas?** R – Eu acho babaquice e acho que tem de haver algum tipo de proibição. O que eu acho complicado é que não é muito claro a partir de quando a pessoa deixa de ser usuária para virar traficante. Fica tudo bem desencontrado... não há um cuidado, o pessoal quer prender você, principalmente se for viado e com dinheiro.

13. **Você é ou já foi o fornecedor da droga para o parceiro ou grupo?** R – Já sim consegui e às vezes consigo. Como também consigo bebida.

14. **Como se tornou o fornecedor? [Esclareço que não é no sentido de se tornar traficante]** R – A gente vai sabendo quem vende o que e daí fica fácil de conseguir. Normalmente nos encontros sou eu quem arranja.

15. **Arranjar a droga te dá um "passe livre" a esses en-**

contros? Oferece algum tipo de poder ou acesso? R
– As chances aumentam de eu ser incluído. O pessoal prefere quem tem a droga ou quem tem outras qualidades, como ser bonito etc.

16. **Você conta a seus amigos que usa drogas na prática do sexo?** R – Só para os que curtem a mesma parada. O pessoal de fora julga muito.

17. **Você já teve alguma relação estável?** R – Estou no meu primeiro namoro sério. O [nome ocultado] é bem careta. A gente não usa nada. Estou bem feliz.

18. **Sente vontade de usar novamente no sexo?** Poderia dizer também se com seu namorado ou sem ele? R – São coisas diferentes. Eu não quero contaminar meu namoro com isso. Nem quero propor nada fora do tradicional, como abrir relação, usar droga, ir para festa e tal. Acho que estraga. [Faz uma pausa] ... mas eu tenho vontade de usar sim, mas numa festa, sem ele, mas não tenho coragem, tenho medo de ser descoberto.

19. **Então eu percebi que você só usa mais a droga em contexto de sexo sem compromisso e coletivamente, seria isto?** R – É isso mesmo.

20. **Você se sente pertencendo a um grupo especial usando drogas e sexo em conjunto?** R – Tem esse lance dos amigos de drogas. São os caras que você pode chamar sempre e que curtem o lance. Tenho, sei lá, contato de uns vinte caras que curtem e a gente se reúne conforme o dia da semana. Nunca rolou de serem os vinte, mas uns quatro, cinco, seis... depende de arrumar o local. Mas agora tô dando um tempo.

21. **Se você fosse preso por porte ou uso de drogas, continuaria usando?** R – [Ele ri]. Não sei, nunca fui. Morro de medo. Sei lá. Tomaria um susto. Não dá para responder.

22. **Você usa drogas sozinho, vendo filme/vídeo pornô?**
R – Já aconteceu de eu curtir ficar fumando um baseado ou tekando [cheirando pó] batendo uma [masturbando-se]. Você fica na sua, passa seu tempo, relaxa no fim de semana. Mas prefiro com mais gente. Só rola isso quando não arrumava ninguém.

23. **Você aconselha ou acha que aconselharia colegas seus a usar drogas para fazer sexo?** R – Não. Jamais faria isto. Não quero influenciar ninguém.

24. **Algum outro comentário sobre sua experiência?** R – Acho que quando você está se sentindo só rola mais fácil, embora o tesão seja diferente. No momento tô curtindo meu namoro. Se terminarmos, tenho de ver. Talvez volte. Os contatos mandam mensagem. Não sei, tem de ver aí.

25. **Ok, muito obrigado!** R – Imagina. Valeu.

Entrevista 07

1. **Você sempre se relacionou sexualmente com homens?** R – Sempre, exclusivamente.

2. **Com que idade você teve sua primeira relação sexual?** R – Demorei. Foi lá para os vinte e poucos anos.

3. **Você usava drogas antes de ter relações sexuais?** R – Não. Não tinha muita droga disponível. Só mais maconha mesmo e eu nunca gostei muito. Quando fui fazer mestrado no exterior é que conheci ecstasy, mas usava sempre em festas.

4. **Quando usou drogas pela primeira vez?** R – Como falei antes, no exterior, na Europa, em festas.

5. **Que drogas você já usou em toda a sua vida, além de álcool?** R – Praticamente todas as não injetáveis.

6. **Poderia citar?** R – Ecstasy; ácido – mas não gostei muito; AMD [uma espécie de ecstasy mais con-

centrado]; K [quetamina], mas eu passo mal, vomito muito; cocaína. Nunca provei metanfetamina, porque não tem muito no Brasil e quando eu estava na Europa não tinha muito. Na Europa a cocaína é muito cara e em geral a gente fica mais no G [GHB], que eu provei também e na bala.

7. **Usou drogas recreativamente com habitualidade, separadamente de sua vida sexual?** R – Já sim. Na verdade, usei mais fora de contexto de transa. Gosto de beber, conversar e cheirar pó. Mas depois engatei um casamento [com um homem], ele era muito careta e não gostava de nada. Também no meu trabalho tem muita pressão e é ruim ficar usando. Aí tenho um tempo parado. Na verdade tinha, porque me divorciei e provei aqui e ali, mas não igual a antes.

8. **Quando ficou sabendo que existia a prática do uso de drogas misturado com sexo?** R – Saber, saber, com seu convite de entrevista [ambos rimos]. Assim, todo mundo usa em saunas, festas [neste caso, referiu-se a casas noturnas e festivais], sexo etc. Não sabia que tinha um termo para isto e que era tão pesquisado. Mas acontece muito. Uma coisa leva à outra. Às vezes você está numa balada já para lá de colocado e daí rola uma transa e a gente continua usando depois de lá.

9. **Você chegou a marcar sexo para ser relacionado ao uso de drogas?** R – Não, não que eu me lembre. Rola o sexo com drogas após uma balada. Uma coisa leva à outra. Porém, se na transa tiver lá disponível, ou eu tendo, a gente usa. É mais gostoso e eu curto mais. Mas pode rolar sem.

10. **Com que idade usou pela primeira vez drogas associando esse uso à vida sexual?** R – Já velho, com uns trinta anos.

11. **Como resolveu fazer esse uso?** R – Aconteceu. Alguém tinha – não sei se eu ou o cara – e daí aconteceu.

12. **Com que frequência você usa drogas como parte do relacionamento sexual?** R – Hoje em dia pouco. Mas já foi de eu transar após balada e daí o transar era uma finalização da noite ou do fim de semana.

13. **Que tipo de influência você acha que o grupo de parceiros tem sobre seu uso de drogas?** R – Assim... é tudo muito normalizado. O pessoal usa normal. Mas quem não usa se dá bem também com quem usa. Mas não reprime quem não usa. Quem vai para a noite gosta de usar. Faz parte da cultura.

14. **E quanto aos heteros?** R – Hetero também usa e usa muito. Mas é um lance diferente... tem droga típica que gay mais usa, como Poppers, que foi criado para dilatação anal. Acho que como a gente teve de quebrar mais tabus antes ficou mais fácil. Mas hoje vejo muito hetero usando igual a gay.

15. **Como você considera o uso de drogas com sexo?** R – Ah... é bem diferente...! Cada droga tem uma sensação diferente. A bala [ecstasy] deixa você mais conectado; o G [GHB] deixa você animal, com tesão, o K [quetamina] dá uma experiência mais extrassensorial; a cocaína te deixa ligado na transa por diversas horas. É isso aí.

16. **Como você considera a proibição ou desaprovação da mistura de sexo e drogas?** R – Poderia ser menos penal e mais de saúde pública. Portugal é aqui e em outros países também. Muita gente acha que a Holanda é o paraíso das drogas livres, mas na verdade Portugal é bem mais aberto. Canadá também. Então, deveria ser este o caminho do Brasil. Há muito julgamento moral sobre o que você faz, como se fosse coisa do outro mundo.

17. **Você é ou já foi o fornecedor da droga para o parceiro ou grupo?** R – Não de fornecer para a galera toda, mas

para dividir com algum amigo próximo.

18. **Você vê vantagem em fornecer as drogas?** R – Às vezes você só é considerado para o sexo se tiver droga. Eu mesmo sou gordinho e ou o cara curte ursinho [gíria para gays com corpo mais gordo, em geral peludos] ou você tem.

19. **Você conta a seus amigos que usa drogas na prática do sexo?** R – Só para quem entende. Sou muito reservado.

20. **Você conta a seus amigos que fornece drogas para a prática do sexo?** R – Mesma coisa que falei acima.

21. **Você já teve alguma relação estável? Quantas e com que durações?** R – Já tive algumas. Umas três. Quando estou namorando não uso. Acho que quando usa pode acabar mais rápido porque gira em torno da droga e da festa. Mas tem casais que conheço que têm relação aberta, usam drogas, vão para balada, malham juntos e estão juntos há mais de dez anos. Vai saber! Varia muito.

22. **Você se sente pertencendo a um grupo especial usando drogas e sexo em conjunto?** R – É um conjunto... não adianta você ir para uma [Nome de boate famosa] "de cara" [sem droga], só no álcool. Você fica desconectado por completo, cansa mais rápido. Dá para ir, mas aí a vontade de voltar mais cedo para casa ou de não esticar para transar com alguém.

23. **Se você fosse preso por porte ou uso de drogas, continuaria usando?** R – Nem fale uma coisa dessas!

24. **Por quê?** R – Imagina a vergonha. Eu ocupo um cargo importante... nem sei das consequências. Eu nem sei o que faria. Acho que me mataria.

25. **Você usa drogas sozinho, vendo filme/vídeo pornô?** R – Só quando eu queria estar com alguém e não rolou e já tinha começado a usar. Aí eu uso para gastar logo

[acabar com a droga e com a excitação] e dormir.

26. **Você aconselha ou acha que aconselharia colegas seus a usar drogas para fazer sexo?** R – Já incentivei um amigo e me arrependo até hoje. Ele teve sérios problemas com dependência química. De lá para cá nunca mais fiz isto.

27. **Algum outro comentário sobre sua experiência?** R – Somente te parabenizar e espero ter ajudado!

28. **Ajudou sim, demais!**

Entrevista 08

1. **Você sempre se relacionou sexualmente com homens?** R – Tiver experiência com mulher, mas foi apenas uma vez.

2. **Com que idade você teve sua primeira relação sexual?** R – Com dezessete anos.

3. **Com que idade teve sua primeira relação homossexual?** R – Já aos dezoito.

4. **Você usava drogas antes de ter relações sexuais?** R – Não... eu nunca fui de usar drogas. Estudei no [nome do colégio ocultado], que era muito rígido. Sempre fui na minha. Só provei mesmo em uma festa de aniversário. Ofereceram-me bala [ecstasy], mas a experiência não foi boa. Bateu "bad" ["bad trip", gíria para o efeito contrário ao esperado, em geral ruim]. Em outras vezes tentei novamente e funcionou bem. Aí provei G [GHB]; K [quetamina], que se tornou a minha favorita; padê [cocaína], que é minha segunda favorita. Mas tem outras como lança-perfumes, Poppers. Provei quase todas que têm por aqui.

5. **Quando usou drogas pela primeira vez?** R – É isso. Foi nessa festa. Tinha uns vinte anos.

6. **Usou drogas recreativamente com habitualidade,**

separadamente de sua vida sexual? R – Comecei a usar com mais frequência depois que me formei em [nome do curso ocultado]. Passei a ganhar mais dinheiro e fiz um grupo de amigos em que todos usavam. Viajei muito, fui para várias festas, pude subir meu padrão de vida e me senti mais solto e independente, sabe? Pude viver uma vida glamurosa que nunca tive. Antes eu era um "zé ninguém". Tornei-me uma pessoa vip, conhecido.

7. **Quando ficou sabendo que existia a prática do uso de drogas misturado com sexo?** R – Normalmente no after [festa após uma determinada festa principal]. Aí o pessoal ia para a casa de alguém e tinha por lá. Depois eu aprendi como funcionava o esquema e quando eu queria que rolasse, tinha os contatos e providenciava. Às vezes na minha casa, às vezes na casa dos outros, às vezes em festivais em hotéis [citou o nome de alguns, ocultados].

8. **Com que idade usou pela primeira vez drogas associando esse uso à vida sexual?** R – Efetivamente mesmo depois que me formei e que terminei meu relacionamento. Logo que me formei eu fiquei casado por uns dois anos. Depois eu me soltei.

9. **Como você avalia esse consumo de drogas na comunidade LGBTQ?** R - É extremamente comum [o uso de drogas por homens gays]. Eu acho que uma das coisas que mais me assustam no momento é se encontrarei pessoas que não fazem uso, principalmente se eu decidir por me afastar completamente delas [das drogas]. Eu teria de rever todo o meu ciclo de amigos e isto significa, por um tempo, estar em isolamento, embora eu reconheça que muitos homens que não fazem uso. Eu teria de me conectar e conhecer essas pessoas, o que é difícil, porque muitos estão casados ou completamente fora da cena.

10. **Então deixa eu ver se entendi. Você usou esporadicamente enquanto estudante de [nome do curso ocultado], quando se formou casou-se [presumo que com outro homem] e quando se divorciou resolveu curtir a vida?** R – Sim, isso mesmo. Resumiu bem. Também teve o meu melhor amigo, que havia tido [descreveu uma perda familiar desse amigo, ocultada por privacidade] e que resolveu usar. Aí nós formamos um grupo de pessoas que aproveitavam a vida.

11. **Com que frequência você usa drogas como parte do relacionamento sexual?** R – Uso apenas quando quero dar um "up" na transa. Não me sinto dependente disto. Posso transar de boa sem. Normalmente quando vou no pacote de festa, acontece. Mas não sou de marcar para transar com a finalidade de usar droga. Droga para mim é algo relacionado a festa e o que vem depois dela.

12. **Que tipo de influência você acha que o grupo de parceiros tem sobre seu uso de drogas?** R – Todo mundo usa e curte a "vibe". Só que também já tive experiências ruins e vi que nem sempre todo mundo está a fim de estar com você.

13. **Você se sente confortável de detalhar mais isto?** R – Sim. Estive em 2018 na [nome da festa, destinada ao público LGBTQ, em outro Estado]. Lá eu passei muito mal e ninguém me ajudou. Mesmo quem estava bem [refere-se a quem estava consciente]. Somente este meu amigo, que é meu amigo desde os tempos de escola. Eu me senti muito mal. Tentei parar diversas vezes, mas no meu ciclo social muita gente usa, inclusive em minha profissão, seja hetero, seja gay. Os usos são diferentes. E eu fico deslocado quando eu saio e não estou usando. Não é a mesma coisa. Queria voltar a me casar, mas também tem

muita gente interesseira. Olha, é complicado [ele faz uma pausa].

14. **Podemos não continuar neste tópico ou encerrar por aqui mesmo, ok? Quero que você se sinta confortável em responder. Você pode parar a entrevista quando quiser.** R – Não, não... está tudo bem. Eu realmente só fico um pouco ansioso. Mas posso e quero continuar de boa, até para te ajudar na pesquisa e poder ajudar outras pessoas.

15. **Tudo bem. Mas deixo claro que podemos parar quando você quiser ou ainda nem registrarmos sua entrevista. Avise-me quando for o caso. Deixa eu mudar um pouco o foco... o que você acha do suporte de saúde pública, já que você é da área, quanto ao "chemsex"?** R – Ninguém sabe o que é isto. O pessoal trata o vício como algo individual, mas não entendem a causa social e coletiva, os padrões a que somos submetidos. Há ainda muita discriminação. Você só tem um lugar de destaque se tiver dinheiro e poder. É tudo muito superficial. Aí a polícia, quando te pega, não te acolhe e ainda prejudica sua vida. Sinto-me muito vulnerável.

16. **Você conta a seus amigos que usa drogas na prática do sexo?** R – Somente aos que já sabem porque também gostam e alguns amigos muito próximos, por causa desses julgamentos todos. Todos falam "Ah, você é [nome da profissão] e usa? Como assim?". Não compreendem nada.

17. **Se você fosse preso por porte ou uso de drogas, continuaria usando?** R – Simples: minha carreira estaria destruída, minha imagem acabada, eu não conseguiria trabalho tão fácil. Iriam me julgar muito. Mas não tem a ver com o uso de drogas, mas com o fato de eu estar em um contexto muito específico de uso. Não sei se fui claro.

18. **Eu acho que você quer dizer que não há um preparo e compreensão prévia do que seja o "chemsex" e que as pessoas não tenham o preparo suficiente para isto. É isso?** R – É isso. Como você mesmo me mostrou quando me convidou para a entrevista. Eu não sabia que existia o David Stuart, a primeira matéria realmente apareceu em 2015 no Brasil. Não se fala nada. E todo mundo vive com medo de ser pego, mas também não há outra opção a não ser ficar sendo isolado pela família, pelos amigos heterossexuais... todo mundo espera que você se case e tenha um ideal de família hetero. É isso. Há muita pressão na cabeça da gente.

19. **Acho que conseguimos avançar bastante. Muito obrigado!** R- Obrigado a você. Parabéns por sua pesquisa. Desculpe por qualquer coisa e siga adiante!

Entrevista 09

1. **Você sempre se relacionou sexualmente com homens?** R – Tive namoradas na adolescência, mas só passei a ficar com homens a partir da faculdade.

2. **Com que idade você teve sua primeira relação sexual?** R – Com quinze anos.

3. **A primeira relação foi com homem ou com mulher?** R – Com mulher.

4. **Com que idade teve sua primeira relação homossexual?** R – Aos dezenove ou dezoito.

5. **Você usava drogas antes de ter relações sexuais?** R – Não.

6. **Nem álcool?** R – Ah, álcool conta? Ah, não sei... na faculdade bebia sempre, mas no colégio às vezes a galera saia para tomar uma.

7. **Usou drogas recreativamente com habitualidade,**

separadamente de sua vida sexual? R – Usei. Logo depois que me formei comecei a ganhar bem e eu fazia muitas festas. Provei várias, mas preferia mais pó [cocaína].

8. **Sobre quais outras drogas, além da cocaína, você se referiu?** R – Bala [ecstasy], G [GHB], K [quetamina], mas eu não gostei muito de nenhuma delas, porque me faz perder o controle. Já o pó te deixa mais focado, no momento, esquece de tudo mas você não perde o centro.

9. **Quando ficou sabendo que existia a prática do uso de drogas misturado com sexo?** R – Foi experimentando. Fui descobrindo que muito cara gostava e daí eu mesmo comprava e disponibilizava.

10. **Com que idade usou pela primeira vez drogas associando esse uso à vida sexual?** R – Com uns vinte e cinco anos, mais ou menos.

11. **Como resolveu fazer esse uso?** R – É como eu falei acima, meio que aconteceu naturalmente. Provei, arrumei contatos para comprar e fazia uso.

12. **Com que frequência você usa drogas como parte do relacionamento sexual?** R – Nem sempre eu fazia, mas eu gostava muito de fazer. Era mais gostoso. Mas sem também é bom.

13. **Que tipo de influência você acha que o grupo de parceiros tem sobre seu uso de drogas?** R – Sinceramente eu acho que ninguém me influenciou a nada e tudo o que fiz foi por vontade minha mesmo.

14. **Como você considera a proibição ou desaprovação da mistura de sexo e drogas?** R – Ah, é complicado... não tenho uma opinião formada. Eu acho que tenho muito controle sobre a situação. Tudo o que eu quis fazer e parar de fazer eu consegui. Teve um momento, bem verdade, que passei um pouco do ponto, mas tomei consciência e voltei para meu centro. Porém, acho

que tem gente que precisa mais de ajuda, é mais exposto. Não acho certo descriminalizar, especialmente no Brasil.

15. **Você vê vantagem em fornecer as drogas?** R – Ah, é mais prático, né? Ficar mendigando droga... me poupe. Se eu quero que tenha, compro e levo.

16. **Você conta a seus amigos que usa drogas na prática do sexo?** R – Não gosto de falar nada sobre minha vida pessoal. Só estou te contando tudo isto porque você me passou confiança e tem o sigilo.

17. **Você já teve alguma relação estável? Quantas e com que durações?** R – Eu gosto sempre de estar namorando ou casado. Estou no meu quarto relacionamento estável. Já tive um marido que usava muito pó e teve sérios problemas no trabalho. Tivemos que terminar. Atualmente prefiro estar com alguém que não curte droga.

18. **Você usou drogas com seu parceiro estável?** R – Já. Com este meu marido que falei antes usei muito, fazíamos muito sexo com mais pessoas e não deu certo. Foi só destruição. Até para clínica de reabilitação ele foi.

19. **Você usa drogas transando com um parceiro de cada vez ou coletivamente?** R – Hoje estou casado e careta. Não uso nada. Só gosto mesmo de beber vinho e sair para jantar. Mas já rolou de ter festinhas transando a três ou a quatro e era bom.

20. **Você se sente pertencendo a um grupo especial usando drogas e sexo em conjunto?** R – Tem cara interesseiro que só chega em você se você tiver dinheiro ou droga ou as duas coisas. Aí te dá mais controle. Prefiro estar no controle.

21. **Se você fosse preso por porte ou uso de drogas, continuaria usando?** R – Nossa, não quero nem pensar

nisto. Morro de medo. Já quase fui parado pela polícia.

22. **Mas você não acha que seria enquadrado como usuário e não como traficante?** R – As duas coisas são péssimas. Mancha sua imagem. Hoje com as redes sociais tudo fica muito mais exposto.

23. **Você sente alguma diferença em transar com e sem drogas?** R – São coisas diferentes mas eu não acho necessariamente melhor ou pior. Com a droga você extravasa mais, mas eu gosto de um sexo mais tranquilo.

24. **Você usa drogas sozinho, vendo filme/vídeo pornô?** R – Sozinho sim, vendo um pornô pode acontecer. Sim... se eu tiver em minha casa pó eu começo a beber whisky e rola de ver um filme.

25. **Você aconselha ou acha que aconselharia colegas seus a usar drogas para fazer sexo?** R – Não quero aconselhar ninguém a nada, mas cada um sabe de si. Eu é que não vou ser responsável.

26. **Algum outro comentário sobre sua experiência?** R – De minha parte não. Você tem alguma pergunta mais?

27. **Não, acho que a gente já explorou bastante. Muito obrigado!** R – Obrigado a você.

Entrevista 10

1. **Você sempre se relacionou sexualmente com homens?** R – Sim, sempre. Tive uma experiência com mulher, mas não foi muito relevante.

2. **Com que idade você teve sua primeira relação sexual?** R – Com uns dezenove anos, já na faculdade. E foi com homem.

3. **Você usava drogas antes de ter relações sexuais?** R

– Veja só, se eu te contasse... eu era extremamente careta, até mesmo porque fazia faculdade de [curso na área de saúde] e era totalmente contra o uso de drogas. Aí fui fazer intercâmbio após formado no Canadá e lá provei as primeiras, que eu considerei leves, como ecstasy e maconha.

4. **Quando usou drogas pela primeira vez?** R – Foi nessa viagem ao Canadá, onde morei por seis meses. Tinha já uns vinte e quatro anos.

5. **Usou drogas recreativamente com habitualidade, separadamente de sua vida sexual?** R – Só mesmo em festas. Isto numa primeira fase.

6. **Primeira fase? Explique melhor.** R – Assim, deixa eu te explicar. Primeiramente eu provei droga em balada e achei bom. Era uma "vibe" melhor, eu me soltava mais e tal. Acontecia de eu sair da balada, cheio de droga na cabeça e ficar com o maior tesão. Aí, eu considero que teria sido minha primeira experiência fazendo o que você chama de "chemsex", porque meu corpo está lá, todo com tesão com várias drogas, só que eu não considerava planejar o uso de droga para transar o invés de ir para uma festa; a transa vinha em razão da festa.

7. **Certo... já que estamos indo nesta linha, posso lhe perguntar quando você passou a usar drogas com a finalidade de transar?** R – É isso... a minha fase baladeiro foi acabando, muita função, muito cansaço... também a gente gasta muito, apesar de eu sempre ter ganhado bem. Aí, uma vez acessando o [aplicativo de encontros], vi que tinha muita gente que buscava sexo com drogas, usando vários emojis para o que curtiam, como raio para cocaína, bolinha para bala [ecstasy], folha para maconha, essas coisas. Aí resolvi provar de marcar para transar usando especificamente a experiência de drogas. Mas nem toda droga bate legal com a transa.

8. **Como assim?** R – Vou explicar: sendo bem didático, existem três tipos de drogas. Tem aquelas que te dão energia e aumentam seus batimentos cardíacos, também aprimorando seus sentidos, como a cocaína, o ecstasy, o MDMA etc; tem aquelas outras que te relaxam, como a maconha; tem aquelas outras que provocam em você mais alucinações e despertam os sentidos, como cogumelo, ácido [LSD], K [quetamina] etc. Para o que eu gosto, prefiro mais as drogas que dão tesão e que não tiram o controle e, nesta área, acabei elegendo usar o G [GHB] e a cocaína mesmo. Aí vou fazendo dose de G e alternando com cocaína.

9. **Então há diferenças nas sensações quando da mistura com as drogas?** R - Sim, tem. Simplesmente foi o melhor sexo que tive na minha vida. Realmente, o orgasmo é algo absurdo e tenho a sensação de que minha alma saiu do lugar e que as portas do paraíso foram abertas para mim. Realmente é algo diferente. Nunca tive isto fazendo sexo de uma forma sóbria

10. **E aí, o que isto tudo provoca? Essa mistura de G com cocaína?** R – Provoca o melhor dos mundos [ele riu]. Você fica com o tesão do G, que não te broxa, mas que pode também te dar sono ou até você passar mal e entrar em overdose fácil. É melhor fazer microdoses. E a cocaína te broxa um pouco – ou muito, depende das vezes – mas deixa aceso e "cancela" um pouco o efeito do G. É tudo uma questão de química.

11. **Que tipo de influência você acha que o grupo de parceiros tem sobre seu uso de drogas?** R – Sendo bem sincero e já com medo de ser julgado pelas pessoas, acho que no meio gay é bem normalizado. Hetero usa muita droga, mas é em contextos específicos. O homem hetero, de acordo com minha observação e relato de pacientes, usa mais para trabalhar, para relaxar ou ainda para transar com prostitutas. Mulheres

hetero usam também para escapar da realidade. O homem gay, porque pode transar com vários outros homens gays e ao mesmo tempo, já está mais aberto. Fora que muitas drogas surgem em contextos gays, como o ecstasy e o Poppers. Então, se você fala para outro gay que usou droga tal, não te julgam, mesmo que não façam uso. Ou então, podem até usar, mas não se sentem como viciados em drogas.

12. **Mas eu acho que você não respondeu à minha pergunta... você acha que foi influenciado a usar?** R – Sendo objetivo, sim, fui. Quando você vai numa festa, todo mundo usa algum tipo de droga. Música eletrônica então, sendo hetero ou gay, todo mundo usa. Então, na festa gay, é normal usar. Beber também gera alguns problemas, como o enjoo, a pessoa pode vomitar, o bêbado fica meio sem noção. Quem toma bala [ecstasy] fica apenas feliz e comunicativo. O pó te deixa mais atento. Acho que a influência é porque é um pacote completo. Não estar na curtição significa estar sozinho ou estar casado.

13. **Como você considera a proibição ou desaprovação da mistura de sexo e drogas?** R – Acho que varia muito conforme o país e a região. Não dá para comparar Brasil com Canadá e outros países da Europa, com o grau de instrução. Aqui não sei se uma política de redução de danos e liberação total como ficaria. Mas eu acho que o problema deveria ter uma ênfase muito maior de saúde pública do que criminal.

14. **E por que você diz isto? Que deveria ter uma ênfase muito maior de saúde pública?** R – Porque muita gente precisaria de ajuda para sair desse vício de usar drogas, transando ou não, sem ter de ter medo de ser enquadrado em polícia. Tive muitos amigos que ficaram para morrer para não chamar o SAMU com medo de vir a polícia junto. Eu tive condições

financeiras de pagar psicólogo, psiquiatra para me sair e tenho acompanhamento quando eu eventualmente deslizo. E outras pessoas? Acho tudo muito burocrático. Parece que tem lei que só funciona para quem tem dinheiro.

15. **É, mas sua opinião sobre haver lei que funciona para quem tem só dinheiro não é só neste tema ou somente aqui... mas entendi o que você quer dizer. Só para confirmar, e até mesmo porque você é da área de saúde, você acha o que do tratamento para dependentes químicos?** E já soube algo sobre "chemsex". R – Honestamente, nunca vi ninguém dar ênfase em chemsex. E quanto ao tratamento pela rede pública, até funciona, mas é descontextualizado. Em uma viagem que fiz para a Alemanha lá encontrei anúncios de clínicas de chemsex, que tratam não apenas a situação da droga, mas também violência e ISTs. É uma abordagem muito mais funcional, creio eu.

16. **Você usa drogas transando com um parceiro de cada vez ou coletivamente?** R – Gosto mais com um ou dois parceiros, no máximo. Eu me sinto inseguro com muita gente.

17. **Você já teve relação estável? Já usou drogas no sexo nesta relação?** R – Tive algumas, já usei, mas não era o tom. Prefiro não misturar. Mas tive um namorado que durou um certo tempo e a gente viveu a "relação perfeita" [ênfase do entrevistado] em que nos amávamos e curtíamos. Não acabou bem. Brigamos muito e demoramos a nos falar de novo.

18. **Você se sente pertencendo a um grupo especial usando drogas e sexo em conjunto?** R – No meu grupo de amigos gays em geral todo mundo já teve alguma experiência. Quer dizer, alguns não, mas esses também não eram de sair. Acho que o gay que

é muito caseiro não curte droga. Ou ainda aquele que sempre está namorando. Mas namorar é cada vez mais difícil e não dá para saber quando chegam a você com interesse ou com sentimento. Estou tratando isto em minha terapia.

19. **Se você fosse preso por porte ou uso de drogas, continuaria usando?** R – Já fui preso em flagrante! [ele riu]. Mas olha, o delegado me passou o maior sabão [admoestou], me liberou com fiança, respondi processo, paguei cestas básicas. Mas não adiantou de nada, porque a coisa é muito fragmentária. Coagem um e mais cem outros estão usando.

20. **Você pratica sexo sem drogas também?** R - Ah, é bom, mas não tão bom como transar usando... mas hoje em dia recorro muito mais à masturbação.

21. **Masturbação inclusive com drogas?** R – Sim, cocaína ou Poppers. Dá para manter o controle e gozar antes de fazer mal.

22. **Você aconselha ou acha que aconselharia colegas seus a usar drogas para fazer sexo?** R – Acho complicado dizer que alguém aconselha... acho que a coisa acontece organicamente. A vontade existe em cada um. Mas eu nunca aconselhei.

23. **Algum outro comentário sobre sua experiência?** R – Ah, eu só espero ter ajudado em alguma coisa...

24. **Ajudou bastante! Muito obrigado!** R – Obrigado a você.

Entrevista 11

1. **Você sempre se relacionou sexualmente com homens?** R – Sim, sempre.

2. **Com que idade você teve sua primeira relação sexual?** R – Com uns dezenove anos.

3. **Você usava drogas antes de ter relações sexuais?** R – Não. Eu era totalmente contra. Bem da verdade que eu fumava cigarro normal, já havia provado maconha e também bebia, mas totalmente contra mesmo.

4. **Quando usou drogas pela primeira vez?** R – Não sei ao certo. Foi na faculdade. E foi maconha.

5. **Usou drogas recreativamente com habitualidade, separadamente de sua vida sexual?** R – Então, essa coisa de misturar sexo e drogas é meio recente em minha vida. Teve a ver com a galera com quem eu saía. Na verdade eu usava droga em festa e o resto era consequência.

6. **Quando ficou sabendo que existia a prática do uso de drogas misturado com sexo?** R – Nunca ninguém me contou. Aconteceu, apenas.

7. **Com que idade usou pela primeira vez drogas associando esse uso à vida sexual?** R – Bom, aí vou ter de contar um pouco da minha história. Eu tive a perda de uma pessoa próxima a mim [o grau de parentesco e/ou relacionamento foi propositalmente ocultado por razões de privacidade do entrevistado] e isto deixou um vazio grande em mim. Eu já tinha um amigo que usava recreativamente em festas, que também tinha acabado um relacionamento, mas no caso dele foi término mesmo. Comecei a sair com a galera e ir provando cada uma. Acabei usando todas que eu condenava antigamente.

8. **Quais drogas? Pode exemplificar?** R – Fui subindo uma escada de acordo com aquelas que eu considerava menos perigosas. Não exatamente nesta ordem, mas provei bala, K, lança-perfume, Poppers, G e por fim cocaína.

9. **Como resolveu fazer esse uso?** R – Esse meu amigo andava muito com essa galera. Eu sempre era excluído e

meus outros amigos eram meio sem graça, não saíam para nada. Eu passei a morar sozinho. Uma grande amiga estava morando no exterior. Quando eu saía com eles, percebia que ou o pessoal não me convidava para sair ou então ficavam todos pisando em ovos na minha presença. Um dia eu resolvi cheirar K na frente deles. Todos se surpreenderam. Aí passei a ser incluído nos programas.

10. **Então antes você não usava nada?** R - Eu sempre fui antidrogas, bem careta. Basicamente, eu só consumia para "tirar onda" ouatémesmonemconsumia,porquetinhamedodemeviciar.Umdia,umcarachegou na minha casa com um pouco de G e me ofereceu. Eu estava meio indisposto para transar mas pensei "por que não?" Ele também tinha um pouco de padê (cocaína) e daí eu dei um "teco" (cheirei). Isto acabou gerando uma conexão entre a gente e o sexo foi incrível.

11. **Com que frequência você usa drogas como parte do relacionamento sexual?** R – No meu caso, o uso de drogas no sexo é uma consequência da noite na balada. Não procuro fazer sexo com uso de drogas, mas eu acho que fica muito mais gostoso e a gente se sente mais livre.

12. **Que tipo de influência você acha que o grupo de parceiros tem sobre seu uso de drogas?** R – Eu acho que normaliza. Você todo mundo fazendo e acaba achando normal fazer também.

13. **Como você considera a proibição ou desaprovação da mistura de sexo e drogas?** R – Eu acho que é a vida íntima de cada um e o Estado deveria se preocupar com aspectos mais importantes, como a saúde das pessoas, a segurança pública, a corrupção etc.

14. **Você é ou já foi o fornecedor da droga para o parceiro ou grupo?** R – Já consegui sim, por causa de contatos. Mas cada um colabora com um pouco. Normalmente

funciona assim.

15. **Você vê vantagem em fornecer as drogas?** R – Eu acho que a vantagem principal é que você passa a ser aceito em contextos em que você nunca seria aceito.

16. **Você conta a seus amigos que usa drogas na prática do sexo?** R – Somente aos mais próximos e àqueles que entendem como tudo funciona.

17. **Você usou drogas com seu parceiro estável?** R – Ele gostava e sempre tinha especialmente K. Eu o reprimia sempre. Hoje se tornou minha droga favorita.

18. **Você usa drogas transando com um parceiro de cada vez ou coletivamente?** R – Depende da vontade.

19. **Você se sente pertencendo a um grupo especial usando drogas e sexo em conjunto?** R – Sim. Todo mundo fica mais conectado.

20. **Se você fosse preso por porte ou uso de drogas, continuaria usando?** R – Aí é uma coisa que só vivendo para saber. Eu acho que eu ficaria assustado, poderia para por um tempo, mas a causa principal não é o medo, é a carência, são outras coisas.

21. **Você pratica sexo sem drogas também?** R – Sim, não tenho problema em fazer, mas o sexo com drogas é mais gostoso e eu gosto de fazer também.

22. **Você sente alguma diferença em transar com e sem drogas?** R – Com droga a gente se culpa mais e se solta mais. E o povo faz menos carão.

23. **Você usa drogas sozinho, vendo filme/vídeo pornô?** R – Sim, mas só se eu não tiver conseguido transar com ninguém.

24. **Você aconselha ou acha que aconselharia colegas seus a usar drogas para fazer sexo?** R – Eu não aconselharia começar, mas também creio que cada um tem o seu processo e suas causas. Eu mesmo mudei

completamente... vai de cada um.

25. **Algum outro comentário sobre sua experiência?** R – Não sei, depende de você.

26. **Acho que enfrentamos tudo. Obrigado.** R – Obrigado.

Entrevista 12

1. **Você sempre se relacionou sexualmente com homens?** R – Sempre. Nunca tive atração por mulher.

2. **Com que idade você teve sua primeira relação sexual?** R – Ah, meio tarde. Com uns vinte e dois anos já.

3. **Você usava drogas antes de ter relações sexuais?** R – Olha, antigamente era bem difícil conseguir droga, hein? Era só álcool. Quando comecei a sair para festa de música eletrônica fui provando as drogas típicas, como ecstasy, G, K e a própria cocaína, com a qual eu tinha o maior medo de me viciar.

4. **E isso foi com que idade? Refiro-me a você começar a usar essas drogas de balada.** R – Com uns trinta anos. Morei um tempo em São Paulo. Comecei a sair para a boate [nome ocultado]. Foi ali que eu provei.

5. **Usou drogas recreativamente com habitualidade, separadamente de sua vida sexual?** R – Ah, sim... eu usava drogas para balada, mas era delicioso transar usando. Aí comecei a revezar, ora para sair, ora para marcar para transar usando drogas mesmo.

6. **Quando ficou sabendo que existia a prática do uso de drogas misturado com sexo?** R – Em São Paulo é muito comum o povo usar drogas para transar. Foi lá que descobri. Depois em minha cidade começou a chegar e eu fui fazendo.

7. **Com que idade usou pela primeira vez drogas associando esse uso à vida sexual?** R – Deixa eu pensar...

olha, começou logo depois do pós balada, em saunas ou na casa em que rolava transa coletiva. De marcar para rolar, foi há não muito tempo, uns sete anos para cá.

8. **Como resolveu fazer esse uso?** R – Simplesmente aconteceu.

9. **Com que frequência você usa drogas como parte do relacionamento sexual?** R – Quase sempre. Se não tiver não tem graça...

10. **Que tipo de influência você acha que o grupo de parceiros tem sobre seu uso de drogas?** R – Acho que é normal e ninguém recrimina. É algo que faz parte do contexto.

11. **Como você considera o uso de drogas com sexo?** R – Normalmente eu utilizava primeiramente o G, porque provoca uma certa sensação de relaxamento. Então, se você vai até a casa de uma pessoa desconhecida, um "shot" de G ajuda a relaxar, a entrar no clima, mais conversador. Depois, se rolar um sono, a gente dá um teko para acordar. Acho que a droga torna o sexo possível, isto é, sem as drogas não rolaria o que rola em termos de sexo. O povo é muito nojento se não estiver com droga no juízo.

12. **Como você considera a proibição ou desaprovação da mistura de sexo e drogas?** R – Sinceramente, é uma babaquice. Cada um sabe o que faz da vida e o Estado deveria se preocupar com coisas mais importantes. E acolher quando o pessoal se excedesse, ao invés de gastar rios de dinheiro com apreensão. Se legalizasse, em um instante acabava esse negócio de tráfico. A gente ia na farmácia e comprava. Bem mais simples.

13. **Você é ou já foi o fornecedor da droga para o parceiro ou grupo?** R – Misericórdia, fornecedor, como assim? [Ele riu]

14. **Calma... eu só quero saber se quando você vai para essas festas se a droga está lá ou se você leva.** R – Ah tá... olha, eu sempre levo meu kit comigo. Normalmente eu costumava comprar um pouco de cocaína durante as festas de fim de ano, para que pudesse enfrentar o natal e o ano novo, bem como no carnaval. Às vezes o "dealer" não tinha a disposição e então me oferecia alguma outra coisa, mas quando tinha para vender eu não deixava de comprar. A cocaína me fazia ficar dias acordado e sempre com tesão, com vontade de consumir a todo momento e também querendo fazer sexo a todo momento

15. **Você vê vantagem em fornecer as drogas?** R – Sim, porque não preciso ficar dividindo e compartilho com quem quiser.

16. **Você conta a seus amigos que usa drogas na prática do sexo.** R – Não sou muito de falar não. Quem sabe acaba sabendo porque também já viveu da experiência comigo.

17. **Você já teve alguma relação estável?** Quantas e com que durações? R – Um namoro, séculos atrás. Nem me lembro mais como é isto.

18. **Você usou drogas com seu parceiro estável?** R – Não, que nada... isto foi na época em que essas coisas nem entravam no contexto.

19. **Você usa drogas transando com um parceiro de cada vez ou coletivamente?** R – Sempre com mais de um ao mesmo tempo.

20. **Você se sente pertencendo a um grupo especial usando drogas e sexo em conjunto?** R – Acho que a gente já respondeu isso aí acima, não? Bom, eu acho que é uma questão de contexto. No contexto gay que eu frequento é normal. Mas tem muito gay que não gosta. E tem hetero que curte. Eu não encano com

isso não. Se eu quiser fazer, eu faço.

21. **Se você fosse preso por porte ou uso de drogas, continuaria usando?** R – Já tive problemas de ser pego, mas sempre fui enquadrado como usuário. Não houve qualquer compromisso. Eu apenas era liberado e me davam uma bronca. Uma vez respondi processo e paguei cesta básica. Não me afetou muito.

22. **Você sente alguma diferença em transar com e sem drogas?** R – É como te falei, com drogas você viaja, fica mais safado, deixa as taras rolarem. É diferente a vibe.

23. **Você usa drogas sozinho, vendo filme/vídeo pornô?** R – Gosto também.

24. Você aconselha ou acha que aconselharia colegas seus a usar drogas para fazer sexo. R – Diretamente não, mas se a pessoa fizer vai sentir algo diferente. Mas pode viciar. Não recomendo.

25. **Algum outro comentário sobre sua experiência?** R – Acho que não. A não ser que você tenha mais alguma pergunta.

26. **Acho que a gente explorou tudo. Muito obrigado.** R – Imagina. À disposição.

Entrevista 13

1. **Você sempre se relacionou sexualmente com homens?** R - Tive namoradas

2. **Com que idade você teve sua primeira relação sexual?** R – Com uns dezessete anos.

3. **A primeira relação foi com homem ou com mulher?** R – Com mulher, com uma namorada que tive.

4. **Com que idade teve sua primeira relação homossexual?** R – Foi mais velho, já na época da faculdade.

5. Você usava drogas antes de ter relações sexuais? R – Não, eu não gostava.

6. **Quando usou drogas pela primeira vez?** R – Quando comecei a sair com meus amigos. Experimentei maconha. Depois, passamos a viajar muito para festas. Minha droga preferida passou a ser pó, mas provei várias outras.

7. **Usou drogas recreativamente com habitualidade, separadamente de sua vida sexual?** R – Sim, foi exatamente como começou.

8. **Quando ficou sabendo que existia a prática do uso de drogas misturado com sexo?** R – Não foi sabendo, foi acontecendo. Uma vez foi transar com dois caras depois de uma festa e tinha cocaína na mesa. Provei e gostei. Entretanto, tive problemas sérios depois.

9. **Problemas...?** R – Cheguei a ser internado em uma clínica de reabilitação. Eu cuidava dos negócios da família e fui afastado.

10. **Sinto muito. A gente poderia voltar para este tópico mais para frente?** Isto se você se sentir confortável... é porque tem uma sequência de perguntas, mas essa informação é importante para minha pesquisa. R – Sim, claro. Siga seu raciocínio.

11. **Com que idade usou pela primeira vez drogas associando esse uso à vida sexual?** R – Foi nessa ocasião que eu falei para você. Eu tinha uns trinta anos.

12. **E aí o que você passou a achar dessa associação? Refiro-me a sexo e drogas...** R – E Rock and Roll? [Ele riu]

13. **[Retribuí o riso]. Podemos dizer que sim. Mudou sua relação com o sexo usar droga?** R – Eu era muito travado com o sexo. Sentia vergonha de ser gay. Minha família é muito conservadora e então eu tentava diminuir minha culpa. Porém eu só sentia atração por homens e somente usando química no corpo. Foi

muito difícil dissociar.

14. **Voltando à sua experiência da internação na clínica... foi voluntário? A família impôs a você?** R – Meu pai achou uma peteca [pacote de cocaína] dentre minhas cuecas. Acho que alguém deu alguma pista para ele, não sei. Pode ser ter sido alguma empregada, algum amigo... amigos meus já demonstravam preocupação porque eu me passava muito em festas [exagerava]. Conversamos e eu fiz isto para dar paz a todos.

15. **Imagino que você durante sua internação não fez sexo... como foi sair de lá e ressignificar tudo isto?** R – Sinceramente? Hoje faço quase sexo algum. O sexo sem drogas não tem a mesma graça. É preciso maior envolvimento. Sei que é possível, mas eu tive de tratar muito minha não aceitação. Sou ainda travado. A minha família, não é que me aceite, mas não falamos sobre o assunto. Eu me sinto um pouco vigiado. Tive recaídas, mas o sexo acaba sendo gatilho para droga e vice-versa.

16. **Além da questão de aliviar a culpa, como você considera o uso de drogas com sexo?** R – Quando eu esqueço, ou esquecia, que estava fazendo algo errado, eu relaxava e curtia. Hoje em dia eu fico um pouco travado ainda. Quando sou ativo tenho dificuldade de ter ereção; quando sou passivo não relaxo o suficiente para curtir. Às vezes eu recorro mesmo à masturbação. Resolvo rápido meu problema e sigo minha vida.

17. **Como você considera a proibição ou desaprovação da mistura de sexo e drogas?** R – Tem de existir proibição porque a droga bate de forma diferente para cada um. Porém, acho que todo mundo ainda julga muito você pelo uso da droga. É difícil acharem a causa ou o contexto. Você se sente isolado por não

usar e se isola em um grupo usando. É complicado...
você sempre fica sendo o garoto-problema. Acho que
a geração de hoje, mais jovem, tem mais liberdade.
Se não houvesse tanta homofobia talvez fosse mais
livre.

18. **Você é ou já foi o fornecedor da droga para o parceiro ou grupo?** R – Eu sou muito prático. Então, como eu é que curtia mais, acabava providenciando. Mas todo mundo sempre tinha.

19. **Você conta a seus amigos que usa drogas na prática do sexo?** R – Meus amigos achavam "normal" [as aspas foram feitas pelo entrevistado] até quando você se torna um problema. Aí te excluem, porque ficam com medo de serem responsabilizados. E acontece o isolamento.

20. **Você já teve alguma relação estável?** R – Vou considerar apenas com homem. Tive duas, mas eles também curtiam. E daí a coisa acabava se retroalimentando.

21. **Se você fosse preso por porte ou uso de drogas, continuaria usando?** R – Fui levado a delegacia já. Não resolveu muito. A coisa é muito excludente, formal, problemática, expõem você. Minha questão é de vício. Eu tinha uma quantidade que entenderam que era maior do que o suficiente para uma única pessoa – eu acho que tinha umas quatro petecas – mas eu ia levar para a galera. Enfim, acabou que tudo se resolveu, porque tive um ótimo advogado. Não fiquei preso, mas foi um susto.

22. **Você já usou drogas apenas se masturbando?** R – Sim, já aconteceu. Eu gostava muito.

23. **Você aconselha ou acha que aconselharia colegas seus a usar drogas para fazer sexo?** R – De forma alguma, mas ninguém pode ser marginalizado até

que se entenda o problema pelo qual se está passando. Droga não é para ser um problema de polícia e justiça antes de ser de saúde.

24. **Algum outro comentário sobre sua experiência? R –** Só se você quiser saber.

25. **Acho que vimos tudo. Agradeço demais sua colaboração. R –** Fico à disposição.

Entrevista 14

1. **Você sempre se relacionou sexualmente com homens? R –** Sexualmente nunca tive relação com mulher, só namoradas de beijinho. Com homem é que tive relações sexuais.

2. **Então com que idade você teve sua relação sexual? R –** Com dezessete anos.

3. **Você usava drogas antes de ter relações sexuais? R –** Não.

4. **Bebia? R –** Ah sim... quem não?

5. **É porque muita gente considera álcool como não sendo uma droga... R –** Ah certo, mas você quer saber quando comecei a tomar álcool? Não sei, acho que desde uns quinze anos, escondido.

6. **Quando você usou alguma droga, fora o álcool, pela primeira vez e qual foi? R –** Não sei exatamente se foi maconha ou se foi lança-perfume no carnaval, mas foi lá para os meus dezoito anos.

7. **Usou drogas recreativamente com habitualidade, separadamente de sua vida sexual? R –** Maconha sempre usava. Depois descobri as outras.

8. **Que outras? R –** Viajando para festas e boates, todas aquelas que a gente toma em balada, como bala, doce, pó, G, K e tudo mais.

9. **Alguma é de sua preferência?** R – Depende do contexto. Pra transar G e pó são as melhores. K, bala e doce são melhores para dançar.

10. **Como você ficou sabendo que as pessoas usavam droga para fazer sexo?** R – Primeiro foi após balada. Depois eu notei que nos aplicativos, como o [nome ocultado do aplicativo] tinha gente que só queria transar usando algo. Aí comecei a fazer com um, com outro e fiz uma amizade com uma galera boa que curtia na confiança.

11. **Você já usou drogas de forma injetável?** R - Eu nunca, mas as pessoas que eu tive conhecimento que injetaram foram bastante cuidadosas, porque se você coloca para dentro uma substância e isto vai para sua corrente sanguínea, vai deixar você doente. Além disto, parece ser bom injetar somente quando você tiver pleno controle da situação, nunca quando estiver alto demais

12. **Então você quer dizer que acabou surgindo uma rede de contatos?** R – É isso aí. Fiquei próximo de uns sete, oito caras que sempre sabiam onde estava rolando alguma festinha [refere-se a *chemsex*] e daí reuniam a galera. Cada um levava alguma coisa. Também dá para ir sem nada, mas é bom levar colaborando com algo.

13. **Como resolveu fazer esse uso?** R – Como expliquei antes, foi num pós balada. Depois passei a ver que era bem mais interessante. O ruim é a bad [ressaca moral e física] que fica depois.

14. **Pode explicar melhor?** R – É o seguinte: você trabalha a semana toda, aí chega sexta ou sábado e você quer fazer tudo. Quer ir na balada, quer transar, quer esquecer dos problemas e tem pouco tempo. Aí esses lances acontecem ou da sexta para o sábado, ou do sábado para o domingo, ou então no domingo de tarde

mesmo. Depois é só tomar um Rivotril e tudo fica bem.

15. **Mas você falou que tem uma ressaca...** R – Acontece mesmo de você ficar meio lento por um ou dois dias. Da terça de tarde em diante você já está normal.

16. **Já aconteceu de você curtir antes da sexta, como, por exemplo, numa quinta?** R – Já, até mesmo no meio da semana mesmo. Tem gente que prefere marcar à noite. São oportunidades.

17. **Mas e para trabalhar no dia seguinte, como fica? Você já precisou faltar ao serviço?** R – Já... [ele faz uma pausa]. Mas aí a gente coloca um atestado, desmarca com os pacientes. Não é bom acontecer, mas tendo não fugir muito do que seria um problema típico de doença, como gripe, essas coisas.

18. **Com que frequência você usa drogas como parte do relacionamento sexual?** R – Ultimamente até demais. É sem graça sem. Nem tenho vontade.

19. **Que tipo de influência você acha que o grupo de parceiros tem sobre seu uso de drogas?** R – Putz... todo mundo usa algum tipo, a coisa fica mais interessante, o pessoal fica mais safado, você também. Dá para liberar as taras todas.

20. **Como você considera a proibição ou desaprovação da mistura de sexo e drogas?** R – Não sei... aí você que é do direito pode falar melhor sobre o lance de proibição...

21. **Mas eu quero saber mais sua opinião. Por exemplo, se você fosse pego em uma situação com droga, ou ainda se precisasse de atendimento médico, como você preferia ser tratado?** R – Primeiro que eu queria ser tratado com respeito, que é o que normalmente não acontece. Nunca fui pego com nada, mas tive conhecido meu que foi muito humilhado, tratado

feito um bandido mesmo. Rola muita homofobia.

22. **Você vê sua prática como um problema? Digo, você sente que precisa de algum tipo de ajuda?** R – Olha, eu acho que eu controlo bem. Já me passei, mas foi pouco, especialmente com G. Já considerei também me tratar com psicólogo e tal, mas meus amigos que fazem acompanhamento reclamam que não são compreendidos, que não entendem que isto [refere-se a fazer *chemsex*] é uma tara, uma forma de transar. Querem excluir de sua vida. Acho que poderia haver mais orientação...

23. **Você quer dizer então redução de danos?** R – Sim, isso aí. Você fala orientar de como as misturas podem prejudicar?

24. **Sim, isto.** R – Falta isso sim. Ninguém orienta nada. A gente aprende que não pode misturar uma droga com outra na prática mesmo. Os amigos se ajudam muito, cuidam de você quando você se passa. Falta o governo fazer algo mais.

25. **Você é ou já foi o fornecedor da droga para o parceiro ou grupo?** R – Fornecer no sentido de levar? Já, acho que te falei aí antes. É bom colaborar... se não você nunca mais é chamado, né? Já pensou, eu chegar na sua casa, tomar toda sua bebida e nunca levar nada? Acho meio cara-de-pau.

26. **Você conta a seus amigos que usa drogas na prática do sexo?** R – Não... só quem sabe é quem curte também.

27. **Então, só para confirmar, você usa prefere usar as drogas transando mais coletivamente?** R – É. Mas pode rolar a dois também. Já rolou e foi legal. É legal quando há sintonia.

28. **Se você fosse preso por porte ou uso de drogas, continuaria usando?** R – Não sei. A gente deve tomar um

susto por um tempo, mas acho que isso não resolve com cadeia ou prisão.

29. **Você sente alguma diferença em transar com e sem drogas?** R – Tá, transar sem drogas também é bom se [ele enfatiza o "se"] houver um sentimento e envolvimento. Mas isso está tão difícil atualmente...

30. **Por que difícil?** R – Porque ninguém quer nada com ninguém. Todo mundo quer só "fast foda" [expressão dita pelo entrevistado]. Trocam você num instante, tem muita oferta. E também eu vivo muito bem só.

31. **Você usa drogas sozinho, vendo filme/vídeo pornô?** R – Acontece também se eu não tiver ninguém. Mas às vezes é bom, especialmente com Poppers. Tem muito vídeo na internet que ensina como fazer.

32. **Em sites de vídeos pornô então tem vídeos de chemsex?** R – Tem... aos montes. Acho que nem dá tempo de os sites filtrarem porque é muito vídeo novo que sobe todos os dias.

33. **Você aconselha ou acha que aconselharia colegas seus a usar drogas para fazer sexo.** R – Cada um na sua. Mas já proibi dois amigos de usarem. Acho melhor não incentivar. Ninguém sabe como vai bater em cada um.

34. **Algum outro comentário sobre sua experiência?** R – Já não falei demais não? [ele riu]

35. **Achei a conversa muito boa. Eu lhe agradeço pela disponibilidade.** R – Imagine. Obrigado a você.

Entrevista 15

1. **Você sempre se relacionou sexualmente com homens?** R – Tive namoradinhas, mas nos últimos tempos só pego homem.

2. **Com que idade você teve sua primeira relação sexual?**

R – Acho que com uns dezesseis para dezessete anos.

3. **A primeira relação foi com homem ou com mulher?** R – Foi com mulher. Eu variava também com homem. Às vezes com homem e mulher junto [sic].

4. **Com que idade teve sua primeira relação homossexual?** R – Nessa faixa aí.

5. **Você usava drogas antes de ter relações sexuais?** R – Maconha só.

6. **Quando usou drogas pela primeira vez?** R – Uns treze pra [sic] catorze anos.

7. **Usou drogas recreativamente com habitualidade, separadamente de sua vida sexual?** R – Até hoje fumo maconha. Gosto muito. Outras drogas eu só uso mesmo para transar.

8. **Quando ficou sabendo que existia a prática do uso de drogas misturado com sexo?** R – Eu descobri numa suruba com uns caras. Tinha uma mesa com carreiras de pó. Perguntei o que era e me disseram que alguns eram de K e outros de padê [cocaína]. Aí me orientaram como usar e eu comecei aí.

9. **O que você achou dessa sua primeira experiência?** R – Olha, apesar de eu ter esse jeito espontâneo na verdade sou bem tímido, travado. Eu estava a fim de transar naquele dia, mas sem graça por ser na casa dos outros, que eu não conhecia. Um amigo de confiança me perguntou se eu queria, falou como seria a sensação, que me ajudaria a relaxar. Eu estava sem maconha e aí fui. Depois provei outras drogas.

10. **Que outras drogas?** R – Aquelas que o povo costuma usar pra transar mesmo, especialmente G, que é muito bom. Dá um tesão danado... mas às vezes a gente pode fazer umas besteiras.

11. **Que besteiras?** R – Eu sempre fui de transar com camisinha, todo certinho, mas aí eu estava a fim de

dar e comer, sentindo na pele. Aí aconteceu. E passei a transar sem camisinha direto. Devo ter pego vírus [HIV] em uma dessas situações.

12. **Mas ainda assim você continuou transando sem usar camisinha?** R - Sim, continuo. Ontem mesmo eu estava com tesão, marquei com o cara, cheiramos e ele começou a roçar em minha bunda. Ele [o pênis] babava muito e daí foi entrando aos poucos e eu fui deixando, porque estava bom pra [***]. Na hora eu me lembro de até ter pensado em pegar a camisinha... eu tinha tanta lá em casa, mas acabou que rolou até o fim

13. **Entendo. Depois a gente volta para essa questão. Queria saber, por causa da ordem das perguntas, com que idade usou pela primeira vez drogas associando esse uso à vida sexual?** R – Ah, tem pouco tempo... somente uns dois anos.

14. **E daí você passou a achar melhor transar com droga?** R – Quando eu tô [sic] namorando não penso muito nisto. Mas quando rola de querer fazer com mais gente, eu só consigo mesmo com alguma coisa [ele se refere a droga]. É uma curtição diferente, você desliga.

15. **Como você considera a proibição ou desaprovação da mistura de sexo e drogas?** R– Ai, não sei. Acho que não dá para liberar demais. Mas morro de medo de ser pego, ter uma batida numa festa dessa. Já pensou? Já sou pobre, não tenho muito estudo... ia acabar com minha vida.

16. **Você é ou já foi o fornecedor da droga para o parceiro ou grupo?** R– Nunca tive muito contato, então nunca fui de levar. Porém, sempre vou com um certo amigo meu, que sempre tem. Aí como a gente chega sempre juntos, fica entendido que a colaboração é dos dois.

17. **Você conta a seus amigos que usa drogas na prática do sexo?** R – Não... tem mais gente que sabe do HIV do que de drogas.

18. **Sobre o HIV, tem uma questão de minha pesquisa. Seu médico ou alguém do serviço de saúde abordou alguma relação com as drogas?** R – Não... fizeram aquelas perguntas mais simples. Não perguntou muito não. Não tenho plano de saúde então fui mesmo em hospital público. Só que tem muita gente certinha que eu conheço [ele se refere a ser certinha como que transa com uso de preservativos], mas que na hora fica doido e quer transar sem camisinha. Deve ter muita gente que pega assim. Como eu peguei.

19. **Você já teve alguma relação estável? Quantas e com que durações?** R – Namoro, dois. Um acabou tem pouco tempo.

20. **E você voltou a participar das festinhas depois disto?** R – Ah, já. Vou ficar parado? Tô solteiro! [Ele riu].

21. **Você usou drogas com seu parceiro estável?** R – A gente já fez sim com G e com pó. Ficamos mais conectados, mais safados. Mas não foi sempre. Acho que a gente começou a usar mais quando a relação estava esfriando.

22. **Você usa drogas transando com um parceiro de cada vez ou coletivamente?** R – Uso mais nessas festas mesmo.

23. **Você se sente pertencendo a um grupo especial usando drogas e sexo em conjunto?** R – Grupo especial, como assim?

24. **Deixe-me explicar... como parte de uma comunidade, mais aceito, com maior camaradagem, mais confiança...** R – Ah tá! Olha, normalmente acaba rolando algum tipo de vínculo, então muita amizade

rola a partir daí. Dá para manter contato depois, trocar zap, essas coisas. Pode parecer estranho, mas tem muita gente boa ali!

25. **E sexo sem drogas, hoje, para você, como é?** R – Eu acho que uma vez que você experimenta fazer com droga é difícil conseguir fazer sem. Acontece se você estiver apaixonado, mas também quando a paixão acaba, fica sem graça.

26. **Se você fosse preso por porte ou uso de drogas, continuaria usando?** R – Dá pra pular essa parte? [Ele riu] Bom, brincadeira... eu realmente fico nervoso só de pensar.

27. **Você usa drogas sozinho, vendo filme/vídeo pornô?** R – Eu não tenho muito comigo... normalmente é o restinho que consegui de alguém. Posso usar só para gastar, relaxar e dormir mesmo.

28. **Você aconselha ou acha que aconselharia colegas seus a usar drogas para fazer sexo.** R – Ah não... não acho legal. Melhor nem começar.

29. **Algum outro comentário sobre sua experiência?** R – Acho que não.

30. Muito obrigado. R – De nada!

Entrevista 16

1. **Você sempre se relacionou sexualmente com homens?** R – Sempre. Nunca tive relação sexual com mulher.

2. **Com que idade você teve sua primeira relação sexual?** R – Já na faculdade. Tinha uns vinte anos.

3. **Você usava drogas antes de ter relações sexuais?** R – Não, não. Eu não gostava de droga alguma. Nem álcool eu bebia muito. Inclusive, meu segundo namorado se tornou meu marido. Quando nós terminamos eu já era formado e ganhava bem. Ele quis me tirar tudo, mas

não conseguiu. Eu recebi uma proposta de trabalho e vim morar aqui em Salvador. Aí foi que tudo começou.

4. **Quando usou drogas pela primeira vez?** R – Eu comecei a frequentar festas e vi que o pessoal usava droga. Eu era contra, mas fui subindo pelas drogas mais leves, pulando aquelas que eu não curtia. Então cigarro mesmo nunca foi a minha, por isto maconha estava descartada. Comecei com bala [ecstasy], fui para o K [quetamina], provei pó [cocaína]. G eu tomei algumas vezes, dá realmente um tesão grande, mas tenho muito medo porque tem muita overdose de G porque o pessoal se passa. Aí fiquei nessas três (ecstasy, quetamina e cocaína).

5. **Você prefere usar mais essas drogas sozinho, em festas, transando...?** R – Depende da droga e depende do momento. Na verdade, como te falei antes da entrevista, hoje não uso mais nada, nem mais álcool tomo. Mas quando eu usava, era mais com no pós balada ou, se for marcar para transar, um K ou um pó ajudavam a relaxar.

6. **Quando ficou que existia a prática do uso de drogas misturado com sexo?** R – A gente não fica sabendo. A coisa acontece naturalmente. Ninguém comenta dessa possibilidade. Aí depois é que fui descobrir que nos aplicativos o pessoal procura transar desse jeito, tem vídeo explicando e mostrando gente fazendo. É todo um mundo que se abre. E é no mundo todo! Falo isto porque viajei para vários lugares e é geral. Muda o tipo de droga consumida, mas a prática é a mesma.

7. **Que tipo de influência você acha que o grupo de parceiros tem sobre seu uso de drogas?** R – Fica mais fácil de se conseguir transar. Sem dúvida. E mais gostoso também.

8. **Como você considera a proibição ou desaprovação da**

mistura de sexo e drogas? R – Acho que tem de se analisar melhor o que acontece, especialmente em grupos mais vulneráveis e haver uma política de redução de danos, mais do que de punir e tratar de forma solta, sem contexto.

9. **Você é ou já foi o fornecedor da droga para o parceiro ou grupo?** R – Gente, como assim?

10. **Calma, acho que me expressei mal... quero saber se você já forneceu alguma colaboração em drogas para que a transa acontecesse.** R – Ah tá, que susto! Veja, quando eu quero não fico na dependência de ninguém não. Quando eu fazia, acionava meus contatos e ia.

11. **Você vê vantagem em fornecer as drogas?** R – Simples: tudo mundo quer você participando.

12. **Você conta a seus amigos que usa drogas na prática do sexo?** R – Só aos amigos mais chegados. Mesmo assim, não falo demais. O povo, mesmo fazendo, julga muito.

13. **Você usa camisinha na prática do sexo?** R - Normalmente sim. Eu peguei sífilis e isso realmente me trouxe uma lição, que é a de não mais fazer sexo sem camisinha. Só que, mesmo depois disto, encontrei os caras, rolou de ter padê e G e novamente deixei de usar [camisinha]. A gente chega num momento em que se importa cada vez menos e passa a não se importar com nada na hora. Não dá para pensar em consequências durante a "vibe".

14. **Então você usava drogas mais coletivamente ou também acontecia de ser com alguma pessoa específica?** R – Em conjunto, mas também às vezes eu pagava um boy [garoto de programa] só para transar mesmo e muitas vezes eles faziam melhor tendo os aditivos.

15. **Você se sentia pertencendo a um grupo especial usando drogas e sexo em conjunto?** R – Ah... a galera

não se desgrudava. Mas depois que me afastei, todo mundo sumiu.

16. **Se você fosse preso por porte ou uso de drogas, continuaria usando?** R – Jamais! Fico desesperado com a ideia de qualquer tipo de processo.

17. **Você então hoje pratica sexo sem drogas, exclusivamente?** R – Olha, sexo hoje em dia é o que eu menos tenho feito... [ele riu]. Mas quando rola é sem droga alguma.

18. **Você sente falta da experiência então?** R – Sim e não. É página virada, já passou. Mas na época eu gostava. Hoje perdeu o sentido.

19. **Você precisou de ajuda de profissionais da área de saúde para conseguir largar a prática?** R – Faço terapia e tomo remédio contra ansiedade. Sou muito elétrico. Mas ninguém entendia muito bem porque *eu* [ele enfatizou] gostava disto. Falavam do meu nível social, que não sou feio, que sou gente fina... acho que o pessoal não quer se aprofundar muito não. Entendem que ou você é doente ou não é.

20. **Não estou julgando você com a pergunta que vou lhe fazer, ok? Mas você alguma vez se considerou viciado?** R – Eu me considerei viciado em fazer desse jeito. Não vou mentir: foi duro largar. Mas eu comecei a achar que minha vida estava ficando sem muito sentido. Fui para uma etapa de minha vida.

21. **Acho que podemos parar por aqui. Muito obrigado pela sua disponibilidade!** R – Espero ter ajudado! Se quiser complementar depois, estou a disposição.

22. **Eu que agradeço!**

Entrevista 17

1. **Você sempre se relacionou sexualmente com homen-**

s? R – Sempre. Nunca tive atração por mulheres.

2. **Com que idade você teve sua primeira relação sexual?** R – Demorou. Foi já na faculdade. Eu tinha uns vinte anos. Na época era tudo mais difícil, morria de medo de ser descoberto.

3. **Você usava drogas antes de ter relações sexuais?** R – Não, de forma nenhuma! Na verdade, naquela época nem era fácil o acesso a droga. Droga era visto como algo de gente vagabunda, como a maconha, gente doida, como é o caso do lança [lança-perfumes] ou de gente muito rica, como é o caso da cocaína. Então era difícil demais chegar até à droga.

4. **Então, pelo menos em parte, você não usou porque era difícil chegar até à droga?** R – É, mas também porque eu morria de medo de me viciar.

5. **Quando usou drogas pela primeira vez?** R – Foi quando eu fui fazer residência em São Paulo. Lá tem muita festa, é normal o pessoal usar para curtir. Aí fui usando.

6. **Usou drogas recreativamente com habitualidade, separadamente de sua vida sexual?** R – Começou assim, para sair. Eu fazia muito plantão em paralelo à residência. Aí no fim de semana eu queria curtir mas não tinha energia. A droga me ajudava a enfrentar a noite e curtir. Se não eu ficaria somente trabalhando e estudando.

7. **Quando ficou que existia a prática do uso de drogas misturado com sexo?** R – Um dia um cara com quem transei me perguntou se eu queria cheirar pó. Eu achei um absurdo, mas ele fez na minha frente e eu meio que para não ficar deslocado, também cheirei. Acabei gostando. E passei a usar também fora de transa.

8. **Em quais contextos você usava fora do sexo?** R – Para sair e até para trabalhar.

9. **Teve algum problema no trabalho?** R – Sim. Como nós conversamos antes, eu cheguei a ter um cargo [omitido] no hospital [omitido]. Perdi tudo porque não soube conciliar. E voltei para Salvador, para atuar como plantonista. Recomeçar do zero.

10. **Eu lamento... você se sente confortável em continuar?** R – Sim, sim. O sofrimento já resolvo na terapia. Vamos em frente.

11. **Ok... mas você pode parar quando quiser, certo?** R – Certo, pode perguntar.

12. **Queria que você detalhasse mais sua relação de droga com o sexo. Qual droga, como usava no sexo, se também usava em masturbação....** R – Devido a uns problemas sérios que tive em São Paulo, como até mesmo ter sido vítima de violência e de assalto, eu passei a ter medo de usar com mais gente. E também passei a evitar drogas que me desnorteassem demais. Então, apesar de ter provado todas as mais frequentes neste contexto [em conversa preliminar afirmou ter usado GHB, quetamina, ecstasy, dentre outras], fiquei somente na cocaína mesmo.

13. **E por quê?** R – Porque a cocaína te deixa ligado, com tesão, te broxa um pouco, mas dá tesão. Aí via filme pornô sozinho ou então fazia videochamada com alguém que também estivesse usando. E daí rolava a noite toda ou até mais...

14. **E hoje?** R – Hoje sou um cara assexuado. Não transo... transar me dá gatilho para querer usar. Quando estou com muito tesão ligo rápido um vídeo. Também fui diagnosticado como compulsivo sexual, algo também ligado a ansiedade. E não saio para lugar algum. Só da casa para o trabalho e do trabalho para casa.

15. **E os seus amigos?** Sabem que você usa, usou, passou por tudo isto...? R – Muitos se afastaram. Os poucos

que ficaram me monitoram. É bem chato.

16. **Você usou drogas com seu parceiro estável?** R – Já, como falei antes.

17. **Você consente em fazer sexo sem camisinha quando praticando _chemsex_?** R - Sendo muito honesto e isso pode parecer algo pesado de se ouvir, mas eu considero que todas as outras ISTs são administráveis. Se eu pegar sífilis, basta que eu tome antibióticos, como benzetacil, e isto fica sob controle. Herpes, também, é algo que todo mundo praticamente tem, então já nem mais considero como relevante. E como não nunca mais fiz sexo com mulher, algumas doenças mais específicas com o contato com a vagina também saem de meu foco de preocupação

18. **Já teve algum problema com polícia ou justiça?** R – Sim. Já fui pego com droga e respondi processo.

19. **E o que você diria para quem quer provar?** R – Digo apenas que saia dessa e que procure ajuda.

20. **E essa ajuda seria de profissionais de saúde?** Como é a compreensão? R – Esses estudos de sua pesquisa ainda são novos no Brasil. Não é muito estudada a relação entre as pessoas LGBTQ, drogas, sexo, doenças... na verdade é, mas é muito solto, fragmentado. Seria bacana se as pessoas estudassem de maneira integrada.

21. **Ok. Obrigado pela sua disponibilidade. Acho que tenho o suficiente.** R – Espero ter ajudado!

Entrevista 18

1. **Olá! Acho que você é o meu entrevistado mais jovem... queria começar sabendo se você gosta mais de transar com rapazes ou moças, com qual prefere?** R

– Eu sou muito aberto. O que vier eu pego. Só que realmente eu gosto mais de homem mesmo.

2. **Com que idade você teve sua primeira relação sexual?**
R – Aos dezesseis anos, com um vizinho.

3. **Você usava drogas antes de ter relações sexuais?** R
– Eu frequento festas desde os dezesseis, entrava no
[nome do festival de música eletrônica] e na boate
[omitido] com identidade falsa. Como sou alto, acho
que não criavam caso. E lá provei várias.

4. **Pode citar algumas?** R – Posso! Se prepara [ele ri]: G, K,
bala, ácido, lança, loló, MD, padê. Até metanfetamina
e mefedrona, que não tem muito por aqui, eu já provei.

5. **Realmente, não é comum ter essas duas últimas.
Achou fácil por aqui?** Quem conseguiu para você? R –
Começou a chegar por agora. O pessoal já enjoou. Bala
e pó mesmo já é coisa do passado...

6. **Bom... não consigo afirmar que sim ou não. Mas tá,
você falou de usar droga em festas. Mas e no sexo,
como rolou?** R – Depois dessas festas, enquanto a gente
está fritando ainda, rola o after e depois do after às
vezes a gente vai para a casa de alguém e a coisa acontece.

7. **Mas você então só usa essas drogas em sexo após a
festa?** R – Há pouco tempo comecei também a participar de festinhas [no sentido de sexo grupal], mais
em dia de domingo, na casa de alguns conhecidos. Meu
fim de semana começa na quinta ou sexta e só termina
domingo de noite.

8. **Você não se sente, não sei, cansado para seus com-
promissos?** Você tinha me dito que fazia faculdade. R
– Cansa, mas eu tomo Rivotril e fico novo. Dá para conciliar.

9. **Você trabalha, mora com os pais...?** R – Só estudo e
moro com meus pais.

10. **Eles controlam você?** Ficam querendo saber para onde vai... é porque você disse que às vezes curte por uns três ou quatro dias seguidos. R – Eles perguntam, se preocupam, especialmente minha mãe. Mas tenho mais irmãos. Tiro boas notas e relaxam. Devem achar que é coisa de jovem. Mas vou me formar daqui a pouco tempo e já começam a querer me regular.

11. **Quando ficou sabendo que existia a prática do uso de drogas misturado com sexo?** R – Já tinha lido a respeito.

12. **Sério? Como assim?** R – Nos portais de notícias já se comenta. Também já viajei para fora e se fala no *chemsex*. Também tem muita informação em vídeo e tudo mais.

13. **E você acha o que disto de fazer sexo com drogas?** Você conseguiria fazer sexo sem drogas? R – Eu consigo tranquilo fazer sem. Só que na curtição tem surgido muitos caras que só querem fazer com, com qualquer coisinha...

14. **Como assim?** R – Ah, um padê, alguma coisa para dar uma animada.

15. **Seus amigos acham o que disso?** R – É bem normal. Até as meninas estão aderindo. Com quem não curte eu nem dou ousadia.

16. **Você já usou drogas injetáveis?** R - Nunca injetei. Existem certos limites que eu tenho e eu não vejo necessidade de fazer isto. Eu acho algo extremamente perigoso. Já tive conhecidos que injetaram e que ficaram três dias no hospital por causa disto. Para mim é uma loucura ,já que é possível usar de outras formas, fora o pavor que tenho de seringas.

17. **Como você considera a proibição ou desaprovação da mistura de sexo e drogas?** R – Sinceramente uma babaquice. Tinha de liberar geral e ser questão de

saúde.

18. **Sobre saúde, você já fez sexo desprotegido?** R – Se eu confiar no cara, sim.

19. **Mas... dá para confiar assim?** R – A gente confia desconfiando. Mas acho que vou aderir ao Prep. Tem muita gente já usando.

20. **Você se sente pertencendo a um grupo especial usando drogas e sexo em conjunto?** R – A galera é muito colada e todo mundo usa junto. Então, é bacana. A gente tem mente aberta.

21. **Se você fosse preso por porte ou uso de drogas, continuaria usando?** R – Nunca pensei nisto.

22. **E pensando agora...** R – Realmente não sei.

23. **Você usa drogas sozinho, vendo filme/vídeo pornô?** R – Só se for para terminar a fritação.

24. **Você aconselha ou acha que aconselharia colegas seus a usar drogas para fazer sexo?** R – Já ofereci. Não sei, acho que pessoas de sua geração têm mais tabu quanto a isso.

25. **Bom, não vem ao caso... não queria te influenciar com minha opinião...** R – Bom, já ofereci, já falei que se for devagar dá para usar tranquilo.

26. **Algum outro comentário sobre sua experiência?** R – De minha parte não. E da sua?

27. **Não, tudo foi bem esclarecido. Muito obrigado!** R – Obrigado a você.

Entrevista 19

1. **Você sempre se relacionou sexualmente com homens?** R – Sim, sempre fiz com homem.

2. **Com que idade você teve sua primeira relação sexual?** R – Eu tinha dezoito anos.

3. **Você usava drogas antes de ter relações sexuais?** R – Só em balada. Gostava de bala [ecstasy] e K.

4. **Quando usou drogas pela primeira vez?** R – Aos dezessete, em uma festa. Foi com bala.

5. **Usou drogas recreativamente com habitualidade, separadamente de sua vida sexual?** R – Em festinha tem de rolar, se não fica sem graça.

6. **Quando ficou sabendo que existia a prática do uso de drogas misturado com sexo?** R – Uma vez transei com um cara e ele me apresentou o Poppers. Eu não sabia o que era, fiquei meio desconfiado, mas ele abriu uns sites no celular e me mostrou que é liberado em muitos países. Gosto mais de ser passivo e eu estava nervoso. Ajudou a relaxar.

7. **Com que idade usou pela primeira vez drogas associando esse uso à vida sexual?** R – Com uns dezenove já.

8. **Com que frequência você usa drogas como parte do relacionamento sexual?** R – Poppers eu uso sempre que tenho. Ou então gosto de transar depois da balada, com a bala batendo ainda.

9. **Que tipo de influência você acha que o grupo de parceiros tem sobre seu uso de drogas?** R – Eu sempre transo com uma pessoa só... então acho que não tem nenhuma. Gosto de usar para relaxar mais.

10. **Como você considera o uso de drogas com sexo?** R – É um tipo de sexo mais básico. Acho que com um aditivo a gente se solta mais.

11. **Como você considera a proibição ou desaprovação da mistura de sexo e drogas?** R – Não sei. Acho que tem gente que é traficante grande e precisa ser pego. Mas tem muita gente que é usuária e acaba sendo injustiçada.

12. **Você é ou já foi o fornecedor da droga para o parceiro**

ou grupo? R – Quando eu tenho compartilho.

13. **Você vê vantagem em fornecer as drogas?** R – Já aconteceu de o cara às vezes não querer nada comigo e depois que sabe que eu tenho alguma droga mudar de ideia.

14. **Você conta a seus amigos que usa drogas na prática do sexo?** R – Aos mais próximos, sim, já contei.

15. **Você já teve alguma relação estável?** R – Tive um namoro só.

16. **Você usou drogas com seu parceiro estável?** R – Usei. Foi o cara do Poppers.

17. **Você usa drogas transando com um parceiro de cada vez ou coletivamente?** R – Não gosto muito de transar com mais de uma pessoa. Mas aconteceu e na mesa tinham algumas. Provei, mas não curti muito.

18. **Você usa preservativos em suas relações sexuais?** R – Primeiro, eu não gosto de sair transando com gente desconhecida. Encontrar alguém pelo [nome do aplicativo] aleatoriamente não é meu rolê. Já transei conscientemente sem camisinha com caras que têm HIV e nunca fui contaminado. No começo, foi por sorte, mas desde que comecei a fazer uso da PreP, sinto-me mais seguro em transar assim. É mais libertador e dá mais tesão

19. **Se você fosse preso por porte ou uso de drogas, continuaria usando?** R – Acho que uma coisa não tem nada a ver com outra.

20. **Você usa drogas sozinho, vendo filme/vídeo pornô?** R – Quando tem Poppers gosto de me masturbar assistindo. É bom. Eu fico mais sensível.

21. **Você aconselha ou acha que aconselharia colegas seus a usar drogas para fazer sexo?** R – Acho que só recomendaria mesmo bala, Poppers e maconha. As outras eu não recomendaria não.

22. **Algum outro comentário sobre sua experiência?** R – Não sei. Você tem alguma dúvida mais?

23. **De minha parte não. Podemos encerrar por aqui. Obrigado pela disponibilidade.** R – Tá certo. Obrigado.

Entrevista 20

1. **Você sempre se relacionou sexualmente com homens?** R – Não. Somente comecei a me relacionar com homens há uns três anos. Eu já fui noivo de mulher.

2. **Com que idade você teve sua primeira relação sexual?** R – Com dezessete, com mulher.

3. **E com homem?** R – Mais recente, como falei. Já com vinte e cinco anos.

4. **Você usava drogas antes de ter relações sexuais?** R – Não, nunca. Nem álcool bebia muito. Em verdade até hoje não gosto muito de álcool.

5. **Quando usou drogas pela primeira vez?** R – Olha, foi bem recente. Provei ecstasy no carnaval do ano passado e fiquei muito doido. Acho que liberou em mim sensações novas. O sexo foi maravilhoso.

6. **Usou drogas recreativamente com habitualidade, separadamente de sua vida sexual?** R – Em festa, mas eu gosto de aproveitar que a droga está batendo para transar depois.

7. **Quando ficou sabendo do uso de drogas através do sexo?** R – Em termos de pesquisa, através de você [ele riu]. Mas eu vi que muita gente usava e daí resolvi perder o medo e provar.

8. **Com que frequência você usa drogas como parte do relacionamento sexual?** R – Eu tenho medo de me viciar, porque é muito bom. Estou tentando evitar, mas o pessoal com quem ando, seja hetero ou gay usa

muito... é bem normal. Eu me seguro, mas está bem fácil de conseguir.

9. **Que tipo de influência você acha que o grupo de parceiros tem sobre seu uso de drogas?** R – Acho que a partir do momento que o cara te oferece e acha normal, você passa a achar normal também e fazer.

10. **Como você considera a proibição ou desaprovação da mistura de sexo e drogas?** R – Deveria rever isso... não dá para saber direito quando a pessoa é usuária ou não. A gente fica inseguro. Tenho medo de ser preso, enfim.

11. **Qual é a sua opinião sobre drogas injetáveis?** R - É simplesmente uma linha que não quero cruzar. Eu acho que sou muito medroso para fazer isto. Não quero me tornar dependente de drogas de nenhuma forma, especialmente quando injetável. Eu acho que o barato pode ser muito bom e por ser muito bom, posso ficar viciado nisto. Tem muita história vista em filmes, séries e TV que nunca acabam bem e, por isto, não quero nem tentar

12. **Você é ou já foi o fornecedor da droga para o parceiro ou grupo?** R – Já consegui sim.

13. Você vê vantagem em fornecer as drogas? R – Você passa a ser mais aceito. Te incluem mais fácil.

14. **Você conta a seus amigos que usa drogas na prática do sexo?** R – Para os mais chegados.

15. **Você já teve alguma relação estável? Quantas e com que durações?** R – Com mulher, por mais de cinco anos e tive um namorado fixo, mas que durou menos tempo.

16. **Você usou drogas com seu parceiro estável?** R – Não... eu nem usava droga alguma naquela época. E ele era muito careta.

17. **Você usa drogas transando com um parceiro de cada vez ou coletivamente?** R – Não gosto de fazer sexo col-

etivamente. Eu acho que perco a noção, mas já ocorreu e isso me gera problema, eu fico realmente doido.

18. Como assim "doido"? R - Eu vou querendo praticar sexo seguro, mas daí começo a usar [drogas] e entro em euforia e daí coisas acontecem... Você não se dá conta totalmente do que as pessoas estão fazendo com você porque você está transando loucamente, principalmentequando a situação é de orgia com desconhecidos

19. **Você se sente pertencendo a um grupo especial usando drogas e sexo em conjunto?** R – Meu grupo de amigos é misturado, de homens e mulheres, incluindo gays, lésbicas, hetero... mas todo mundo acha de boa usar. Acho que se eu ficasse bancando um caretão logo seria excluído.

20. **Se você fosse preso por porte ou uso de drogas, continuaria usando?** R – Nem fala uma coisa dessas!

21. **Mas você sabe que é uma possibilidade, até pelo que você falou antes...** R – Eu ficaria assustado por um tempo, mas talvez voltasse a usar depois.

22. **Você sente alguma diferença em transar com e sem drogas?** R – Pelo menos com as que eu provei, que não foram muitas, eu fiquei mais safado. Não sei com outras.

23. **Pretende provar outras?** R – Pretender não pretendo. Deixa rolar, né?

24. **Você usa drogas sozinho, vendo filme/vídeo pornô?** R – Não, não... nunca fiz.

25. **Você aconselha ou acha que aconselharia colegas seus a usar drogas para fazer sexo?** R – Não. Acho aí irresponsabilidade.

26. **Algum outro comentário sobre sua experiência?** R – Ah, sei lá... acho que falei tudo. Você é que tem de me dizer.

27. **Por mim está bacana. Muito obrigado!** R – Obrigado a você!

CONSIDERAÇÕES PERCEBIDAS E SISTEMATIZADAS A PARTIR DOS RELATOS

A cocaína foi a droga de uso quase que universal entre os participantes, sendo a favorita pelo seu preço relativamente baixo, acesso facilitado através de muitos dealers e com um controle mais assegurado de sua quantidade.

O GHB/GBL também foi relatado como bastante consumido. Embora de acesso mais difícil do que a cocaína, mas os usuários relataram que seus efeitos provocavam relaxamento, aumento da confiança e os deixavam sempre muito sexualmente excitados. Muitos relataram fazer uso combinado com a cocaína.

A reputação do GHB é de ser uma droga mais perigosa do que a própria cocaína, principalmente pelo potencial de *overdose*, principalmente quando o consumo é feito já diluído em bebidas não alcoólicas preparadas, porque não é possível ter certeza de quantas doses da droga foram administradas, bem como pela presença do risco de se fugir do controle na quantidade que se ingeriu pela ansiedade de se dar mais goles até o efeito começar a ocorrer. Muitos argumentaram que o sexo fora excepcional com o uso do GHB, embora houvesse certo dissenso quanto aos efeitos relaxantes.

Não tão facilmente encontrado no Brasil, especialmente em razão da maior disponibilidade de cocaína no mercado, o cristal de metanfetamina foi considerada pelos usuários como sendo a "droga ideal" para a prática do *chemsex*, segundo o relato de dois usuários que tiveram a oportunidade de testá-la no exterior, em viagem a Londres. Dentre os efeitos mais descritos estavam a euforia, o aumento do apetite sexual e mais resistência para experienciar longas jornadas da prática, que muitas vezes consumiam mais de doze horas.

Enquanto essas três drogas descritas – cocaína, GHB/GBL e cristal – foram consideradas como as principais na maioria das narrativas, outras também foram citadas. Muitos não consideravam o uso do *Poppers* como de uma droga, já que é vendido legalmente em *sexshops* e produzido industrialmente em muitos países e também reclamaram do preço com que chegava no Brasil, normalmente entre R$ 150,00 (cento e cinquenta) e R$ 300,00 (trezentos reais) por um frasco que ou acaba ou perde os efeitos após cerca de uma semana de consumo. Quanto ao ecstasy e à própria cocaína, foi relatado também que a queda na qualidade do produto fazia com que os usuários preferissem outras drogas, a exemplo do GHB, embora tivesse importação e venda mais difícil.

Uma quarta droga também citada nas narrativas fora a quetamina, embora muitos usuários costumassem relacioná-la mais a festas do que necessariamente à prática sexual. Como seu efeito principal é a dissociação e certa alucinação, provoca um sentimento de separação do próprio corpo, o que pode ajudar na prática do sexo anal receptivo e da prática de *fisting*.

A maioria dos participantes já apresentava uma certa experiência com o uso recreacional das drogas anteriormente ao seu uso em *chemsex*. Muitos relataram terem experimentado, primeiramente, em casas noturnas e festas, especialmente quanto ao ecstasy e às anfetaminas em geral.

O receio dos participantes foi baseado em testemunhos, histórias que tomaram conhecimento e do próprio retrato na mídia quanto aos viciados em drogas injetáveis. Além disto, em geral foram enfáticos ao afirmarem que injetar drogas era uma porta de entrada para o compartilhamento de seringas e a aquisição de infecções como o HIV, hepatite e outras possíveis complicações. Para os participantes, o consumo pela via injetável representa uma quebra de tabu, ultrapassando a própria natureza de entretenimento do *chemsex* e aumentando desnecessariamente os riscos.

Mesmo entre os participantes que se mostram não tão contrários ao consumo injetável, considerando como uma possibilidade futura, afirmam evitar por terem medo de todo o processo envolvido, como o uso de agulhas e de considerar ser algo muito agressivo, especialmente quando o propósito é recreação e diversão. Outros ainda afirmaram que tinham medo de que o consumo injetável pudesse disparar um lado de suas personalidades mais suscetível ao vício e, então, consideram nunca tentar justamente por isto.

Uma afirmativa comum foi a de que o sexo sem a utilização de preservativos era mais prazeroso, porque aumentavam as sensações físicas, a estimulação, a intimidade, além de terem afirmado gostarem de sentir o contato do esperma no ânus, tanto no sexo anal ativo como receptivo.

Quanto à preocupação em se contrair outras ISTs que não sejam protegidas pela barreira de proteção da PreP, a exemplo da sífilis, os relatos dos participantes foram um tanto quanto variados. Alguns afirmaram que não se preocupavam tanto em contrair outras ISTs já que já eram portadores de HIV. Assim, como já seriam portadores da "mais séria" infecção, teriam condições de administrar o contágio de outras, consideradas mais brandas.

Alguns outros participantes relataram que em geral há um tabu em se falar abertamente sobre a condição de saúde com seus parceiros, o que seria algo mais aberto e discutido em outros países, estando a cena gay brasileira ainda muito fechada para tais debates. Ao contrário dos participantes que afirmaram preferir relações sexuais sem o uso de preservativos, outro terço dos entrevistados afirmou que quando estevam sob influência de drogas, acabavam consentindo em não usar camisinha, ainda que não soubesse ou tivesse sido informado acerca do estado sorológico e de saúde dos seus parceiros. Assim, as drogas acabavam servindo como um fator de significativa influência para a adesão a um comportamento de risco, alterando a conduta dos envolvidos e suas decisões quando da prática. Foi relatado ainda que o uso de drogas deixou os usuários "míopes", alterando sua percepção quanto às amplas consequências de seus atos.

Há ainda aqueles que afirmaram terem se sentido mentalmente incapacitados em razão do uso contínuo de substâncias em simplesmente não se lembrar do que fizeram, incluindo se utilizaram ou não preservativo com seus parceiros sexuais. Afirmaram ainda que outros descreveram o sentimento de desrealização, sem qualquer consciência de seus atos.

Um entrevistado declarou que a indústria pornográfica o fez despertar para novas fantasias. Sempre teve fascínio pelo "barebacking" e queria sair dos filmes para realizar isto na prática. Sem o uso da droga, não conseguiria, mas após usar, permite-se na realização. Disse ainda que tem percebido o abandono progressivo do uso da camisinha, porque a maior parte dos filmes, ainda que não sejam categorizados como "barebacking", normalmente trazem sexo sem camisinha, sobretudo os produzidos dos anos 2010 para atualmente.

Anteriormente, havia outra realidade, diametralmente oposta, sendo raros os filmes de sexo gay sem o uso de preservativo. Entretanto, explica que as grandes produtoras começaram a explorar este mercado e hoje se tornou algo predominante. Pontuou ainda que nos filmes pornográficos heterossexuais o uso de preservativo já bem menos frequente do que nos filmes de pornografia gay da mesma época. Hoje, o uso da camisinha no filme normalmente faz o mesmo deixar de aparecer nos destaques nos principais sites especializados. Acrescentou, por fim, que quando conhece algum outro homem e com ele vai praticar sexo, ainda que sem o uso de drogas, há, ao contrário do que se pensa, uma presunção de que a camisinha não será utilizada.

O aumento da conexão sexual foi também trazido como um componente de incentivo à prática do *chemsex*. Um participante narrou que:

A droga te deixa focado no que você está fazendo naquele momento, especialmente com o G. É como se eu me sentisse mais sensual, apaixonado e fisicamente conectado, mas não na minha mente, mas sentindo isto por toda a minha pele, por todo o corpo. Na verdade, eu saio de minha mente e acabo apenas me concentrando no que o meu corpo está sentindo e me faz pensar em nada mais além do que eu estou curtindo naquele momento (informação verbal).

Porém, o mesmo entrevistado depois admitiu: "eu acho que me sinto mais conectado porque ambos estão usando, na mesma viagem, no mesmo nível e aí a paixão acontece. Mas não é real, é uma paixão química. É sintético. Não é verdadeiro. Quando acaba, acaba (informação verbal)"

Somado a isto, foi descrito que devido à intensa estimulação, os orgasmos são mais poderosos, o que nunca teria ocorrido com um sexo sóbrio. De modo geral, os participantes enfatizaram este ponto, sendo algo buscado por muitos deles, que é a busca de orgasmos mais e mais intensos, semelhantes a quando tiveram suas primeiras experiências sexuais ou quando eram mais jovens.

Os entrevistados relataram que as drogas possibilitavam uma maior duração das sessões sexuais, em que durante longos períodos de tempo, que poderiam ocorrer de até doze horas no total, conseguiam ser estimulados e não ejacular, ou ainda

ejacular por diversas vezes, com um tempo muito curto de recuperação entre as ocasiões. Um participante relatou que

> *para mim e para um amigo meu nós podíamos fazer G ou*
> *cheirar pó juntos e transar por doze, catorze horas ou mais,*
> *sem parar. Era algo incrível. Você se sente um super herói,*
> *porque acompanha o ritmo numa boa (informação verbal).*

Como o uso de drogas possibilitaria grande duração das sessões,
a troca de parceiros é muito frequente. Se os encontros ocor-
ressem em locais de fácil entrada e saída de pessoas (como em
residências, por exemplo), muitas vezes o grupo acabava sendo
revezado, com alguns participantes chegando, outros indo embora, conforme iam se satisfazendo. As drogas seriam capazes de
manter um certo nível de energia enquanto houvesse clima, que
vai do início de uma tarde até o amanhecer do dia seguinte ou
vice-versa.

Outro dado relatado é que o uso de drogas acabava alterando as
próprias preferências quanto ao tipo de parceiro que os usuários
consideravam atraentes; quando sóbrios, ficam adstritos a certos padrões, porém, quando sob influência, acabam se per-
mitindo fazer sexo com uma variedade maior de pessoas.

Ao se fazer *chemsex*, os participantes também estavam mais dispostos a encarar outras fantasias e práticas, ou ainda sentir as
que já faziam de maneira mais intensa. A isto se atribuía a uma
perda das inibições. O "nunca" passa a se tornar um "por que
não?", o que, quando sóbrio, deve-se a barreira cognitivas ou a
limites pessoais. Como alguns dos exemplos citados de práticas
somente possibilitadas ou sentidas de forma mais prazerosa
quando realizando *chemsex*, os entrevistados citaram o próprio
sexo grupal, o uso de brinquedos sexuais, o sadomasoquismo,
conversar abertamente sobre taras, fingir papéis e personagens,
exercer papel contrário ao preferido (se ativo, conseguir ser passivo e vice-versa).

Apesar dos relatos anteriores levarem à conclusão de que os

praticantes de *chemsex* necessariamente fazem sexo sem preservativos, seja por dificuldade em consentir, seja por desejo premeditado, quatro dos entrevistados foram enfáticos em dizer que somente praticam sexo totalmente seguro. Havendo penetração, usam camisinha; mesmo com a camisinha, dois deles tomam ainda a PreP; não havendo camisinha, apenas consentem em jogos sexuais em que não haja penetração e, muitas vezes, nem mesmo sexo oral, a exemplo de masturbação compartilhada.

Os entrevistados afirmaram que grande parte, talvez mais que 50%, de seus conhecidos já provaram ou fazem uso de algum tipo de droga. Além disto, embora reconheçam que isto não seja uma regra, consideraram que o uso é algo normal na cena. Entretanto, é preciso considerar que se trata da opinião dos participantes envolvidos diretamente na pesquisa, que foram recrutados especificamente por terem experiência no uso de drogas associado a práticas sexuais, o que pode ser um elemento comprometedor de sua percepção, visto que o estudo desta pesquisa não teve propósito quantitativo ou estatístico, mas sim qualitativo.

Tomando-se por base uma certa progressão no uso de drogas, muitos iniciavam com algumas consideradas mais brandas, como álcool, maconha e o próprio *Poppers*, a partir das vivências em festas passavam a conhecer o ecstasy e o GHB e, por fim, a cocaína. Não se trata de uma ordem necessária, mas de uma progressão a partir do sentimento de potencial de overdose, dificuldade de acesso, preço, falta de conhecimento quanto ao uso e seus efeitos (esperados e colaterais) e percepção do que se tem utilizado.

É o caso de um dos participantes, com 28 anos, que se mudou da cidade de Alagoinhas para Salvador no começo dos anos 2016. Trabalhando como profissional das ciências sociais aplicadas, muitas vezes fazia consumo eventual de cocaína para relaxar com amigos depois de uma noitada em festas. Às vezes, por meio de aplicativos, encontrava outros homens dispostos a com ele praticar sexo por possuir a droga consigo. Alguns deles costumavam ter outras, a exemplo do próprio GHB, que é de mais difícil acesso. Ele não tinha atração por homens mais velhos, porém através deles acabava conseguindo oferta das drogas mais difíceis.

Quanto às formas de aquisição das drogas, os participantes relataram uma grande variedade. Alguns afirmaram possuírem *dealers* de sua confiança, com quem adquirem as drogas com habitualidade, inclusive com entrega em domicílio, facilitada pelo uso de aplicativos de comunicação. Outros, porém, afirmaram que os próprios aplicativos de encontros, servem no propósito de comercialização ou aquisição não onerosa das substâncias, o que se demonstra facilmente identificado pelo uso de alguns *emoji*, a exemplo do uso de um trovão para a cocaína e uma folha para maconha. Muitos, porém, afirmaram que não costumam adquirir diretamente drogas, porque são fornecidas pelos seus parceiros de confiança e já disponíveis no local onde ocorrem os encontros sexuais.

Algumas drogas acabam servindo para consumo compartilhado, como a cocaína, o GHB, o *poppers*, a quetamina e a maconha, embora para algumas delas, devido à combinação de elevado preço e dificuldade de aquisição, não sejam ofertadas amplamente a todos os participantes, para que seu portador sinta que fez um uso em menor quantidade do que desejava. O compartilhamento de drogas, porém, pode ocorrer para estranhos, porque tanto ajudam na conquista de parceiros sexuais mais desejáveis, como também permite que todos estejam na mesma sintonia durante a sessão de *chemsex*. Por outro lado, o compartilhamento de drogas também foi relatado como um elemento transacional para que parceiros mais jovens e/ou mais atraentes participassem das sessões.

Saliente-se que os entrevistados afirmaram que embora o consumo de drogas seja ostensivamente desincentivado e divulgado como proibido em casas noturnas, ou festas e festivais organizados em hotéis e cruzeiros, ou ainda em saunas e clubes sexuais, o controle efetivo do acesso às substâncias é bastante precário. No caso específico de festivais organizados em hotéis ou em cruzeiros, em uma combinação de centenas a milhares de homens ali disponíveis envolvidos em festas e aplicativos de encontros, é muito difícil haver o controle do que ocorre dentro dos quartos, de modo que os participantes mais atentos ou conscientes costumam servir como espécies de guardiões dos excessos de barulho ou tumulto que tais sessões possam significar.

Também alguns relataram a segurança pelo fato de que nas saunas – o que se aplica também a clubes de sexo – serem ambientes em que se paga para entrar e funcionam mediante alvarás, como todo estabelecimento comercial, evitando os riscos de se receber estranhos em sua própria residência, ir à residência de quem não se conheça, ou ainda estar em um local de difícil acesso para entrar e sair, como é o caso de quartos de motéis e hotéis.

Segundo os participantes, quem pratica *chemsex* está em busca de aumentar sua autoconfiança e perder qualquer tipo de incerteza quanto à sua intimidade ou à aceitação de seus corpos. Os entrevistados relataram problemas de aceitação com os mais variados tipos de corpos, como o não enquadramento em padrões de beleza (excesso de magreza ou sobrepeso) e a dificuldade de se encaixar em padrões do que seria do homem atraente. Outros relataram ainda problemas com ageísmo, pois dentre os homens gays possuir mais de 40 anos de idade já é considerado "velho", homofobia internalizada e ainda culpa por desejar sexo gay, ou ainda o estigma com sua condição sorológica, embora haja grande divulgação quanto aos meios de prevenção ao contágio como o PreP e que a pessoa com carga viral indetectável é também intransmissível.

Muitos dos participantes também relevaram preocupações em serem percebidos como bons no sexo e que sem as drogas, acabam perdendo confiança para performar melhor. Assim, como grande parte do sentimento de ter se saído bem após uma transa é decorrente da satisfação do parceiro, o sentimento de que não conseguiu satisfazê-lo pode ser devastador, o que acaba sendo amenizado com a combinação com o uso de drogas. Assim, o uso de drogas acaba servindo com um distanciamento de tais preocupações, possibilitando focar no sexo e curtir o momento.

A preocupação com sobredose também foi uma constante nos relatos dos entrevistados, normalmente associadas ao GHB, à cocaína e à quetamina. Suas manifestações ocorrem através de desorientação, desidratação, convulsões, vômitos e até mesmo a morte. Quanto ao GHB e à cocaína, muitos consideram drogas perigosas, embora sejam as mais utilizadas no *chemsex*. Em ambos os casos, o efeito dura relativamente curto espaço de tempo (cerca de uma hora), sendo necessário repetir a dose constantemente. Em um cenário em que as sessões sexuais podem durar diversas horas, o organismo acaba por não ter capacidade de eliminar todas as substâncias, levando ao risco da sobredose, tão temido pelos seus participantes.

Um dado curioso é que como os efeitos negativos das drogas são amplamente conhecidos dentro da comunidade, normalmente quando um participante de *chemsex* exagera na dose, outros, mais conscientes, costumam intervir para evitar consequências mais graves.

Além dos problemas relacionados a overdose, o uso de drogas com tal frequência também gera impactos sobre a saúde mental dos praticantes de *chemsex*. Os entrevistados relataram terem tido episódios de constante irritabilidade, ansiedade e agressividade, além do desenvolvimento de paranoia, síndrome do pânico e problemas relacionados à manutenção do humor, o que inclui a depressão.

Dois participantes afirmaram ter procurado suporte para dependência química. Um dos entrevistados se afastou completamente de todos os seus antigos amigos, já que possuía uma vivência de mais de dez anos de uso de cocaína relacionada ou não a práticas de *chemsex*.

Ainda dentro do panorama mental, alguns participantes citaram o desperdício de tempo, em que poderiam fazer muitas outras coisas, a não ser ficar, muitas vezes, até o final de semana inteiro envolvido com os preparativos e a própria prática de *chemsex*. Alguns relataram que as sessões de *chemsex* dificilmente eram inferiores a três horas, mas que poderiam durar até uns quatro a cinco dias, muito comum em situações de viagens de cruzeiro ou festas organizadas em hotéis e resorts que, ainda que não tenham o propósito de serem destinados ao *chemsex*, em tais oportunidades acabava ocorrendo. Relataram também terem dificuldade em controlar o tempo de permanência na própria sessão de *chemsex,* às vezes querendo ir embora, mas permanecendo, especialmente quando renovavam suas doses de drogas ou ainda quando novos participantes chegavam ao encontro.

Foi relatado pelos entrevistados que há uma certa "seleção comportamental" entre os participantes de *chemsex*. Assim, aqueles que apresentam condutas relacionadas a agressividade, irritação, desorientação, excesso de preocupação com práticas sexuais seguras e histórico de consumo excessivo de substâncias - com ou sem episódios de overdose - são descartados para os próximos encontros.

Diversos participantes relataram que é comum priorizar o *chemsex* a ter desenvolver algum relacionamento. Este pensamento não é de todos, embora muitos dos entrevistados tenham concordado que muita gente pensa assim. Acreditam, porém, que a vida de casado envolve renunciar a todas às experiências festivas, e que quem casa simplesmente some da cena LGBTQ. Há relatos de relacionamento aberto, em que os parceiros até mesmo participam juntos de sessões de *chemsex*, mas o próprio diálogo sobre a possibilidade de uma relação aberta é um tabu e requer um estudo mais específico sobre o tema.

Destacaram que não se pode acreditar que o *chemsex* seja uma parte integrante do supostamente "glamuroso" e desejado "estilo de vida" gay. Ainda disseram que, independente do uso de drogas para uma ou outra parte da sociedade, há uma sensação de normalização de seu uso, facilitado pelas próprias redes sociais.

Quanto à esperança de que o Estado Brasileiro em algum momento cuidasse do tema com seriedade, diversos afirmaram que não acham isto possível em um horizonte próximo, considerando como há atualmente um entendimento proibicionista ao uso de drogas e que nas próprias políticas públicas relacionadas ao HIV/AIDS, o Brasil já não seria mais o país com maior destaque, pela própria dissonância das campanhas de prevenção com a realidade das novas formas de contaminação, a demora para o início da distribuição do PreP e o giro conversador que a sociedade brasileira tem apresentado nos últimos anos.

O CHEMSEX À LUZ DA BIOPOLÍTICA E DA BIOÉTICA DE INTERVENÇÃO

Nos capítulos anteriores, o padrão comportamental do chemsex foi analisado sob os ângulos das pesquisas desenvolvidas no exterior, bem como as consequentes ações governamentais e decorrentes da iniciativa privada no sentido de prevenir e acolher seus participantes quando na busca por auxílio em sua saúde, assim como foi demonstrado o panorama brasileiro, ainda incipiente, tendo sido necessária a construção de pesquisa de campo através de observação direta e aplicação de entrevistas semiestruturadas.

Chega-se ao momento em que esta pesquisa necessita buscar os fundamentos bioéticos e jurídicos à guisa de compreender e oferecer o melhor enquadramento aos seus envolvidos. Porém, anteriormente, uma importante questão deve ser colocada: haveria algum tipo de estratégia coordenada advinda dos pontos focais de poder existentes na sociedade, governamentais ou não, para invisibilizar ou descredibilizar seus os praticantes de *chemsex*, relegando-os a um subsistema biojurídico de exceção?

Esta reflexão pode ser melhor encontrada com o desenvolvimento das teorias do biopoder e da biopolítica, que tiveram como divulgadores Foucault, Agamben e Hanna Arendt. A biopolítica teria papel fundamental, antecedendo a própria análise bioética do padrão comportamental do *chemsex* porque, através de seus institutos, possibilita uma melhor compreensão da causa contextual pode colaborar para que o aumento ou não da adesão de praticantes à associação do uso de substâncias psicoativas às relações sexuais dentro do contexto dos HSH, inseridos na comunidade LGBTQ.

Assim, as decisões biopolíticas que perpassam pela regulação jurídica do uso de substâncias psicoativas, até mesmo pelo reconhecimento de direitos às pessoas LGBTQ, como as decisões sanitárias em matéria de prevenção e tratamento ao HIV e outras ISTs podem significar vetores de relevância para o aumento da sensação de repressão, estigmas e isolamento, o que poderia causar uma eclosão em comportamentos tão intensos e até mesmo não plenamente conscientes como narrados em contextos de *chemsex*.

Após a compreensão das causas biopolíticas, faz-se necessário entender o papel da bioética no tratamento da questão. Logo, seus princípios e valores básicos principais, como a autonomia, a vulnerabilidade, a alteridade e até mesmo a responsabilidade são convocados no desafio de analisar o balanceamento da conduta dos sujeitos envolvidos para a oferta de uma atuação bioética adequada e compatível com a defesa de uma sociedade plural e da proteção da dignidade da pessoa humana.

Ainda no campo da discussão bioética e reconhecendo-se que do paradigma principialista, muitos outros foram construídos e defendidos, esta investigação compreendeu que será a bioética de intervenção englobaria a fundamentação teórica mais adequada para a construção de propostas sanitárias que o *chemsex* exige.

Nesta linha, iniciaremos a discussão das noções fundamentais de biopolítica e biopoder, avançando, na sequência, às linhas fundamentais do surgimento da bioética e de seus princípios mais relevantes para o corte epistemológico aqui apresentado, finalizando este capítulo com o desenvolvimento e aspectos teóricos mais relevantes da bioética de intervenção, sem desprezar o diálogo com outros saberes que ao longo da discussão se mostrem relevantes.

A PRESENÇA DA BIOPOLÍTICA NO CONTROLE DO USO DOS CORPOS E DAS IDENTIDADES SEXUAIS

T omando-se por base o pensamento de Aristóteles, considerando-se a existência humana apenas sob o seu aspecto biológico, sua razão não diferiria de outros seres vivos, sendo, apenas, uma mera zoé. A partir do momento; entretanto, que o ser humano desenvolve linguagem própria, galga a diferenciação dos demais seres vivos, tornando-se um animal político ou, em sua terminologia, politikon zôon (ARISTÓTELES, 2006)).

Sendo um animal político, desejará governar diversas instâncias do poder, de modo que passará, especialmente a partir do século XVIII, apresentar modificações de seu mecanismo, saindo da ideia de um poder soberano potencial causador da morte para um tipo de poder que gera a vida e faz ordenar os seus reclamos, como observado por Foucault (FOUCAULT, 2019). Logo, passa-se a compreender a população como um novo corpo, múltiplo, com inúmeras vidas que precisam ser reguladas, através de instrumentos corretivos manifestados por múltiplos saberes, a exemplo da estatística, da demografia, do direito e da medicina sanitária (FOUCAULT, 2005).

A principal consequência da biopolítica (FOUCAULT, 2008) é o estabelecimento de uma normalização comportamental, com a aplicação dos mais variados mecanismos reguladores e corretivos, tendo como efeito histórico o desenvolvimento de uma tecnologia de poder centrada na vida. As autoridades, como detentoras do poder formal, decidem o que deve ser considerado como normal em uma sociedade e, sobre o que não é normal, aplica-se um estado de exceção, no qual apesar da existência da lei, esta não vige para tal grupo ou comportamento (VENTURA 2009).

A biopolítica se utiliza de técnicas centradas no corpo do indivíduo com o propósito de causar profundos e duradouros efeitos no campo macropolítico (OLIVEIRA JÚNIOR *et at*, 2011), sendo denominadas pela terminologia de "disciplinas", cujo propósito é a constante imposição de forças em uma relação cujo resultado esperado é um misto de docilidade e utilidade (FOUCAULT, 2015). Trabalham, assim, diretamente no corpo dos indivíduos, manipulando seus gestos e comportamentos, formando-nos e adestrando-nos. Capta o corpo, o descompõe e recompõe, para que operem como se quer, com a rapidez e a eficácia que se determina. Paradoxalmente, aumentam as forças do corpo em termos de economia de utilidade e as diminuem, em termos políticos de obediência (DANNER, 2017).

Note-se que as pesquisas de Foucault sobre biopoder e biopolítica propõem uma ideia de poder mais fluida, díspar, heterogênea, em constante formação e construída historicamente, saindo do foco estatal e atuando em todo o corpo social. Neste sentido, afasta-se das concepções de Agambén (ARÁN e

PEIXOTO, 2007) e de Hanna Arendt (2009), que, em síntese, enxergam a biopolítica como o conjunto de discussões governamentais sobre a vida dos indivíduos. A ideia de Foucault de poder aproxima-se mais de uma rede, em que o Estado é uma de várias instituições, somando-se à escola, às ciências, o quartel, o hospício, operando em conjunto, de forma conexa, sob a lógica capitalista.

Após a exposição do sentido foucaultiano de biopolítica e biopoder, chega o momento de aplicá-lo sobre o primeiro dos três vetores mais diretamente relacionados ao *chemsex*, elegendo-se o tema do controle do consumo de substâncias psicoativas.

O consumo de substâncias psicoativas é um fenômeno antigo e persistente na humanidade (CAMPOS, 2015). Assim, com exceção daquelas populações completamente desprovidas de acesso a vegetação, não há um agrupamento humano sequer que não tenha se relacionado com substâncias psicoativas, tanto em diferentes épocas como em lugares (ESCOHOTADO, 1995). As motivações para tal consumo são diversas, a exemplo da busca pelo prazer, alívio de preocupações e tensões, controle de humor e expansão da consciência (SCHENBERG *et al*, 2015).

A problematização quanto à venda, distribuição e consumo de drogas decorreu diretamente das grandes navegações do século XVI, pois, através desta, o velho continente passou a conhecer uma larga variedade farmacológica substâncias, muitas delas com propriedades psicoativas. Não tardou para que as mesmas fossem utilizadas tanto para fins médicos, bem como recreativos (ESCOHOTADO, 1997).

Sabe-se que apesar do uso de tais substâncias se confundir com a própria evolução da sociedade, somente no final do século XIX e início do século XX é que se notou no mundo a construção jurídica sobre tal uso. Com a Guerra do Ópio (1839 - 1841), os ingleses garantiram o monopólio internacional do comércio de substâncias psicoativas em larga escala (PASSETI, 1991), além da expansão do uso das mesmas no próprio continente europeu (RODRIGUES, 2006). Afirmam alguns que houve uma precedência vindo pelo discurso moral, passando-se para um prisma religioso e, por fim, para um controle legal, mantendo-se diversos preconceitos étnicos e ideológicos. Assim, houve uma aproximação com os discursos da medicalização e da criminalização, mas o afastamento recíproco entre estes (DECOTELLI *et al*, 2013).

Com a popularização das substâncias, houve uma série de desdobramentos e impactos sociais, a exemplo de complicações crônicas à saúde, intoxicações agudas, overdose e dependência química. Isto levou a implementação de políticas públicas que, em princípio, não possuíam um caráter proibicionista, visto que algumas substâncias, a exemplo do ópio e da cocaína, eram livremente comercializadas nas farmácias.

Com a virada para o século XX, especialmente nos Estados Unidos, iniciou-se um movimento pugnando pela proibição das drogas, tendo, inclusive, cunho de fundo religioso e étnico, pois muitas substâncias eram frequentemente utilizadas em rituais pagãos, sendo, portanto, associadas à bruxaria. Em 1906, os Estados Unidos aprovaram o *Pure Food and Drug Act*, que exigia o detalhamento da composição de medicamentos e, no mesmo ano, foi proibido o consumo de ópio e de cocaína no país, que apenas poderiam ser utilizados com prescrição médica, conforme previa o Harrison Narcotics Act, de 1914. Passou, então, o médico a ser o profissional responsável pela autorização do consumo de psicotrópicos (RIBEIRO, 2012).

Porém, ao longo do século XX, houve uma cerca hegemonia no enfrentamento da questão da droga, marcada, sobretudo, pelo proibicionismo,, resultado de um conjunto de fatores oriundos marcadamente do puritanismo norte-americano, o temor das elites com relação à desordem urbana e um interesse da indústria médico-farmacêutica pelo monopólio da produção de drogas. Teriam, assim, sido principal alvo desse proibicionismo os derivados da *cannabis* (maconha), da folha da coca (cocaína e crack) e da papoula (ópio e heroína). Quanto aos seus marcos internacionais, houve em 1961 a Convenção Única sobre Entorpecentes, sob a chancela da ONU e com o patrocínio com os Estados Unidos. Já em 1971, um importante marco do proibicionismo foi o discurso do presidente norte-americano Richard Nixon, que descreveu as drogas ilícitas como sendo um "inimigo público número um", com a consequente declaração de "guerra às drogas"(TORCATO, *et al*, 2016).

No plano internacional, no âmbito das Nações Unidas houve a catalogação de algumas drogas como ilícitas, reforçando o proibicionismo como política a ser seguida por todas as nações, havendo uma primeira, em 1961, cuidando do ópio, da cannabis e da cocaína; uma segunda, em 1971, banindo o LSD e outras drogas sintéticas, na esteira dos movimentos contraculturais da década de 1960, e uma terceira, em 1988, relacionando o tráfico de drogas ao crime organizado e lavagem de capitais. Houve, da mesma forma, recomendação expressa da criminalização das condutas, inclusive em desfavor do próprio usuário(SANTOS e DE OLIVEIRA, 2013). Nota-se, com este contexto, que o modelo proibicionista-punitivo determina a proibição de qualquer modalidade de uso, comércio ou produção de psicotrópicos, de modo que os mesmos passam a ser etiquetados como ilícitos, passíveis de sanções jurídico-penais. No mesmo sentido, houve em 1998, na Assembleia Geral das Nações Unidas, uma sessão especial na qual se afirmou o desejo de livrar o mundo da produção ilícita de opioides, cocaína e *cannabis*, bem como de drogas ilícitas manufaturadas, como diversos tipos de estimulantes.

Há de se ressaltar, como explicam Campos e outros, que houve anteriormente o que eles denominam como "experimento proibicionista", marcado pela "Lei Seca" estadunidense, majoritariamente puritano e marcado pelos valores das classes médias e da comunidade evangélica e católica. Tal experimento acabou por apresentar muitas consequências indesejadas, como corrupção de agentes nas mais diversas hierarquias do Estado, altos índices de encarceramento, formação de um circuito ilegal. O seu fim, que ocorreu em 1931, bem como suas consequências negativas, não impediram o retorno do discurso em 1961(EICHELBERGER *et al* 2016).

Fiore explica que o sucesso do proibicionismo contemporâneo se deve a duas premissas fundamentais, quais sejam, que o consumo de drogas é uma prática dispensável e danosa, justificando a proibição pelo Estado e que a atuação ideal do Estado para o combate é a criminalização de sua circulação e do consumo(FIORE, 2012).

Alguns princípios relacionados à "guerra às drogas" são repetidos em um discurso proibicionista, como a percepção das drogas como inimigas ou indesejáveis em si mesmas, tanto para quem as usa, como para quem as vende; o uso de recursos militares e policiais como meio principal para se lidar com o problema; a hipótese de que as drogas poderiam ser totalmente erradicadas; também a hipótese de que o ideal é a abstinência e o entendimento de que a solução é o encarceramento, seja sanitário ou criminal (DE SOUZA *et al.*, 2013) (VAZ *et al* (2015)).

Apontam ainda alguns autores que há indicativos de definição arbitrária de quais drogas seriam consideradas ilegais e quais seriam tornadas legais, o que não deixa de perpassar por um controle biopolítico do Estado sobre comportamentos humanos (SOUZA, 2014); ROSA e PASSETTI, 2012).

Um dado novo, porém, levou a comunidade internacional a iniciar a reflexão da política proibicionista sobre as drogas até então vigente, que foi o aparecimento e crescimento dos casos de contaminação do HIV e a consequente epidemia da AIDS, no início dos anos de 1980. Identificou-se, assim, que um dos principais vetores de contaminação pelo HIV era o compartilhamento de seringas, o que levou ao surgimento de propostas de políticas públicas de redução de danos ao cidadão e à própria sociedade, através dos agentes de saúde pública. Por este motivo, faz-se necessário também analisar a política de prevenção e tratamento do HIV/AIDS e outras ISTs à luz da biopolítica.

É desafiador realizar uma análise acerca das diferentes dimensões do HIV/AIDS, especialmente porque as pesquisas

acadêmicas convencionais acabam por não discernir as dinâm-
icas dos sistemas, ou a partir de que momento se torna ou não
possível conferir o olhar através da biopolítica (GALVÃO, 2000).

O início da epidemia do HIV/AIDS ocorreu no início dos anos
de 1980, trabalhando-se com a ideia de grupo de risco e a associação equivocada de práticas homossexuais com a doença.
A partir da segunda metade dos anos de 1990, houve a reconfiguração das terapias antirretrovirais, além do seu alcance
a outras parcelas populacionais, envolvendo pessoas de orientação heterossexual, incluindo mulheres.

Observa-se que no campo da saúde pública é observado que
a vida deixa de ser um princípio absoluto e acaba ganhando
espaço para decisões de governantes, em que as epidemias acabam por legitimar práticas de estado de exceção e restrições de
direitos a partir do poder político. Assim, e possível perceber
que a epidemia de HIV/AIDS representa, para seus portadores,
um núcleo permanente de estado de exceção de direitos, normalizado, especialmente quando se fala da população doente.

Quanto aos medicamentos, acabam por se constituir um aspecto relevante da biopolítica, porque, quando ofertados pela
indústria, representam relevante fatia lucrativa, muito mais do
que sua extirpação definitiva. Com a relativamente recente dis-
ponibilização de profilaxia pré-exposição (PrEP), aqueles que
desejarem não arriscar a contaminação podem recorrer a esta
intervenção química, de forma combinada ou não ao uso de
preservativos.

Didaticamente, a evolução da epidemia da AIDS foi
desenvolvida em três etapas. O seu aparecimento ocorreu entre
o final dos anos de 1970 e início dos anos de 1980, marcada
em territórios teoricamente desenvolvidos, como nos Estados
Unidos e na Europa. Como as notícias sobre a AIDS chegaram
ao Brasil antes que os primeiros casos fossem aqui identifi-
cados, houve críticas por parcela considerável da população,
que atribuíam às notícias caráter de sensacionalismo ou – util-
izando-se de uma expressão corriqueira atual – de "fake news".

Logo, a tradução das matérias que aportavam no Brasil possuía o mesmo caráter da moralidade predominante estadunidense da época, que se espalhava entre os chamados "grupos de risco", relacionada, portanto, ao comportamento homossexual e outras práticas consideradas perigosas.

Quanto ao uso da linguagem que é uma importante ferramenta do biopoder, a questão do comportamento homossexual foi inserida como mais visível, de modo que a AIDS ficou conhecida, inicialmente, como sendo um "câncer gay" (SANTOS e ZAGO, 2013), de modo que o homem gay foi tratado como uma espécie de agente infeccioso no seio de uma moral estabelecida, de modo que sua primeira sigla foi "GRID", que significava "Gay-related immune deficiency" (BLOCK, 2006). Santos e Zago (2013) exemplificam:

(...) através de técnicas de identificação/testagem (monitoração do sangue na identificação de anticorpos virais para o HIV), confissão (ter que revelar aos parceiros, amigos, parentes, bem como aos profissionais da área da saúde, suas práticas e preferências sexuais), revelação (não apenas da doença mostrada nas marcas corporais, mas também de uma suposta homossexualidade), culpabilização (ser considerado como origem de sua própria condição), responsabilização (ser considerado responsável pela transmissão do vírus a outras pessoas), contrastação (mostrando imagens das pessoas antes e depois da Aids), exclusão (marcando quem poderia/teria Aids e quem não teria), enumeração epidemiológico-estatística (constar nos cálculos epidemiológicos de números de doentes, de número de internações, etc.), autovigilância (controle das então confusas práticas acerca de "como se pegava" e "como não se pegava Aids", de busca por sinais corporais que indicassem o possível aparecimento da doença), morte social (perder em vida direitos ao trabalho, ao acolhimento em vez do preconceito, ao tratamento), entre outras.

Como afirma Judith Butler (2008), houve nítida estratégia de controle biopolítico para o exercício do controle dos corpos dos homens e das masculinidades, enquanto disputa e exercício de poder (BUTLER, 2012). Há de se ressaltar que naquela época havia nítido relacionamento entre a AIDS e às práticas homossexuais de forma estrita, de modo que tal problema precisaria ser eliminado, mas não a Síndrome de Imunodeficiência Adquirida em si (CLATTS *et al.* 2005).

No esquema biopolítico dos governos, a transmissão do HIV era difundida como decorrência de uma suposta escolha pessoal, em que, em um primeiro momento, os corpos dos homens gays eram considerados como riscos ambulantes de infecção, gerando intervenções e construindo-os como "desterrados". O conceito de "desterrados" era uma nítida relação propagandística entre a aquisição da infecção como uma condenação à morte, traduzindo-se como um sentimento de medo de culpa. Na mídia, os corpos retratados eram magros, desonrados, muitas vezes em leitos hospitalares, também se associando à ideia de solidão (GILMAN, 1988), em contraposição à alegria e liberação, justamente estas duas as origens etimológicas da palavra *gay* (JABOR, 2011).

Já em um segundo momento, a epidemia do HIV/AIDS assumiu junto aos homossexuais as configurações como "corpos cheios de força", oriundos dos projetos AIDS I e AIDS II – a transição das políticas representacionais – e o momento atual, de "corpos que importam".

Por outro lado, houve também um efeito colateral à fase dos "corpos que importam", pois veio acompanhada de uma excessiva preocupação estética, baseada na exibição da carne. Assim, a presença de músculos no corpo masculino era a legitimação da saúde aparente e da não infecção pelo HIV. O corpo passava a materialmente explicitar uma espécie de investimento neoliberal do "corpo-currículo" (ZAGO, 2013), pois o músculo passa a ser um rótulo de vigor e saúde, associado à premissa de que era necessário vencer nos meios das aparências, sendo a beleza um resultado do sucesso e da autoestima. O corpo implorava pela aprovação do olhar do outro, o que contribuiu para a invisibilidade da epidemia do HIV que existe hoje (SIBILIA, 2009).

Nitidamente relacionada com as mudanças na biopolítica brasileira quanto ao HIV/AIDS encontra-se a difusão da informação de infecção seria um assunto ultrapassado, fora de moda, bastante frequente no senso comum. Trata-se de um assunto que ninguém mais parece querer falar, por dois motivos: primeiramente, por carrega um legado muito pesado e, em seguida, em razão de as pessoas terem perdido, aparentemente, o medo.

Entretanto, o fato é que o número de pessoas infectadas continua crescendo, o que demonstra justamente a tese contrária a uma suposta superação do problema. Somente entre 2005 e 2013 houve um crescimento de 11% nos contágios, segundo o "The Gap Report", do Programa Conjunto das Nações Unidas relacionado ao HIV/AIDS (Unaids) (UNAIDS (2014).

Dentre as possíveis causas para a manutenção da curva crescente da epidemia supõe-se a discriminação enraizada e o não uso de preservativos, isto demonstrado pela falsa ilusão de que a epidemia da AIDS não existiria mais. Logo, pelo fato de a doença não mais assustar, passa a haver um descuido quanto à prevenção. Acrescente-se que até o presente momento o Ministério da Saúde no Brasil ainda insiste na opção das campanhas de prevenção como o uso da camisinha como o único meio seguro para impedir o contágio, ignorando por completo a profilaxia pré-exposição, tão importante e eficaz, e até mesmo distribuída no Brasil.

Paralela e inevitavelmente, a biopolítica da sexualidade e identidades LGBTQ, cujo controle se intensificou ao longo dos séculos XIX e XX, também sofreu influência com a própria biopolítica em matéria de HIV/AIDS, pelo qual tal aspecto merece ser enfrentado neste momento.

De volta a Foucault, para que se possa compreender adequadamente a estratégia biopolítica de discriminação por orientação sexual, é preciso salientar que o biopoder instaura mecanismos regulamentadores dos processos biológicos da população, ocasionando o surgimento de uma sociedade que passa a ter como regra a normalização biológica do sujeito. Como segundo efeito, passa a existir o lugar privilegiado que a sexualidade ocupada neste processo. Em suas palavras:

Sobre tal pano de fundo, pode-se compreender a importância assumida pelo sexo como foco de disputa política. É que ele se encontra na articulação entre os dois eixos ao longo dos quais se desenvolveu toda a tecnologia política da vida. De um lado, faz parte das disciplinas do corpo: adestramento, intensificação e distribuição das forças, ajustamento e economia das energias. Do outro, o sexo pertence à regulação das populações, por todos os efeitos globais que induz. Insere-se, simultaneamente, nos dois registros; dá lugar a vigilâncias infinitesimais, a controles constantes, a ordenações espaciais de extrema meticulosidade, a exames médicos e psicológicos infinitos, a todo um microp-oder sobre o corpo; mas, também, dá margem a medidas mac-iças, a estimativas estatísticas, a intervenções que visam todo o corpo social ou grupos tomados globalmente (FOUCAULT, 2005b).

Regulando a saúde pública, a biopolítica faz emergir um con-flito entre o individual e o coletivo, perpassando pela própria sexualidade (FOUCALT, 2015). Assim, a sexualidade, sob a in-fluência da biopolítica, emerge de um conflito político entre o corpo individual (e seu disciplinamento) e a população (e seus aspectos biológicos). Quando o discurso médico caracteriza a sexualidade como irregular, surgem diversas manifestações res-paldadas atribuir à sua diversa as mais diversas patologias.

Assim é que, como já dissemos em outra pesquisa (FERNANDES, 2006), embora correntemente aceita na antiguidade clássica e até mesmo considerada obrigatória como norma, as práticas homossexuais foram vistas como manifestações de um com-portamento desviado, por meio do qual haveria uma suposta degeneração do próprio ser humano, que perderia sua digni-dade.

Partindo-se da concepção foucaultiana de biopolítica como normalização, Fernandez-Martos e Vidal (1998) esclarecem que o próprio conceito de normalidade pode ser problematizado, porque acaba se aproximando indevidamente da concepção de "natural". A própria normalidade clínica da homossexualidade apenas começou a ser aceita oficialmente quando houve a retirada do seu "desvio" do Manual Diagnóstico da Associação Americana de Psiquiatria, em 1973 (GÓIS, 2000).

A compreensão da sexualidade humana compõe sua verdadeira constituição, pois a mesma não está sujeita ao determinismo animal, contendo intencionalidade e revelada em sua dimensão existencial, na experiência do sujeito humano (NUNES, 1997).

No mesmo sentido, argumentar o que seria natural frente ao antinatural, acaba por revelar uma postura de conservadorismo. Este conceito envolve uma relação de poder e prestígio, posta entre pessoas "normais" e, no outro prisma, as estigmatizadas, traduzindo-se em uma lógica de discriminação na estruturação social. Ademais, há de se salientar que, na espécie humana, existe um critério de comportamento sexual culturalmente variável, revestido pelo mito do silêncio, associado ao mito da anormalidade (GUIMARÃES, 2004).

Antes disto, porém, o Relatório Kinsey já havia produzido largo estudo em 1948, defendendo que o sexo era próprio do "animal humano" e além da influência da moral, tratando da sexualidade como campo da ciência. Após entrevistar 12.214 homens brancos americanos e ingleses, obteve as seguintes conclusões: 50% tiveram comportamentos sexuais alternativos antes da puberdade; 33%, após a puberdade, com a maior ocorrência entre 16 e 55 anos; 37% revelaram ter relações homossexuais com orgasmo após a adolescência; 18% tiveram tantas experiências heterossexuais como homossexuais; 4% eram exclusivamente homossexuais; 10% dos homens casados relataram práticas homoeróticas simultâneas ao relacionamento com suas mulheres (BOSANQUET, 1954).

Não há uma resposta simples para a indagação quanto à repressão ocidental à homossexualidade a partir do século XIX. Porém, Foucault propõe uma tese que perpassaria pelos lucros econômicos da medicina e dos resultados financeiros decorrentes da proibição comportamental. Em suas palavras:

[...] A implantação das perversões é um efeito-instrumento: é através do isolamento, da intensificação e da consolidação das sexualidades periféricas que as relações do poder com o sexo e o prazer se ramificam e multiplicam, medem o corpo e penetram nas condutas. E, nesse avanço dos poderes, fixam-se sexualidades disseminadas, rotuladas segundo uma idade, um lugar, um gosto, um tipo de prática. Proliferação das sexualidades por extensão do poder, majoração do poder ao qual cada uma dessas sexualidades regionais dá um campo de intervenção; essa conexão, sobretudo a partir do século XIX, é garantida e relançada pelos inumeráveis lucros econômicos que, por intermédio da medicina, da psiquiatria, da prostituição e da pornografia, vincularam-se ao mesmo tempo a essa concentração analítica do prazer e a essa majoração do poder que o controla. Prazer e poder não se anulam, não se voltam um contra o outro; seguem-se, entrelaçam-e e se relançam. Encandeiam-se através de mecanismos complexos e positivos, de excitação e de incitação (FOUCAULT, 2015).

Como problema clínico, a homossexualidade passou a ser considerada como tal a partir do século XIX, quando precisamente no ano de 1869 o termo "homossexual", que era até então inexistente, foi desenvolvido por Benkert, um médico vienense radicado na Hungria em 1869 (GRAÑA, 2001. Uma das consequências foi a publicação da obra *Psychopatia* Sexualis, de Kraft-Ebing, em 1886, que afirmava que o travestismo e a homossexualidade eram decorrentes da degeneração do sistema nervoso central ou indicadores de doença cerebral hereditária (PEREIRA, 2009).

Dentre as práticas mais comuns adotadas a partir das idéias de Kraft-Ebing foi a castração eugênica, que deveriam ser impedidos de procriar. Entendiam os precursores dessa tese de que não haveria cura para tais anomalias, e que as leis que procuravam proibi-las (as práticas homossexuais) eram falhas. Graña conta que não apenas a castração estava incluída entre as diversas formas de tratamento, merecendo a citação de seu relato:

Na primeira metade deste século, novas "terapêuticas" foram em rápida sucessão experimentadas. Em 1937 um médico de Atlanta, o Dr. D. Owensby, noticiou acerca de seis casos tratados "exitosamente" com choques convulsivos induzidos com Metrazol. Segundo dizia, todos os pacientes haviam abandonado o vício depois do décimo choque; muitos haviam se casado e passado a ter uma vida sexual que Owensby considerou normal. Nenhum dos seus colegas, porém, obteve sucesso algum com o emprego desta técnica posteriormente. Na sequência, foram experimentados, na década de quarenta, os tratamentos hormonais e as lobotomias pré-frontais. Além de não proporcionarem os resultados clínicos esperados, estas tentativas terapêuticas fizeram muitas vítimas fatais. Ainda em 1959, publicou-se um relatório no qual foram apresentados os casos de cem pacientes homossexuais masculinos, lobotomizados, que haviam estado ou estavam internados no Pilgrim Hospital de Nova Iorque. Na sua conclusão, o relatório informa que o desejo homossexual comumente aumentava depois da cirurgia, que os pacientes se tornavam mais agressivos e que, na quase totalidade dos casos, o padrão de conduta homossexual anterior não se modificou.

Apesar disto, continuando com Graña (2001), nenhum tratamento demonstrou ser mais cruel do que a denominada "terapia de aversão", em que, nas suas palavras:

Primeiro, administravam ao paciente café ou chá com emético; 10 minutos mais tarde, uma injeção subcutânea com uma mistura de emetiza, apomorfina, pilocarpina e efedrina. Em seguida, mostravamlhe slides e filmes com homens nus e pediam que visualizassem esses homens como parceiros sexuais. Uns cinco minutos depois, o paciente começava a se sentir mal e a vomitar. A sessão se repetia mais ou menos umas seis vezes. Depois disso,o paciente assistia a filmes com mulheres que despertariam o apetite sexual de homens "normais". Os filmes eram mostrados estrategicamente à noite, antes de ir dormir, quando o paciente recebia uma injeção de testosterona. Dos dez "curados", vários reincidiram em poucos meses. Ainda assim, os médicos esperavam prosseguir com esse tipo de tratamento, aplicando métodos mais efetivos que os descritos.

A biopolítica quanto ao comportamento adverso à heteronormatividade não perpassa apenas pelo abandono à sua patologização, mas também à longa, demorada, problematizada e ainda inacabada equivalência de direitos das pessoas componentes da população LGBTQ à população heterossexual.

Vale ressaltar que até o ano de 2011 as uniões de casais homoafetivos não possuía qualquer respaldo jurídico, quando então o Supremo Tribunal Federal, no mês de maio daquele, julgou ação direta de inconstitucionalidade n. 4277 e a arguição por descumprimento de preceito fundamental n. 132, que versavam sobre o mesmo tema (STRECK, 2011). Apesar da nota histórica e da conquista jurídica, o casamento homoafetivo ainda não era uma realidade concreta, necessitando da desnecessária burocracia de ser reconhecido a partir da conversão de uniões estáveis.

Logo, foi necessário que o Conselho Nacional de Justiça em 14 de maio de 2013 aprovasse, via Resolução n. 175, a realização de casamentos homoafetivos de forma direta, independentemente de procedimentos de conversão de união estável (NARDI, 2015). Saliente-se que até a presente data, não houve atualização legislativa quanto à questão, mantendo-se ainda em vigor na lei a única união conjugal possível como sendo entre casais de sexo oposto, o que demonstra a fragilidade da conquista jurídica e o temor pelo seu retrocesso.

Outras conquistas jurídicas também têm apresentado semelhante e desafiadora batalha, como o direito ao nome das pessoas transgênero (TEIXEIRA, 2015), que apenas em 2018 passaram a poder alterar seu registro civil sem a necessidade de realização de cirurgia, por meio do julgamento da ADIN n. 4.275 (Migalhas (2018)). Merece destaque também a desconsideração da transexualidade como transtorno sexual (Folha de São Paulo (2018). E, finalmente, há questões de enfrentamento quanto à adoção de crianças por casais homoafetivos, relativamente aceita até mesmo antes do reconhecimento da própria união homoafetiva (PEREIRA *et al* (2013), mas com aspectos ainda não enfrentados, como a possibilidade de uniões poliafetivas, até o presente momento proibidas por decisão do próprio Conselho Nacional de Justiça, ocorrida em sua 272ª sessão ordinária, datada de 26 de junho de 2018 (CNJ - Conselho Nacional de Justiça, 2018). Outra questão polêmica foi a criminalização da homotransfobia por meio de decisão do Supremo Tribunal Federal, sendo mais outra questão disciplina apenas pela via judicial, e não legislativa (DIAS, 2017).

Logo, verifica-se um forte controle biopolítico sobre a autonomia das pessoas no exercício de seu afeto, patrimônio e sexualidade, embora a formação de uniões poliafetivas seja uma realidade conhecida e bastante difundida (FREIRE, *et* al, 2013). Entretanto, antes de se passar para o próximo tópico, há de se tecer algumas considerações sobre a denominada "economia gay", também popularmente chamada de "pink money" (GUINOSA, 2012).

Retomando-se a ideia de Foucault de que as raízes de biopolítica têm relação com o capitalismo, tem sido percebido um movimento de geração de riquezas, denominado pelos empresários, políticos e economistas como "pink money". Apesar de sua conotação pejorativa, tem encontrado muita repercussão no planejamento de diversas modalidades de negócios, como lojas de roupas, eletroeletrônicos, marcas, restaurantes supermercados, festas, hotéis e clubes noturnos.

Em termos de faturamento e tomando-se como parâmetro a cidade com maior economia do Brasil, que é São Paulo – Capital, no ano de 2018 a Parada do Orgulho Gay movimentou nada menos que R$ 2.400.000,00 (dois milhões e quatrocentos mil reais), consagrando-se como o maior evento local, dentre relacionados ou não ao público LGBTQ. Analistas enxergam um crescimento exponencial na área, que representa 40% do mercado de consumo de São Paulo, 14% do Rio de Janeiro e 8% de Minas Gerais, sendo que 36% pertenceriam à denominada classe "A" e 47% da classe B, com poder aquisitivo considerável para movimentação da economia (RAMOS, 2009).

A economia do "pink money" acaba aquecendo setores que não encontrariam uma demanda tão forte, como o relacionado a festas, saunas, clubes, aplicativos de encontros, especialmente quando incentivados por produções culturais de grande proporção, como é o caso da Parada do Orgulho LGBTQ. Tais oportunidades representam raras chances em que uma pessoa LGBTQ tem a chance de ser aquilo que deseja ser com menor probabilidade de reprovação de seu comportamento.

Entretanto, os riscos relacionados a períodos e circunstâncias de repressão muito superiores a pequenos alívios libertários acabam por funcionar como gatilhos para prolongamento ou intensificação das raras experiências de felicidade. Ao passo que tudo isto ocorre, continua a biopolítica se comportando da mesma forma que em outras situações: segregatória, discriminatória, seletiva e sem prestar o devido acolhimento àqueles que dela necessitam em situações de especial vulnerabilidade, como já visto em seções anteriores desta pesquisa.

Por fim, no último dia 07 de maio de 2020, o Supremo Tribunal Federal, por meio da ADI n. 5543, declarou inconstitucionais a Resolução RDC n. 34/14 da Agência de Vigilância Sanitária e a Portaria n. 158/2016, que trazia restrições à possibilidade de doação de sangue por HSH, que lhes impunha uma quarentena de doze meses de não se praticar sexo com outros homens para que fossem descartados na entrevista seletiva (OLIVEIRA, 2020). A evidente discriminação normativa se baseava em estudos que ainda remontavam o descontrole da epidemia do HIV e não era compatível com o estado atual de políticas de prevenção e tratamento em terapias antirretrovirais, além de repetir o equívoco de que pessoas com outras orientações sexuais não seriam um "grupo de risco".

Saliente-se que Foucault não enxerga como absolutamente negativo o biopoder, pois pode apresentar o condão de formar individualidades e rituais de verdade, o que será útil para a contextualização da bioética e o enfrentamento de questões de saúde novas e complexas, como é o caso do *chemsex* (KOTTOW, 2005).

O CHEMSEX SOB A PRINCIPIOLOGIA BIOÉTICA

Conforme assevera Naves (2007)), a preocupação da ética com as práticas biológicas é antiga. Hipócrates (460-377 a.C.) preocupou com tais questões, elaborando o seu famoso juramento, hoje muito utilizado nas escolas de medicina. Ao longo do século XX, muitas situações exigiram avaliações da ética para tratamentos médicos.

Assim, a bioética teria começado a ser discutida, com seus matizes distintos, a partir dos anos de 1970. Provavelmente o primeiro a utilizar seu termo foi Van Rensselaer Potter, em um artigo publicado no próprio ano de 1970. Um ano depois, publicou sua mais célebre obra, "Bioética, Ponte para o Futuro", onde aclarava sua proposta bioética peculiar, a de uma ciência capaz de unir os saberes biológicos e éticos para garantir tanto o desenvolvimento como a sobrevivência dos seres humanos no futuro (JONSEN, 1998).

Com isso, a partir da publicação do livro "Bioética: Ponte para o Futuro", do estadunidense Van Rensselaer Potter (2016), em 1971, o termo foi consagrado iniciando a disciplina que estuda os aspectos éticos das práticas médicas e biológicas, avaliando suas implicações na sociedade e as relações entre os homens e entre estes e outros seres vivos.

Quanto ao seu objeto, salienta Rothmann (1991) que a dimensão essencial da bioética: a ruptura da confiança entre os pacientes e os profissionais da saúde, especialmente quanto às razões pelas quais esta ruptura ocorreu.

Sem desprezar os demais princípios bioéticos, corte epistemológico desta investigação foi direcionada para a análise dos quatro considerados mais importantes para compreensão do *chemsex*. Assim, por razões de anterioridade cronológica e científica, imprescindível é a análise da autonomia. Entretanto, como a pesquisa elegeu como marco teórico a bioética de intervenção, a vulnerabilidade é analisada logo em sequência, em sopesamento à autonomia. Em seguida, adentrou-se na análise da alteridade, especialmente de acordo com a construção levinasiana, cujo balanceamento foi eleito à luz do princípio da responsabilidade, cunhado por Hans Jonas.

Optou-se pela análise de todos os princípios destacados nesta mesma seção, para que seus pontos confrontantes e complementares sejam expostos de forma mais dinâmica, tendo como balizamentos, como questão de fundo, os participantes do *chemsex* dentro de uma biopolítica reguladora de seus corpos e comportamentos e, como consequência, na colaboração que a bioética de intervenção trará para enfrentamento da questão.

Comecemos, portanto, pela autonomia. Explica Maria Auxiliadora Minahim que a noção de autonomia foi introduzida com vigor nas discussões bioéticas as decisões quanto ao prolongamento da vida do paciente e a realização de intervenções médicas, reconhecidas a partir do Relatório Belmont (Minahim, 2005). Neste documento, a autonomia se encontra inserida no denominado "princípio do respeito às pessoas", que incorporaria, pelo menos, duas convicções éticas: a primeira, na qual os indivíduos devem ser tratados como agentes autônomos e que as pessoas com autonomia diminuída devem ser protegidas (BIRD, 2010).

O Relatório Belmont foi estudado e difundido pela obra clássica "Princípios de Ética Biomédica", da autoria de Tom Beauchamp e James Childress (2002), editada primeiramente em 1979, inaugurando o período de fundamentação da bioética denominado por "principialismo". Desta forma, as decisões em matéria bioética poderiam encontrar lastro nos princípios decorrentes da intepretação do documento, que, na visão de Beauchamp e Childress, seriam quatro: a autonomia, privilegiando a decisão do paciente; a beneficência e a não maleficência, imputada aos profissionais de saúde; a justiça, especificamente distributiva, voltada para as instituições de saúde e sociedade e, em momento posterior.

Isabel Otília (2013) observa que no principialismo existem influências de duas perspectivas éticas aparentemente contraditórias: o utilitarismo e a deontologia sob o prisma kantiano, pelo que poderia ser denominada como "utilitarista mitigada" ou "deontológica moderada". Em ou outro sentido, o princípio da justiça estaria mais próximo do pensamento de John Rawls, que a vê como equidade e a autonomia estaria mais próxima da construção kantiana (CLOUSER *et al*, 2012).

Considerando a autonomia na bioética principialista como de base kantiana, e sabendo-se que o pensamento de Immanuel Kant é considerado universalista (FELDMAN, 2012), sua análise servirá como ponto de partida para a apresentação de outras propostas mais adequadas ao tratamento do *chemsex* e à aplicação da bioética de intervenção.

Sendo assim, Kant inicialmente analisa a possibilidade do exercício da liberdade ocorrer independente de leis naturais (BOTTON, 2005), advindo de um conceito puro de razão (KANT, 1996). A liberdade encontrará duas concepções diversas, sendo a prática e a transcendental. A liberdade transcendental decorre da conscientização diante dos fenômenos da natureza, enquanto a liberdade prática é a independência do arbítrio da coerção que é exercida sobre alguém por seus impulsos decorrentes da sensibilidade.

A autonomia para Kant surgirá da faculdade que tem a pessoa de se determinar a si mesma, edificando suas ações com base em regras e princípios. Desta forma, nesta construção de regras e princípios morais, o indivíduo também leva em consideração a prudência, avaliando o que é bom e o que é ruim diante da razão, que não pode ser fundamentada em nenhum sentimento (KANT, 2002).

Explica ainda Botton que o imperativo categórico de Kant é derivado do arbítrio, também significando uma "ação formal do querer", em que o ser humano não se deixaria determinar imediatamente pelas afecções sensíveis, mas através da razão, que julga, representa e age segundo tal imperativo. Ainda esclarece que o interesse não pode ser o fundamento da vontade autônoma, pois se exige tanto para o imperativo categórico quanto para a autonomia da vontade que todo elemento sensível e, assim, contingente, deva ser recusado.

Como se expôs acima, a deontologia kantiana adota como postulados o universalismo e um certo desprezo das influências do meio social sobre a formação da vontade. Seja por este motivo, seja porque fundamenta parcialmente a bioética principialista, insuficiente para a compreensão multifatorial que perpassa o *chemsex*, que se faz necessário recorrer a outras correntes deontológicas. Assim, visto porque acaba encontrando diálogo com a bioética de intervenção, o pensamento Tristam Engelhardt Júnior merece ser analisado, pela percepção da diversidade moral e dos acordos que devem existir entre os mais diversificados grupos.

O ponto de partida do pensamento de Tristam Engelhardt para a questão bioética é empírico, pois entende que não existe uma moral com conteúdo puramente universal. Assim, uma "moral de conteúdo" ou "material" é aquela que entrega orientação sobre o que é bom ou mau e propõe condutas corretas ao indivíduo, especialmente em seu dever de não causar danos a terceiros. Por outro lado, a moral procedimental, pelo contrário, refere-se somente à viabilidade formal ou empírica da norma, que visa fundamentar-se através do estabelecimento de instâncias processuais. Logo, uma ética que serve de paradigma para outros casos concretos será uma ética de caráter material (MADRID, 2012).

A moral universal, por sua vez, é aquela que se aplica a todas as pessoas, em todos os lugares. A ideia de universalidade de Engelhardt é contratualista, pois pressupõe que os grupos humanos aceitem determinado conteúdo. Entretanto, reconhece que há um fracasso moderno em que sejam reconhecidos por todos os bens em caráter universal. Assim, a universalidade não tem, em verdade, um conteúdo substantivo, consistindo, simplesmente, no alcance de um acordo, consistindo tão-somente em uma ética e uma bioética puramente formais. Engelhardt não busca uma compreensão tão ampla como no pós-estruturalismo, mas compartilha da ideia de haver um caráter fragmentário das regras, assim como a própria impossibilidade de se retroceder a uma situação como a qual, que denomina o "tempo das grandes narrações".

Enquanto a modernidade buscava um tipo de moral material – ou dotada de conteúdo – a pós-modernidade se satisfaz com o paradigma da mera diferença. Engelhardt (2013), assim, aponta que nos últimos anos tem havido uma maior aceitação de tais diferenças do que se imaginou em todo um passado. Assim, desenvolveu-se uma ampla e bem articulada coalizão de diferentes tendências permissivas, sem desconsiderar a evidência de profundos desacordos, muitas vezes entrelaçados com outros desacordos. O dito projeto moderno abarca, portanto, diversas comunidades religiosas ou ideológicas, na medida em que existia a esperança de se encontrar uma concepção concreta da justiça e da ação moralmente correta que expressariam e traduziriam as exigências da racionalidade e da humanidade.

No modelo proposto por Engelhardt, o diálogo entre os estranhos morais ocorre através de pactos, acordos ou contratos. O fim do acordo é obter o máximo possível do que seria eticamente aceitável. Não sendo possível alcançar seus objetivos e sendo a sociedade pluralista, restaria ao sujeito atuar de forma defensiva, que é proteger os seus interesses e defender suas posições isolando-se em uma comunidade peculiar. Engelhardt exclui, como ponto de partida, tanto a possibilidade de convencer racionalmente os demais como impor, com a autoridade, seja através da força, seja através da fé, uma determinada posição. Restaria, portanto, aceitar a diferença (DORDONI, 2007).

Analisadas as perspectivas da autonomia no principialismo e adentrando-se no pensamento kantiano e na proposta de Engelhardt Jr., faz-se necessário avançar quanto ao exame da principiologia e, nesta ordem, deve-se discutir os diversos sentidos da vulnerabilidade para a bioética.

Maria do Céu Patrão Neves (2005) explica que a palavra "vulnerabilidade" advém de "vulnus", que significa "ferida, significando a susceptibilidade de ser ferido. Sendo característica da própria condição humana, é comum a todas as pessoas, sendo verdadeira qualidade de ser ou estar vulnerável. Assim, a possibilidade de vulneração de um ser humano diante do outro conduz a necessidade do estabelecimento de balizamentos éticos, porque o ser humano é vulnerável, também recebendo atenção no campo da bioética, tanto em sua vertente clínica como de pesquisa em seres humanos.(HOSSNE e PESSINI, 2014).

Maria do Céu Patrão Neves Neves (2005) explica que o primeiro texto no âmbito da bioética a trazer a noção de vulnerabilidade foi o Relatório Belmont, de 1978, tanto para classificar certas pessoas como vulneráveis, como para comparar com as não vulneráveis, no contexto da avaliação sistemática de riscos e benefícios, especialmente para aquelas que se encontrem em situação mais agravada e que possam vir a ser "feridas"(. Acrescenta Mônica Neves Aguiar da Silva (2016) que a vulnerabilidade foi reconhecida, oficialmente, como princípio, em 1998, na Declaração de Barcelona.

Assim, como analisa Hossne e considerando a Declaração de Manila de 1981 a ideia de vulnerabilidade ainda está relacionada a países subdesenvolvidos e não diretamente a todo e qualquer sujeito de pesquisa e que tal documento também se destina especificamente a países em desenvolvimento. Acrescenta que o termo vulnerabilidade apenas vai aparecer quando o documento aponta diretrizes de pesquisa em crianças, gestantes ou lactantes, bem como a "outros grupos vulneráveis".

Na versão de 2002 das Diretrizes Internacionais para a Pesquisa envolvendo Seres Humanos(CONSELHO NACIONAL DE SAÚDE, 2003), no capítulo que trata sobre os princípios éticos gerais, consta a menção a respeito a pessoas com autonomia diminuída ou deteriorada, contra prejuízos ou abusos a todas as pessoas dependentes ou vulneráveis, estabelecendo, portanto, relação com o princípio da autonomia.

Em 2003, na 32ª sessão Conferência Geral da considerava oportuno e desejável fixar padrões universais no campo da bioética, especialmente no que diz respeito à dignidade, aos direitos e às liberdades humanas, no espírito do pluralismo cultural inerente à bioética. Assim, convidou o diretor-geral da UNESCO para elaboração de uma declaração universal, que seria submetida à apreciação na 33ª sessão. Assim, a elaboração da declaração universal apresentou três fases principais. Em janeiro a abril de 2004 houve uma consulta escrita aos estados-membros, por meio de um questionário e também a realização de debates entre organizações intergovernamentais, não governamentais e comitês nacionais de bioética para estabelecimento da estrutura e abrangência da declaração(CRUZ *et al* 2010).

Depois, em uma segunda fase, que durou de abril de 2004 a janeiro de 2005, passou-se a redigir o projeto, que envolveu seis reuniões do grupo de redação, composto por integrantes selecionados do *Intergovernamental Bioethics Committee* (IGC), duas reuniões com o Comitê Interagência da ONU / UNESCO, envolvendo consultas nacionais e regionais, mais uma reunião do IBC e uma consulta escrita aos estados-membros. Por fim, em janeiro a setembro de 2005, houve uma fase de finalização do projeto, quando a minuta da declaração foi oficialmente apresentada, apreciada duas vezes intercaladas por um comitê de peritos intergovernamentais, bem como pelo Conselho Executivo. Finalmente, foi apreciada e aprovada por unanimidade na 33ª sessão da Conferência Geral.

A Declaração Universal sobre Bioética e Direitos Humanos, em sua versão final, define já em seu título a vocação orientadora que tomou por base as legislações em direitos humanos, bem como o respeito à dignidade humana e às liberdades fundamentais como essencial para o desenvolvimento dos princípios bioéticos nela apresentados. Já no preâmbulo reconhece a liberdade da ciência e da pesquisa e enfatiza que os desenvolvimentos científicos e que todos os seres humanos devem se beneficiar dos elevados padrões éticos na medicina e nas ciências da vida.

Comparando-se com os textos da Declaração Universal do Genoma Humano e Direitos Humanos, bem como com o da Declaração Internacional de Dados Genéticos Humanos, nota-se um avanço obtido pela migração da vulnerabilidade, que foi deslocada para um artigo específico na seção de princípios, intitulada "Artigo 8 – Respeito pela Vulnerabilidade Humana e pela Integridade Individual". Assim, restou destacada a necessidade de proteção de indivíduos e grupos de vulnerabilidade específica, bem como o respeito à integridade individual.

A vulnerabilidade ainda pode ser encontrada no pensamento de Emmanuel Lévinas. Seu primeiro desenvolvimento se deu em "Humanismo do outro homem" (1972), para um aprofundamento mais exaustivo em "De outro modo que o ser além de sua essência" (PALACIO, 2015).

Para Lévinas (1978), a vulnerabilidade é a fissão da identidade do eu, por uma demanda e responsabilidade, anterior à consciência reflexiva. O clamor do outro é um rosto nu. A vulnerabilidade do sujeito é dada por sua sensibilidade, ou exposição ao ultraje e à ferida, uma passividade mais passiva que qualquer paciência. Ao mesmo tempo, a subjetividade deve ser entendida como uma substituição do outro, uma expiação.

A subjetividade é a vulnerabilidade que responde, sendo responsável pelo outro. O próprio Lévinas indica que a condição de toda a solidariedade possível é dada porque o sujeito é refém, é quem suporta passivamente a chamada do outro, que não tem alternativa entre a atividade ou a passividade. Diz, portanto, que o "eu" é solidário com o outro antes mesmo ter de assim decidido, pois o próximo interessa antes de qualquer compromisso consentido ou rechaçado, sem qualquer relação contratada. Da vulnerabilidade levinasiana também se pode extrair os conceitos de alteridade, passando a ser este, portanto, o terceiro princípio bioético a ser analisado.

A característica marcante de Lévinas é a da produção de uma moral não intelectualista, cuja origem e embasamento é a sensibilidade corporal, e não a consciência da razão ou deliberação racional da liberdade (CHALIER, 2002).

Para Lévinas (1978), o sujeito não se descreve a partir da intencionalidade própria da atividade representativa, da objetivação, da liberdade e da vontade, mas sim a partir da passividade do tempo.

A relação ética de Lévinas é originada por uma afetação de sensibilidade, a partir da proximidade e do contato sensível e carnal frente à demanda do outro. A revelação do outro provoca uma radical inversão da intencionalidade do conhecimento objetivo, pois ocorre em uma não consciência intencional, com o contato da sensibilidade afetada pelo rosto do outro (DAVIS, 1996).

Desta sensibilidade afetada pelo rosto do outro, surge a responsabilidade como decorrência do "outro-em-si-mesmo". A relação com o outro, com o próximo, cumpre-se com o dizer, que significa "responder ao outro".

Na ética levinasiana, há a afetação corporal com a carne, provocada com a proximidade e contato com a alteridade, do estranho ou exterior a si mesmo, que adentra desde fora, e, consequentemente, constitui passivamente um sujeito ético que deve responder o outro antes que tenha uma consciência reflexiva de sê-lo (CARDO, 2015).

O sujeito é, para Lévinas, sensibilidade, porque está aberto ao outro, anteriormente a um ato de consciência ou representação. E, assim, Lévinas já define esta relação através de três termos: subjetividade, sensibilidade e vulnerabilidade.

Com esta passividade radical, o sujeito é responsável em anterioridade à eleição de sua liberdade. Trata-se de uma doação, sacrifício sem reservas, elegendo o bem de forma involuntária. Ser vulnerável, portanto, é estar exposto e haver-sido-oferecido, que é uma experiência sensível e encarnada do corpo onde se tem a relação ética, com ligação de responsabilidade irrecusável com o outro. Logo, a subjetividade é constituída pelo outro com um fundo de substituição ética.

Apesar das instituições da justiça serem necessárias, mostram-se secundárias diante do mandato original relativo à sensibilidade do sujeito. Respondem à necessidade de compreender e dar intelegibilidade às ações entre os homens e a normatizar a reciprocidade. Far-se-ia necessária uma copresença, em pé de igualdade, como diante de uma corte de justiça.

Se na relação ética da solidariedade com o outro há diacronia e assimetria, na esfera normativa da justiça positiva deve haver, ao contrário, sincronia e reciprocidade. Em última instância, o fundamento da responsabilidade irrecusável diante do outro é a bondade. A obsessão clama pela justiça, reclama medida e tem consciência.

Neste sentido, a solidariedade seria anterior e superior à justiça, porque ocorre no tempo imemorial da sensibilidade, do corpo exposto, da significação pré-originária da linguagem e do dizer. É o fundamento ético original e a responsabilidade que se produz na subjetividade antes da consciência reflexiva e que, na liberdade, se realizem os atos (LÉVINAS, 1978).

De certo modo, o que Lévinas ensina é que antes de se agir pela razão e estratégia, deve-se deixar levar pelo impulso ético da emoção e da afeição da própria vulnerabilidade, que provoca o rosto nu do outro, sendo um acontecimento pré-originário à consciência reflexiva. Com a emoção sensível da vulnerabilidade, se produz o fundamento ético, que verterá na possibilidade de liberdade, onde se dá o início da justiça para remediar o processo de exclusão e de vulnerabilidade progressiva do outro, diante da lógica do egoísmo.

A partir daqui é possível refletir em uma lógica da justiça, em que sejam instituídas leis que possam garantir a proteção dos mais vulneráveis da sociedade, mas cuja qualidade de justiça não advenha meramente de sua legalidade, mas porque se apoia em um fundamento ético anterior e pré-originário da subjetividade, semelhante ao próprio psiquismo do corpo maternal.

A justiça é um momento posterior e necessário para equilibrar os conflitos de interesses entre os sujeitos egoístas que delegam racionalmente ao Estado a preservação da paz, a fim de regular e limintar a arbitrariedade da liberdade, que é sedutora por se tratar de um poder, de essência, assassino do outro, represententado uma força centrípeta e egológica de si mesmo (LÉVINAS, 2008).

Com o sistema levinasiano, é possível construir processos de inclusão baseados na lógica da solidariedade e da justiça, legitimando ações solidárias (ajudas, colaboração, subsídios, doação), bem como ações de justiça (como ações positivas em face de grupos desfavorecidos social e historicamente), cujas sendas de justificação e fundamentação residem na vulnerabilidade da própria subjetividade, e de onde a responsabilidade é irrecusável para cada um.

Isto implica uma inversão de precedência de conceitos clássicos de justiça e solidariedade, pois a justiça passa a ser a ação primária ética diante dos outros, e a solidariedade se concebe originando as ações não obrigatórias, além da norma. Pelo contrário, com Lévinas, primeiro se fala na solidariedade como obrigação ética da responsabilidade pelo outro porque a "minha subjetividade vulnerável é constituída do desmembramento do outro, já que eu sou "o outro em mim mesmo".

É possível perceber, portanto, que a construção de vulnerabilidade e alteridade levinasiana põe-se ao conceito de autonomia kantiana, que seria independente dominante frente os estímulos decorrentes da sensibilidade cuja alteridade que permite um maior reconhecimento.

A GARANTIA DA SAÚDE DOS PARTICIPANTES DO CHEMSEX PELAS VIAS DA BIOÉTICA DE INTERVENÇÃO

Como explica Volnei Garrafa, a bioética de intervenção foi desenvolvida diante do incômodo de seus criadores com a sobrevalorização do princípio da autonomia (HOLM, 1995), com desenhado na bioética principialista (MARTORELL, 2015). Para esta, todos as pessoas eram tratadas como autônomas, independentemente de seu nível socioeconômico ou escolaridade (GARRAFA, 2005), resultando no desenvolvimento de uma "indústria do consentimento informado", horizontalizada e acrítica, para realização de pesquisas em seres humanos e autorização de tratamento médico-hospitalar(AZAMBUJA et al, 2015).

A sobrevalorização da autonomia também resultou em notórios abusos históricos, como o verificado no caso Tuskegee, que cuja população não possuiria condições plenas de conhecer o teor dos procedimentos científicos aos quais foram submetidos para então, em sua autonomia(WANAMAKER, 2018)), decidir por aceita-los, em razão da sua maior vulnerabilidade quando comparados com o paradigma principialista cunhado nos Estados Unidos(REVERBY, 2005). Assim, a bioética de intervenção visando defender os indivíduos mais vulneráveis e frágeis na relação entre profissionais de saúde e seus pacientes, bem como entre empresas científicas e cidadãos (ROTHMANN, 1991).

Surgida a partir de 1995, a bioética de intervenção defende que é moralmente justificável a tomada de decisões dentro de um contexto de pluralismo e diversidade cultural, privilegiando o maior número possível de pessoas, em maior espaço e tempo, com soluções viáveis dentro dos contextos em que as questões de saúde aparecem (GARRAFA, 2005). De logo, a bioética de intervenção afasta-se da concepção universalista de autonomia e prefere adotar o relativismo e particularismo morais, aproximando-se do pensamento de Engelhardt Jr., especialmente quanto à necessidade de formação de acordos entre os denominados "estranhos morais", dada a assimetria entre os envolvidos, que pode resultar em um pretenso diálogo em que a aceitação "autônoma" em verdade ocorre por meio da voz da subserviência.

A assimetria destacada na bioética de intervenção decorre da constatação de que nos países centrais as questões básicas de saúde, como alimentação, moradia, educação e transporte, dentre outras, já se encontram ou sanadas ou em avanço considerável para sua resolução. Em contrapartida, nos países considerados periféricos (ditos "em desenvolvimento") a maioria da população permanece lutando por sua sobrevivência (PORTO e GARRAFA, 2011). Logo, questões persistentes demonstram ser mais agudas nos países periféricos, como o racismo, a misoginia, a discriminação contra a população LGBTQ e a própria alocação de recursos de saúde. Por outro lado, nos países periféricos há a presença de questões ditas emergentes, como o projeto genoma humano, os avanços da engenharia genética, o transplante de órgãos, dentre outros (PORTO e GARRAFA, 2003).

Visto que nos países periféricos a injustiça e as disparidades de condições de vida da população não podem apresentar pretensões universais e baseadas apenas nas liberdades individuais sem considerar as consequências coletivas e sociais. Associados aos princípios da filosofia de Georgetown, deverão ser acrescentados e/ou destacados o uso da responsabilidade, do cuidado, da alteridade, da prevenção, da precaução e da prudência, centrando-se na proteção dos mais vulneráveis (SANT'ANNA, 2011).

A vulnerabilidade, dentro da bioética de intervenção, encontra-se associada ao conceito de corporeidade, porque todas as pessoas precisam de um corpo físico para existirem e agirem em sociedade. Afasta-se a distinção entre mente e corpo, muito frequente no paradigma ocidental dos países centrais e abraça a diversidade em suas mais variadas moralidades no nível da corporeidade. Logo, ao se reconhecer a corporeidade, é possível levantar as vozes em prol da pluralidade (GARRAFA, 2005).

A partir deste momento, em que a corporeidade é reconhecida, aproxima-se a bioética de intervenção da biopolítica. Como explicam Furtado e Camilo, a problemática do biopoder difundida nos trabalhos de Foucault, com destaque às conferências realizadas na atual Universidade do Estado do Rio de Janeiro, em 1974, demonstrou que no capitalismo assiste-se à crescente presença da medicina nos espaços públicos. Logo, o corpo tora-se público e o público "somatocrático", pois uma das finalidades da intervenção estatal acaba sendo o cuidado do corpo, da saúde corporal, bem como da relação entre doenças e a saúde (FURTADO e CAMILO, 2017).

Kottow (2005), que é considerado um dos defensores da bioética de proteção, com a qual a bioética de intervenção compartilha alguns posicionamentos, a exemplo da proteção dos vulneráveis, critica veementemente as práticas biopolíticas, entendendo que a bioética deveria ser resgatada como uma disciplina neutra ou que se debruçasse sobre temas próprios, a exemplo de biomédicos, ecológicos ou de investigação de seres vivos. Sua maior preocupação é com a aceitação universal de argumentos biopolíticos em desconsideração aos múltiplos contextos de aplicação, o que redundaria em um retorno ao paradigma principialista.

Discordamos da posição de Kottow e nos filiamos ao que fora defendido por Sotolongo. Assim, este afirma que as práticas bioéticas não constituem exceção sobre os jogos de poder, sendo um tanto quanto ingênuo concluir que na prática cotidiana decisões bioéticas não perpassassem pela política (SOTOLONGO, 1967). Neste sentido, nós nos aproximamos do que fora defendido pelo próprio Foucault, em que o biopoder e a própria biopolítica não podem ser inferidas como aspectos puramente negativos, podendo até mesmo servir para o empoderamento dos grupos vulneráveis.

E é no conceito de empoderamento (SEN, 2010) que a bioética de intervenção se afasta da bioética de proteção e encontra nosso apoio para a criação de uma política adequada ao enfrentamento da questão do *chemsex*. Antes, é preciso consignar a autocrítica da bioeticista de intervenção Dora Porto, que concorda que o uso da palavra "intervenção" poderia denotar intromissão, o que seria um grave problema quando se considera uma política de saúde de uma sociedade democrática. Acrescenta que os direitos humanos não podem ser analisados sob uma perspectiva romantizada, supostamente universalizante, pois através de tal equívoco acabar-se-ia na adoção de decisões bioéticas – e, porque não dizer, biopolíticas – de desconsideração das minorias e suas relevantes diferenças (PORTO, 2012).

Neste sentido, Rivas-Muñoz et al (2015), ainda enfrentando a problemática denominação "de intervenção" desta corrente bioética, esclarecem que significaria uma ação política dentro de um processo construído conjuntamente com as pessoas diretamente envolvidas, sendo as destinatárias da ação, podendo ser praticada tanto por um indivíduo como por instituições públicas ou privadas, seja através de uma política de assistência ou de uma legislação protetiva.

Por outro lado, Dora Porto (2005) entende reconhece que o empoderamento possibilitado pela bioética de intervenção, ainda que reconhecendo grupos específicos ou minorias, deve levar em consideração uma espécie de utilitarismo consequencialista, com a avaliação de qualquer seria a melhor ação para o maior número possível de pessoas envolvidas e no maior espaço de tampo, com as melhores consequências coletivas promovidas por tal ação. Augustín Banderas e Francisco Correa (2011) salientam que tal ação não pode se afastar dos princípios enunciados na Declaração Universal da Bioética e Direitos Humanos, a exemplo da privacidade, confidencialidade, não discriminação e não estigmatização.

Ainda quanto à proposta utilitarista da bioética de intervenção, o seu cálculo deve ser pautado no aumento da felicidade coletiva, manifestado pela efetividade dos direitos humanos. Assim, tem de haver uma identificação, dentre os mais diversos grupos destinatários das políticas, no que diz respeito ao prazer e à proteção contra o sofrimento, de modo a maximizar os prazeres e diminuir as dores.

O Estado, desta forma, deve garantir a todos os grupos vulneráveis o respeito à sua dignidade, porque se trata de um direito humano. Deverão existir intervenções em favor de tais grupos, com a cautela de não se transmutarem em atitudes paternalistas, porque devem se pautar nas perspectivas de emancipação, empoderamento e libertação dos sujeitos envolvidos na condição vulnerabilizada.

Neste prisma, deve ser considerado o compromisso assumido pela Constituição Federal Brasileira, que enuncia uma assistência integral à saúde, em que a alocação de recursos é uma decisão política que deve ser tomada pelo Estado, com o suporte dos organismos internacionais e de políticas governamentais.

Muitas são as frentes para que se conquiste tal empoderamento, mas perpassam pela capacitação ética e socialmente comprometida da própria universidade, que, através da condução do ensino, da pesquisa e extensão, tome ações e forme profissionais que auxiliem a sociedade em atingir melhores condições de vida (SANT'ANNA, 2011). Desta forma, a bioética de intervenção representará importante suporte à efetivação dos direitos humanos, possibilitando a libertação, o empoderamento e a emancipação dos mais vulneráveis.

O SISTEMA DE SAÚDE BRASILEIRO E O CHEMSEX: PROPOSTAS DE APRIMORAMENTO.

Nos capítulos anteriores, examinou-se, através das narrativas dos entrevistados na investigação de campo, bem como no descritivo das experiências verificadas em outros países, que a problemática do chemsex tem sido enfrentada, quando conhecida e adequadamente compreendida, como um problema de saúde, muito mais do que uma questão de natureza criminal.

Assim, demonstrou-se que de acordo com as experiências de alguns países, há uma adequação dos sistemas de saúde presentes em cada ordenamento para uma oferta integrada aos praticantes, ora pacientes-usuários, que necessitam de auxílio para situações emergenciais, bem de ressignificação da prática, superando tal comportamento que, face à complexidade de causas, necessita de uma integração das diversas atuações dos serviços de saúde, o que inclui uma abordagem interdisciplinar.

Dentre as experiências que demonstram maior sucesso, há as "clínicas de *chemsex*", nas quais o paciente-usuário encontra suporte desde a situações emergenciais como de overdose, possível contágio das mais diversas ISTs, amparo a violência, bem como quanto ao dimensionamento dos demais envolvidos, como um trabalho multidisciplinar que tem por propósito demonstrar ser possível o exercício de práticas sexuais dissociadas do uso de drogas, o que foi denominado como *sober sex*.

Neste capítulo, que se propõe a ser o último desta pesquisa, busca-se investigar o grau de preparação do sistema de saúde brasileiro aos praticantes de *chemsex*, no sentido de propiciar-lhes um tratamento digno, integrado e, assim, eficaz, como já encontrado em casos análogos no exterior. Ao fim, serão desenhadas algumas propostas dentro da viabilidade do sistema de saúde brasileiro, que calcado sob a influência da bioética de intervenção, da alteridade, do pressuposto da vulnerabilidade e do direito constitucional e fundamental à saúde, pode oferecer suporte, ora em ações financiadas diretamente pelo poder público, ora através do sistema de planos de saúde privado, de modo a garantir um exercício digno da sexualidade dos envolvidos e protetivo em suas vidas, respeitando suas individualidades e afastando-se de estigmas impeditivos do seu bem-estar enquanto cidadãos.

Dispõe o artigo 6º da Constituição Brasileira que é dever do Estado prover os cidadãos com saúde (ROCHA, 2011). Neste contexto, trata-se de um direito fundamental (COSTA, 2012), devendo ser garantido tanto sob os prismas qualitativo e quantitativo. Assim, a partir do reconhecimento da Constituição de que a saúde é um direito de todos, houve uma profunda reforma no sistema de saúde, que será dividido nas modalidades pública, suplementar (SURYAN *et al*, 2015) e privada.

Demonstra-se, por outro lado, que embora haja a garantia constitucional sobre a saúde, a experiência verificada encontra sensíveis barreiras que perpassam não apenas por um problema de oferta, como de gestão. Por tais motivos, um grande contingente de brasileiros acaba por recorrer à rede privada, aderindo a diversas modalidades de contratos de planos de saúde (A-GUIAR *et al*, 2015). Em termos proporcionais, cerca de um quarto dos brasileiros são consumidores de algum tipo de plano de saúde; entretanto, os outros quase cento e cinquenta milhões de brasileiros dependem exclusivamente do SUS (RIBEIRO *et al*, 2015).

A CONFIGURAÇÃO DO SISTEMA DE SAÚDE BRASILEIRO

Inicialmente, deve-se compreender que o conceito de saúde para a OMS não perpassa apenas pela "ausência de doença", mas como "mas como a situação de perfeito bem-estar físico, mental e social" (SEGRE e FERRAZ, 1997).

O sistema de saúde no Brasil tem como bases normativas os artigos 6º, *caput*, além do 196 e 198 da Constituição Federal Brasileira:

> *Art. 6º São direitos sociais a educação, a saúde, a alimentação, o trabalho, a moradia, o transporte, o lazer, a segurança, a previdência social, a proteção à maternidade e à infância, a assistência aos desamparados, na forma desta Constituição. [...] Art. 196. A saúde é direito de todos e dever do Estado, garantido mediante políticas sociais e econômicas que visem à redução do risco de doença e de outros agravos e ao acesso universal e igualitário às ações e serviços para sua promoção, proteção e recuperação. [...] Art. 198. As ações e serviços públicos de saúde integram uma rede regionalizada e hierarquizada e constituem um sistema único, organizado de acordo com as*

seguintes diretrizes: I - descentralização, com direção única em cada esfera de governo; II - atendimento integral, com prioridade para as atividades preventivas, sem prejuízo dos serviços assistenciais; III - participação da comunidade.

É regulado, em termos específicos, pela lei n. 8.080/1990, que assim dispõe:

Art. 2º A saúde é um direito fundamental do ser humano, devendo o Estado prover as condições indispensáveis ao seu pleno exercício. § 1º O dever do Estado de garantir a saúde consiste na formulação e execução de políticas econômicas e sociais que visem à redução de riscos de doenças e de outros agravos e no estabelecimento de condições que assegurem acesso universal e igualitário às ações e aos serviços para a sua promoção, proteção e recuperação. § 2º O dever do Estado não exclui o das pessoas, da família, das empresas e da sociedade.

A prestação da assistência à saúde no Brasil tem, como principais características, extraídas diretamente de suas normativas, ser de direito público, de caráter universal e integral (GRELLMANN, 2011).

Ao lado da saúde pública, existe a denominada saúde complementar, cuja natureza jurídica é de serviço público prestado por particular delegatário (MARQUES *et al*, 2009); através de contrato ou convênio (MAGALHÃES *et al*, 2011), quando o SUS se revelar suficiente no atendimento a uma população, seja por razões geográficas, seja por especialidade médica. Sua base normativa se encontra inicialmente prevista na CR, em seu artigo 199, § 1º, a saber:

Art. 199. A assistência à saúde é livre à iniciativa privada. § 1º - As instituições privadas poderão participar de forma complementar do sistema único de saúde, segundo diretrizes deste, mediante contrato de direito público ou convênio, tendo preferência as entidades filantrópicas e as sem fins lucrativos.

A saúde complementar encontra-se regulada nos artigos 4º, § 2º, combinado com o artigo 24 e seu parágrafo único, todos também da lei n. 8.080/1990:

Art. 4º [...] § 2º A iniciativa privada poderá participar do Sistema Único de Saúde (SUS), em caráter complementar. [...] Art. 24. Quando as suas disponibilidades forem insuficientes para garantir a cobertura assistencial à população de uma determinada área, o Sistema Único de Saúde (SUS) poderá recorrer aos serviços ofertados pela iniciativa privada. Parágrafo único. A participação complementar dos serviços privados será formalizada mediante contrato ou convênio, observadas, a respeito, as normas de direito público.

Como características, assim como a saúde pública em sentido estrito, também é prestada em regime de direito público, em caráter universal e de forma integral, com financiamento previsto nos artigos 195 (que trata especificamente do financiamento da seguridade social) e 198 (que trata especificamente sobre a repartição federativa entre as despesas de saúde, ambos da CR. Merece destaque este último, porque relacionado diretamente à efetividade das propostas que serão adiante desenhadas:

Art. 198. As ações e serviços públicos de saúde integram uma rede regionalizada e hierarquizada e constituem um sistema único, organizado de acordo com as seguintes diretrizes: I - descentralização, com direção única em cada esfera de governo; II - atendimento integral, com prioridade para as atividades preventivas, sem prejuízo dos serviços assistenciais; III - participação da comunidade. § 1º O sistema único de saúde será financiado, nos termos do art. 195, com recursos do orça-

mento da seguridade social, da União, dos Estados, do Distrito Federal e dos Municípios, além de outras fontes. § 2º A União, os Estados, o Distrito Federal e os Municípios aplicarão, anualmente, em ações e serviços públicos de saúde recursos mínimos derivados da aplicação de percentuais calculados sobre: I - no caso da União, a receita corrente líquida do respectivo exercício financeiro, não podendo ser inferior a 15% (quinze por cento); II – no caso dos Estados e do Distrito Federal, o produto da arrecadação dos impostos a que se refere o art. 155 e dos recursos de que tratam os arts. 157 e 159, inciso I, alínea a, e inciso II, deduzidas as parcelas que forem transferidas aos respectivos Municípios; III – no caso dos Municípios e do Distrito Federal, o produto da arrecadação dos impostos a que se refere o art. 156 e dos recursos de que tratam os arts. 158 e 159, inciso I, alínea b e § 3º. § 3º Lei complementar, que será reavaliada pelo menos a cada cinco anos, estabelecerá: I - os percentuais de que tratam os incisos II e III do § 2º; II – os critérios de rateio dos recursos da União vinculados à saúde destinados aos Estados, ao Distrito Federal e aos Municípios, e dos Estados destinados a seus respectivos Municípios, objetivando a progressiva redução das disparidades regionais; III – as normas de fiscalização, avaliação e controle das despesas com saúde nas esferas federal, estadual, distrital e municipal; § 4º Os gestores locais do sistema único de saúde poderão admitir agentes comunitários de saúde e agentes de combate às endemias por meio de processo seletivo público, de acordo com a natureza e complexidade de suas atribuições e requisitos específicos para sua atuação. § 5º Lei federal disporá sobre o regime jurídico, o piso salarial profissional nacional, as diretrizes para os Planos de Carreira e a regulamentação das atividades de agente comunitário de saúde e agente de combate às endemias, competindo à União, nos termos da lei, prestar assistência financeira complementar aos Estados, ao Distrito Federal e aos Municípios, para o cumprimento do referido piso salarial. § 6º Além das hipóteses previstas no § 1º do art. 41 e no § 4º do art. 169 da Constituição Federal, o servidor que exerça funções equivalentes às de agente comunitário de saúde ou de agente de combate às endemias poderá perder o cargo em caso de descumprimento dos requisitos específicos, fixados em lei, para o seu exercício.

A terceira e última vertente do sistema de saúde brasileiro se refere à denominada saúde suplementar. Diversamente das anteriores, possui natureza jurídica de atividade econômica, tendo como base legal o artigo 170, combinado com o já citado 199 e § 2º da CR e pelos artigos 20, 21 e 22 da Lei n. 8.080/1990, a saber:

Art. 20. Os serviços privados de assistência à saúde caracterizam-se pela atuação, por iniciativa própria, de profissionais liberais, legalmente habilitados, e de pessoas jurídicas de direito privado na promoção, proteção e recuperação da saúde. Art. 21. A assistência à saúde é livre à iniciativa privada. Art. 22. Na prestação de serviços privados de assistência à saúde, serão observados os princípios éticos e as normas expedidas pelo órgão de direção do Sistema Único de Saúde (SUS) quanto às condições para seu funcionamento.

Note-se que o supracitado artigo 22 determina que os mesmos princípios éticos e normas de direção relacionadas ao SUS devem ser seguidos pelos serviços privados de saúde; leia-se, planos de saúde.

Por terem base normativa parcialmente diversa, a prestação privada de serviços de saúde no Brasil também terá suas peculiaridades, diferenciando-a tanto da saúde pública como da complementar. Assim, será regida por contrato de direito privado, dentro dos limites estabelecidos nas respectivas cláusulas contratuais com observância das garantias legais e apenas acessíveis àqueles que participarem financeiramente deste mercado. Neste sentido, a CR proíbe aportes de recursos públicos a tais planos de saúde, conforme artigo 199, § 2º, embora, caso insolventes, encontrem um sistema diferenciado de pagamento de suas dívidas, diverso da recuperação empresarial e falência aplicáveis às empresas em geral (TOMAZZETTE, 2012)

Feito este breve panorama sobre a estruturação do sistema de saúde brasileiro, seria esperado e talvez mais lógico o início do detalhamento sobre o funcionamento do SUS em sentido estrito. No entanto, considerando que a maior parcela dos entrevistados nesta pesquisa, bem como de seus pares observados em estudos quantitativos e qualitativos do exterior apresentam poder aquisitivo compatível com o seu enquadramento na qualidade de consumidores de planos de saúde privados – o que fora reforçado pela relação entre a economia do *pink money* e a oportunização de práticas do *chemsex*, por rigor metodológico e visando uma exposição mais didática, passaremos a uma sucinta análise da saúde privada no Brasil, à guisa de se compreender, por exclusão ou complementação, o papel que acabaria sendo reservado à saúde pública brasileira para a recepção dos usuários-pacientes de *chemsex*.

Além de outras bases normativas, os planos de saúde privados no Brasil são regulados legalmente pela lei n. 9.656/98, denominada Lei de Planos de Saúde (LPS) (MARQUES, *et al*, 2018)

Tomando-se por base logo o inciso I do artigo 1º da referida lei, os planos de saúde devem ter prestação continuada de serviços ou cobertura de custos assistenciais; prazo indeterminado; finalidade de garantir a assistência à saúde; acesso e atendimento por profissionais ou serviços de saúde, livremente escolhidos, integrantes ou não de rede credenciada, contratada ou referenciada; podendo ser de assistência médica, hospitalar ou apenas odontológica; paga integral ou parcialmente às expensas da operadora contratada ou mediante reembolso ou pagamento direto ao prestador, por conta e ordem do consumidor.

Além de outras bases normativas, os planos de saúde privados no Brasil são regulados legalmente pela lei n. 9.656/98, denominada Lei de Planos de Saúde (LPS).

Tomando-se por base logo o inciso I do artigo 1º da referida lei, os planos de saúde devem ter prestação continuada de serviços ou cobertura de custos assistenciais; prazo indeterminado; finalidade de garantir a assistência à saúde; acesso e atendimento por profissionais ou serviços de saúde, livremente escolhidos, integrantes ou não de rede credenciada, contratada ou referenciada; podendo ser de assistência médica, hospitalar ou apenas odontológica; paga integral ou parcialmente às expensas da operadora contratada ou mediante reembolso ou pagamento direto ao prestador, por conta e ordem do consumidor.

Além de outras bases normativas, os planos de saúde privados no Brasil são regulados legalmente pela lei n. 9.656/98, denominada Lei de Planos de Saúde (LPS). Tomando-se por base logo o inciso I do artigo 1º da referida lei, os planos de saúde devem ter prestação continuada de serviços ou cobertura de custos assistenciais; prazo indeterminado; finalidade de garantir a assistência à saúde; acesso e atendimento por profissionais ou serviços de saúde, livremente escolhidos, integrantes ou não de rede credenciada, contratada ou referenciada; podendo ser de assistência médica, hospitalar ou apenas odontológica; paga integral ou parcialmente às expensas da operadora contratada ou mediante reembolso ou pagamento direto ao prestador, por conta e ordem do consumidor.

Note-se que antes da entrada em vigor da presente regulação dos planos de saúde privados, resultado da combinação das diversas normas administrativas editadas pela ANS e pelas garantidas trazidas pela LPS, era possível a livre definição para os consumidores da cobertura assistencial, reajustes, prazos de carência e a seleção de risco, com exclusão de determinados tipos de doença. Igualmente, era possível assim a seleção de usuários, a possibilidade de rescisão unilateral pela operadora, além de ser muito frequente a redação de contratos nebulosos e pouco compreensíveis que esclarecessem o grau de cobertura ao qual o consumidor fazia jus (Lima *et al*, 2015).

Após a regulação, passou-se a haver maior clareza quanto aos procedimentos cobertos (incluindo quais tipos de próteses), limites de reajustes, prazos máximos de carência, definição quanto ao regime de informação e amparo das lesões preexistentes, portabilidade, liquidação extrajudicial, garantias financeiras, sanções administrativas, segmentação de produtos e, finalmente, um dado extremamente relevante para esta pesquisa, que é possibilidade de ressarcimento de gastos ao SUS.

Os planos de saúde comercializados no mercado são segmentados, conforme disposição presente nos artigos 10 e 12 da Lei n. 9.656/1998, a saber:

Art. 10. É instituído o plano-referência de assistência à saúde, com cobertura assistencial médico-ambulatorial e hospitalar, compreendendo partos e tratamentos, realizados exclusivamente no Brasil, com padrão de enfermaria, centro de terapia intensiva, ou similar, quando necessária a internação hospitalar, das doenças listadas na Classificação Estatística Internacional de Doenças e Problemas Relacionados com a Saúde, da Organização Mundial de Saúde, respeitadas as exigências mínimas estabelecidas no art. 12 desta Lei, exceto: I - tratamento clínico ou cirúrgico experimental; II - procedimentos clínicos ou cirúrgicos para fins estéticos, bem como órteses e próteses para o mesmo fim; III - inseminação artificial; IV - tratamento de rejuvenescimento ou de emagrecimento com finalidade estética; V - fornecimento de medicamentos importados não nacionalizados; VI - fornecimento de medicamentos para tratamento domiciliar, ressalvado o disposto nas alíneas 'c' do inciso I e 'g' do inciso II do art. 12; VII - fornecimento de próteses, órteses e seus acessórios não ligados ao ato cirúrgico; VIII - (Revogado pela Medida Provisória nº 2.177-44, de 2001); IX - tratamentos ilícitos ou antiéticos, assim definidos sob o aspecto médico, ou não reconhecidos pelas autoridades competentes; X - casos de cataclismos, guerras e comoções internas, quando declarados pela autoridade competente. § 1º As exceções constantes dos incisos deste artigo serão objeto de regulamentação pela ANS;

§ 2o As pessoas jurídicas que comercializam produtos de que tratam o inciso I e o § 1o do art. 1o desta Lei oferecerão, obrigatoriamente, a partir de 3 de dezembro de 1999, o plano-referência de que trata este artigo a todos os seus atuais e futuros consumidores. § 3º Excluem-se da obrigatoriedade a que se refere o § 2º deste artigo as pessoas jurídicas que mantêm sistemas de assistência à saúde pela modalidade de autogestão e as pessoas jurídicas que operem exclusivamente planos odontológicos; § 4º A amplitude das coberturas, inclusive de transplantes e de procedimentos de alta complexidade, será definida por normas editadas pela ANS.

Considerando-se o denominado "plano-referência" (o mais completo e abrangente), as exclusões permitidas de cobertura estão reguladas no artigo 10 da LPS e também na Resolução Normativa n. 167/2008, destacando-se dentre as mais pertinentes à situação do *chemsex* o tratamento clínico experimental; o fornecimento de medicamentos para tratamento domiciliar e os tratamentos ilícitos ou antiéticos, definidos sob o aspecto médico ou não reconhecidos pelas autoridades competentes.

Há ainda que se considerar, em uma proposta jurídica de diálogo das fontes, que embora o Código de Defesa do Consumidor considere todos os consumidores presumivelmente vulneráveis, há aqueles tratados como hipervulneráveis (SCHMITT, 2014), cuja definição legal aparece com maior clareza na leitura do artigo 39, inciso IV do CDC, quando trata das cláusulas abusivas, a saber:

Art. 39. É vedado ao fornecedor de produtos ou serviços, dentre outras práticas abusivas: IV - prevalecer-se da fraqueza ou ignorância do consumidor, tendo em vista sua idade, saúde, conhecimento ou condição social, para impingir-lhe seus produtos ou serviços;

Uma das práticas abusivas mais praticadas pelos planos privados de saúde é *cream-skimming*, que significa "separar o mau risco". Como exemplos, encontram-se a negativa em contratar, a negativa em renovar o contrato; a seleção da clientela para fins de celebração apenas de contratos coletivos ou contratos individuais a uma alta e desproporcional contrapartida para o consumidor.

Considerando-se o denominado "plano-referência" (o mais completo e abrangente), as exclusões permitidas de cobertura estão reguladas no artigo 10 da LPS e também na Resolução Normativa n. 167/2008, destacando-se dentre as mais pertinentes à situação do *chemsex* o tratamento clínico experimental; o fornecimento de medicamentos para tratamento domiciliar e os tratamentos ilícitos ou antiéticos, definidos sob o aspecto médico ou não reconhecidos pelas autoridades competentes.

No mesmo sentido, ainda se apresentam, especialmente nos denominados "contratos antigos" diversas cláusulas com sentido vago para fins de exclusão de cobertura, como "doenças crônico-degenerativas", "preexistentes", "infectocontagiosas", "já instaladas" (ou também chamadas de "preexistentes congênitas" e "doenças crônicas que requerem tratamento contínuo".

Quanto às patologias mais comumente excluídas, especialmente presente nos contratos antigos, tratando-se especificamente das relacionadas ao *chemsex*, podem ser citadas doenças cardiovasculares; AIDS (considerada aqui como a doença, não a condição de portador do HIV), "acidentes e causas externas"; cirrose hepática e insuficiência renal.

Tais exclusões abusivas também acabam por se relacionar a outras, como limitação a transplantes; certos tipos de próteses (como marcapasso); exames diagnósticos e medicamentos de uso hospitalar. Também ainda são encontradas cláusulas abusivas relativamente ao limite de internamento, algo que tem afetado os dependentes químicos, cujas principais decisões serão analisadas adiante.

Tem-se, com isto, que embora os praticantes de *chemsex*, em geral, encontrem-se e até mesmo sejam consumidores adimplentes de planos de saúde privados, podem não encontrar cobertura para os riscos a que estão envolvidos, o que, de certa forma, devolve o seu acolhimento para o serviço público de saúde (em sentido estrito e complementar), dentro da sistemática que adiante é apresentada.

A SITUAÇÃO ATUAL DAS POLÍTICAS PÚBLICAS DE SAÚDE NO BRASIL PARA O ENFRENTAMENTO DO CHEMSEX.

Políticas públicas são conjuntos de disposições, medidas e procedimentos para orientação política do Estado, regulando atividades de governo de acordo com o interesse público. Envolvem ações empreendidas pelo próprio Estado, bem como atividades reguladas para ser executadas por outros agentes econômicos (LUCCHESE et al 2004).

No campo especificamente da saúde, o propósito das políticas públicas é a melhoria das condições sanitárias da população, seja nos ambientes natural, social e do trabalho, com ações na promoção, proteção e recuperação da saúde tanto dos indivíduos como da coletividade Ademais, a concepção de saúde adotada pela Constituição brasileira envolve redução de riscos de doenças e outros agravos.

No campo internacional, o estudo das influências das condições sociais sobre a população remonta o século XIX, a partir do movimento de medicina social, surgido na Inglaterra, França e Alemanha. Assim, a promoção da saúde não envolve apenas ações para o tratamento de doenças, mas deve incluir o atendimento a necessidades nutricionais, a educação para a saúde, o estímulo ao lazer e ao esporte, a garantia de boas condições de trabalho, saneamento e habitação para o indivíduo e sua família. Já na segunda metade do século XX, as perspectivas de saúde ganharam um enfoque mais abrangente, sendo consideradas como uma das dimensões do desenvolvimento social, ultrapassando a mera esfera entre indivíduo e família, atingindo o ambiente físico, sociocultural e político.

O Informe Lafonde, publicado pelo Canadá em 1974 definiu quatro como componentes principais para a promoção da saúde: a biologia humana, o ambiente, os estilos de vida e a organização da atenção à saúde. Assim, o referido documento critica a intervenção pública centrada unicamente na organização e distribuição dos cuidados médicos, porque o conjunto de políticas e intervenções públicas voltadas à saúde deve

gravitar em torno do bem-estar coletivo e individual. Ainda no Canadá, a "Carta de Ottawa", decorrente da I Conferência Internacional sobre Promoção da Saúde, em 1986, estabeleceu que a promoção da saúde deve ser resultado de cinco estratégias combinadas, a saber: políticas públicas saudáveis, construção de ambientes favoráveis à saúde, ação comunitária, desenvolvimento de habilidades pessoais e reestruturação do sistema de saúde.

Os trabalhos canadenses e de outros países, de forma consensual, avaliaram que a superação das diferenças nos resultados de saúde entre os grupos sociais impõe a setorialidade, com a articulação de instituições sociais, políticas e econômicas em direção à equidade. Assim, o alvo da intervenção pública deve ser deslocado, saindo da atenção médica, na direção da melhoria da qualidade de vida.

Como explica Melo (2005), outro destaque também adveio da perspectiva de "empowerment" (empoderamento), por meio da qual os diversos representantes da sociedade devem participar de decisões políticas, o que apenas ocorrerá através do fortalecimento das redes de apoio social e a reconfiguração entre agentes locais na combinação com novas formas de gestão do ecossistema, das condições trabalho, educação e geração de renda.

A partir da Constituição de 1988, as políticas públicas de saúde são orientadas de acordo com ações que devem obedecer a princípios como universalidade e equidade do tratamento, bem como descentralização da gestão, integralidade do atendimento, além da participação da comunidade para organização de um sistema único de saúde em todo o território nacional. Além disto, a saúde, ao lado da previdência e da assistência social, forma o conjunto da seguridade social, que é dever de prestação do Estado. Por ser um componente da seguridade social, as políticas de saúde devem ser redistributivas e baseadas na solidariedade, assegurando à população o acesso a serviços, benefícios e auxílios sociais para o enfrentamento do risco inerente à própria sobrevivência (doenças, acidentes e velhice), sem que haja um pagamento específico ou uma contribuição financeira prévia, significando um sistema de seguro social.

Deve-se salientar que tanto a Constituição Brasileira, como a legislação infraconstitucional deixaram expresso que o direito à saúde é um direito fundamental. O artigo 2º da Lei 8.080 entende que são fatores determinantes e condicionantes da saúde a alimentação, a moradia, o saneamento básico, o meio ambiente, o trabalho, a renda, a educação, o transporte, o lazer e o acesso aos bens e serviços essenciais. Portanto, para que o direito à saúde fosse garantido e tornado efetivo, o Estado deveria se encarregar da reformulação de políticas econômicas e sociais relacionadas à redução de riscos e outros agravos, o que representa uma compreensão de que a ação governamental da saúde também extrapola o seu segmento estrito, passando a significar uma atuação extrassetorial.

As políticas públicas em saúde devem consagrar objetivos amplos relacionados ao desenvolvimento social, como o de reduzir desigualdades sociais que são evidenciadas nos processos de globalização e descentralização; fortalecer o exercício ético e eficaz na gestão governamental com novas formas de organização administrativo-institucional da ação do Estado, com maior participação social; criar mecanismos de coordenação intrasetorial para incluir todos os cidadãos excluídos dos benefícios sociais disponíveis; estabelecer parcerias intersetoriais para a produção de iniciativas que produzam impacto sobre as condições de saúde da população; fortalecer atuação de atores sociais para que implementem uma agenda de prioridades governamentais e formular projetos alternativos para a condução de uma política setorial dos gestores de saúde.

A partir da promulgação das leis 8.140 e 8.142, ambas de 1990, decisões em matéria de saúde devem envolver múltiplos atores, o que se revela na dinâmica do processo decisório para as adequadas ações. Assim, passa a haver uma distribuição de responsabilidades entre o Estado e a sociedade, bem como nos diversos níveis de governo (federal, estadual e municipal), cabendo aos gestores setoriais o papel fundamental na concretização dos princípios do que foi denominada a então reforma sanitária brasileira.

Com a lei n. 8.142/1990 foram instituídas duas instâncias colegiadas para a participação da comunidade para auxílio na gestão do SUS em cada esfera de governo, que são a Conferência de Saúde e o Conselho de Saúde. De ambas instâncias participam usuários dos serviços de saúde, prestadores de serviços, profissionais de saúde e governo, com representação paritária dos usuários em relação aos demais segmentos em ambas instâncias.

As Conferências de Saúde, presentes nas esferas nacional, estadual e municipal, são convocadas pelo Poder Executivo ou ainda extraordinariamente pelos Conselhos de Saúde, para realização a cada quatro anos, atuando na avaliação da situação da saúde no Brasil e na proposição de diretrizes para a formulação de políticas de saúde em suas esferas de governo correspondentes. Sempre antes da Conferência Nacional de Saúde existe uma etapa ocorrida nas conferências municipais e outra nas conferências estaduais, nas quais são escolhidos delegados para a etapa nacional, cuja eleição obede a regras contidas nos respectivos Conselhos de Saúde.

Por seu turno, os Conselhos de Saúde têm caráter permanente e deliberativo na formulação de estratégias e no controle da execução da política de saúde, englobando também aspectos econômicos e financeiros, conforme determinações da Lei n. 8.142/1990. Sua organização obedece normas de funcionamento de regimento próprio , aprovado pelos próprios conselhos, sempre devendo assegurar a representação paritária dos usuários.

Quanto ao fim de cada uma das normas, coube à Constituição Brasileira, em seus artigos 196 a 200, estabelecer os princípios, diretrizes e bases de financiamento e competências gerais para o Sistema Único de Saúde, dentro de uma perspectiva nacional. O texto constitucional ainda dispõe sobre a possibilidade de os serviços de saúde serem executados diretamente por instituições públicas, ou, complementarmente, por instituições privadas, seja através de pessoas físicas ou jurídicas de direito privado, admitidas mediante contrato de direito público, cabendo a este sua regulamentação, fiscalização e controle.

Por seu turno, a Lei n. 8.080/1990 dispôs sobre as condições para a promoção, proteção e recuperação da saúde, além da organização e funcionamento dos serviços correspondentes, envolvendo matérias como a composição institucional do SUS; o funcionamento e participação dos serviços privados de assistência médica; o financiamento do sistema e administração dos recursos, além de tratar de outros aspectos da política de recursos humanos envolvendo gestão do patrimônio, convênios e aspectos da relação com o setor privado. Já a lei n. 8.142/1990 complementa a de n. 8.080/1990, tratando especificamente da participação da comunidade na gestão do sistema.

Como grandes objetivos e campos de atuação do SUS são apresentados nos artigos 5º e 6º da Lei n. 8.090/1990 a identificação e divulgação dos fatores condicionantes e determinantes de saúde; a formulação da política de saúde destinada a promover, nos campos econômico e social, a redução de riscos de doenças e de outros agravos, bem como o de estabelecer condições que assegurem o acesso universal e igualitário às ações e serviços, além de assistir às pessoas por intermédio das ações assistenciais e das atividades preventivas.

Diretamente e atendendo a tais objetivos, o SUS deverá atuar através da criação de políticas e execução de ações de vigilância sanitária, epidemiológica e ambiental, saúde do trabalhador, assistência terapêutica integral (incluindo a farmacêutica), vigilância nutricional, orientação alimentar e saneamento, bem como política de sangue e hemoderivados. Igualmente, a partir dos princípios éticos, normas e condições de funcionamento, regular os serviços privados de assistência médica, realizar convênios ou estabelecer contratos de direito público para atendimento de cobertura assistencial em determinada área, caso não disponível.

Abaixo das normas constitucionais e legais, são também editadas as Normas Operacionais Básicas do Sistema Único de Saúde (NOB-SUS) pelo Ministério da Saúde, visando operacionalizar as ações e serviços para organização descentralizada do SUS e modelo de atenção do país, bem como o de proporcionar a regionalização da assistência à saúde. Advêm da síntese das negociações e dos pactos firmados entre os três níveis de direção do SUS (nacional, estadual e municipal), representando o resultado do trabalho da Comissão Intergestores Tripartite (CIT) e aprovadas pelo Conselho Nacional de Saúde.

Tanto nas Comissões Tripartites como nas Bipartites, o processo decisório ocorre através de consenso, para que o debate seja estimulado e haja negociação entre as partes, no lugar de se acionar o mecanismo de votação. Relata-se que as reuniões de ambas Comissões são momentos de intenso debate e interação entre as equipes estadual e municipal, de modo que acabam sendo expostos os conflitos intergovernamentais de saúde, a exemplo tanto da própria definição das matérias em seu âmbito de decisão quanto o que seria tema de decisão direta pelo gestor federal ou estadual. Também é muito frequente o debate de repartição de novos recursos federais. Embora as reuniões sejam abertas à participação de todos os secretários de saúde e das equipes técnicas das secretarias, somente os membros formais as comissões têm poder de decisão. Saliente-se que é comum a formação de grupos técnicos transitórios ou pontuais compostos por representantes das três esferas, que atuam como instâncias técnicas de negociação e de processamento de questões.

Na qualidade de componentes da gestão descentralizada, surgiram as Conferências de Saúde e Conselhos de Saúde em todas as esferas de governo, para possibilitar a participação social na gestão do SUS, a Comissão Intergestores Tripartite na direção nacional do Sistema Único de Saúde, as Comissões Intergestores Bipartites na direção estadual, além do próprio Conselho Nacional de Secretários de Estado de Saúde (CONASS) e o Conselho Nacional de Secretários Municipais de Saúde (CONASEMS).

Dentre os desafios apresentados na gestão de saúde, encontram-se, principalmente, viabilizar contemplar a heterogeneidade de problemas regionais e a diversidade cultural do país de forma integrada a uma unidade operacional do sistema nacional do SUS; a busca do equilíbrio entre regulação, responsabilidade e autonomia da gestão compartilhada pelas três esferas estatais; estabilizar o financiamento setorial e a alocação de recursos com vistas à equidade; a construção de formas de responsabilização de governantes, gestores e cidadãos no acompanhamento dos resultados das políticas setoriais.

A formulação das políticas públicas de saúde pode ser contada a partir de duas trajetórias distintas: a institucional no campo da saúde pública e a relacionada ao campo da assistência médica. Antes da criação do SUS era o Ministério da Saúde que com o apoio dos estados e municípios, desenvolvia ações de promoção e proteção da saúde, sem qualquer discriminação com a população beneficiária. Assim, manifestava-se através de campanhas sanitárias para controle e profilaxia de doenças (especialmente tuberculose, hanseníase e sexualmente transmissíveis, principalmente), serviços de combates a endemias, saneamento básico, imunizações, alimentação, nutrição e educação para a saúde.

O Ministério da Saúde também realizava algumas atividades de assistência médica, em alguns hospitais especializados e especialmente dirigidas à população definida como indigente, considerada como aquela não inserida no mercado de trabalho, notadamente como nas áreas de psiquiatria e cuidados com a tuberculose. Esta assistência estatal era complementada pelas Santas Casas de Misericórdia e hospitais universitários.

A assistência médica era promovida pelo Estado, em uma primeira fase, através das instituições ligadas à Previdência Social, em princípio pela regulamentação das Caixas de Aposentadorias e Pensões (CAPs), que, lembre-se, eram organizadas e mantidas pelas empresas empregadoras de funcionários. Em um segundo momento, passou a atuar na regulamentação e a desenvolver uma gestão tripartite junto a estados e municípios, além de começar a colaborar financeiramente com os Institutos de Aposentadorias e Pensões (IAPs), que substituíram as CAPs e eram organizados por categorias profissionais. Em seguida, o poder público criou o Instituto Nacional de Previdência Social (INAMPS), já nos anos de 1970, para atuar como órgão especifico para as funções de assistência à saúde no âmbito do Ministério da Previdência e Assistência Social, o que também permitiu a criação do Sistema Nacional da Previdência e Assistência Social (SINPAS). Então, antes da criação do SUS, a ação governamental na assistência médica era restrita à população que efetivamente contribuía com parte de seus rendimentos para a previdência social.

Logo, a história da ação do Estado quanto à promoção de uma política pública de saúde desenvolveu-se por dois âmbitos. De um lado, havia ações e serviços de saúde pública ou coletiva dirigida à população em geral, sob a responsabilidade das esferas subnacionais de governo e do Ministério da Saúde. De outro, existiam em paralelo ações específicas de assistência médica, ambulatorial e hospitalar, desenvolvidas pela Previdência Social e dirigidas aos trabalhadores empregados do mercado formal urbano. As duas vertentes possuíam financiamento, administrações, lógicas e culturas institucionais próprias. Tal fase era marcada, portanto, por um padrão de intervenção que, embora centralizado, era fragmentado institucionalmente, produzindo disparidades no acesso à população brasileira a ações e serviços públicos de saúde.

Nos anos de 1970 e 1980 desencadeou no Brasil um amplo movimento político em prol da reforma do setor de saúde, chamado por movimento sanitário. Era baseado na crítica ao padrão centralizado do modelo até então vigente de intervenção estatal, que resvalava em características de fragmentariedade e desigualdade. Reuniu diversos setores da população brasileira, com atuação tanto nas áreas de pesquisa, como de formação de recursos humanos, serviços e políticas, além de partidos políticos progressistas, movimentos populares, sindical e também do próprio movimento municipalista.

Sua proposta central era a criação de um sistema único de saúde visando assegurar o acesso universal e igualitário da população a um cuidado integral, sem qualquer discriminação e independente da oferta de serviços disponíveis no local de moradia, por meio de uma rede nacional de ações e serviços descentralizada, hierarquizada e regionalizada, que englobasse uma gestão política também descentralizada, mas pautada na participação popular (SOUZA, 2002).

A tal rede seria então regida pelas mesmas diretrizes da Administração Pública já presente em instituições e órgãos e na própria Administração Indireta. Surgiriam assim os postos de saúde municipais, os centros de saúde estaduais, os postos de assistência médica do INAMPS, hospitais federais, estaduais e municipais e os hospitais universitários seriam todos integrados em um único sistema. No nível federal a responsabilidade seria do Ministério da Saúde, no nível estadual das Secretarias de Saúde e no nível municipal nas secretarias municipais de saúde.

Já na década de 1980 houve um avanço do projeto, com duas iniciativas que antecederam a própria formação do SUS. Assim, surgiram as Ações Integradas de Saúde (AIS), durante os anos de 1981 a 1984 e o Sistema Unificado e Descentralizado de Saúde (SUDS), entre os anos de 1987 a 1989. Destaca-se ainda a realização da VIII Conferência Nacional de Saúde, em 1986, cujos subsídios foram levados para a discussão da Assembleia Nacional Constituinte e utilizados no próprio texto da Constituição da República Federativa do Brasil de 1988.

As políticas de saúde pública relacionadas à prevenção, uso indevido, atenção e reinserção social de usuários e dependentes de drogas se encontra regulada pela lei n. 11.343, de 23 de agosto de 2006, tratando, do seu artigo 1º ao 26 sobre os aspectos sociais e sanitários e, dos artigos 27 a 75 sobre os crimes e as penas relacionadas ao consumo, fabricação, comercialização, importação e exportação, além de outras relacionadas ao tráfico ilícito de entorpecentes. Esta lei, que trata sobre o Sistema Nacional de Políticas Públicas sobre Drogas (SISNAD) foi profundamente alterada pela lei n. 13.840, de 5 de junho de 2019, especialmente nos dispositivos não relacionados aos crimes e penas.

É com base neste atual cenário normativo nacional que será feita uma breve análise acerca da situação jurídica dos praticantes de *chemsex*, à guisa de se investigar um adequado acolhimento sanitário e enquadramento de suas condutas. Não se perderá de vista, contudo, a recente inclusão no CID-11, que entrará em vigor em janeiro de 2022, do código 6C72, que enquadra o *chemsex* como uma "desordem de comportamento sexual compulsivo". Entretanto, como se trata de diagnóstico ainda em processo de compreensão para posterior aplicação, faz-se necessária a análise diante do atual cenário médico-normativo disponível, qual seja, de se ainda subsumir o comportamento dos praticantes de *chemsex* como dependentes químicos.

Logo no artigo 3º, inciso I, da Lei n. 11.343/2006, o SISNAD é apresentado tendo como finalidade articular, organizar e coordenar as atividades relacionadas com "a prevenção do uso indevido, a atenção e a reinserção social de usuários e dependentes de drogas". Disciplina-se também que o SISNAD atuará por adesão aos sistemas de políticas, planos, programas, ações e projetos sobre drogas dos Estados, Distrito Federal e Municípios, articulando-se tanto com o SUS, como com o Sistema Único de Assistência Social (SUAS). Disciplina-se também que o SISNAD atuará por adesão aos sistemas de políticas, planos, programas, ações e projetos sobre drogas dos Estados, Distrito Federal e Municípios, articulando-se tanto com o SUS, como com o Sistema Único de Assistência Social (SUAS).

Dentre os princípios do SISNAD enunciados no artigo 4º da lei n. 11.343/2016, destaque-se o respeito à autonomia e à liberdade da pessoa humana (inciso I); o respeito à diversidade e às especificidades populacionais existentes (inciso II); o reconhecimento de "outros comportamentos correlacionados" à dependência química (inciso III); a "ampla participação social nas atividades do SISNAD" (inciso V); o "reconhecimento da intersetorialidade dos fatores correlacionados com o uso de drogas" (inciso VI); a "articulação com órgãos do Ministério Público e dos Poderes Legislativo e Judiciário" (inciso VIII); a "adoção de abordagem multidisciplinar que reconheça a interdependência e a natureza complementar das atividades de prevenção do uso indevido" (inciso IX); a observância do equilíbrio entre atividades de prevenção do uso indevido, atenção e reinserção social de usuários e dependentes de drogas" (inciso X) e a observância das "orientações e normas emanadas do Conselho Nacional Antidrogas – CONAD" (inciso XI).

Sobre o CONAD, é relevante neste momento sobre a sua composição. Regulado pelo Decreto n. 9.926, de 19 de julho de 2019, tem como estrutura organizacional uma mesa diretora, presidida pelo Ministro de Estado da Justiça e Segurança Pública, um colegiado composto por treze membros, uma comissão bipartite e um grupo consultivo, estes dando suporte ao Conselho.

Observando atentamente a composição dos órgãos, nota-se a total ausência de representantes de grupos vulneráveis, incluindo a população LGBTQ, apenas havendo a participação, no colegiado, do representante do Ministério da Mulher, da Família e dos Direitos Humanos. Quanto ao seu viés, nota-se que seus membros são majoritariamente oriundos das áreas da segurança pública e defesa, apenas havendo menção, quanto ao aspecto sanitário, da presença da Agência Nacional de Vigilância Sanitária (ANVISA), de um representante do Ministério da Saúde e do Secretário Nacional de Cuidados e Prevenção às Drogas do Ministério da Cidadania (Brasil, Ministério da Justiça, 2020).

Na Comissão Bipartite, novamente aparece o Secretário Nacional de Cuidados e Prevenção às Drogas do Ministério da Cidadania, que também compõe o grupo consultivo. E, neste último órgão, há previsão de três especialistas em temáticas vinculadas à política sobre drogas, indicados pelo Ministro da Cidadania e outros três especialistas em temáticas vinculadas à política sobre drogas, porém indicados pelo Ministro da Justiça e Segurança Pública.

Nota-se uma substancial falta de transparência nas deliberações do CONAD, posto que no referido sítio eletrônico há hiperlinks para duas categorias de normas: atas e resoluções. Quanto às atas, que se referem a reuniões, apenas constam três do ano de 2018, uma do ano de 2017, duas do ano de 2012 e uma do ano de 2011. Em nenhuma das referidas reuniões houve qualquer menção à população LGBTQ, muito menos ao *chemsex*, havendo destaques para a preocupação com o uso do *crack* e à dependência química no seio da família e relacionada a crianças e adolescentes. Ainda não foram disponibilizadas atas de reuniões ocorridas nos anos de 2019 ou 2020 (Brasil, Ministério da Justiça, 2020)).

O mesmo vazio normativo é verificado nas resoluções do Conselho, estando disponíveis no sítio eletrônico (Brasil, Ministério da Justiça, 2020) apenas uma para cada um dos seguintes anos: 2018, 2016, 2015, 2010 e 2002. Merece destaque, dentre estas, a Resolução n. 1 de 19 de agosto de 2015, que regulamenta o acolhimento de pessoas, em caráter voluntário, pelo uso de substâncias psicoativas, em comunidades terapêuticas, por, em seu artigo 8º, inciso II, garantir o respeito à orientação sexual (Brasil, Ministério da Justiça (28 ago 2015).

Por ter sido referenciado em mais de uma ocasião, investigou-se a atuação do Secretário Nacional de Cuidados e Prevenção às Drogas do Ministério da Cidadania em ações pertinentes a esta pesquisa. Em seu respectivo sítio digital, apenas constam algumas notícias, além de um mapa das comunidades terapêuticas (Secretaria Nacional de Cuidados e Prevenção às Drogas - SENAPRED (2020), com informação de que seriam em número de quinhentas e trinta e seis em todo o Brasil.

Nota-se, desta forma, uma evidente ausência de políticas direcionadas à prevenção e, mais do que isto, às causas multifatoriais descritas na legislação, no que tange à dependência química, revelando uma ênfase na biopolítica brasileira em matéria de drogas aos aspectos de internação individual e relacionados à persecução criminal, sem considerar iniciativas advindas da própria comunidade.

Algo semelhante ocorre no tratamento do HIV/AIDS e de outras ISTs. Como explicam Lara Brum de Calais e Juliana Perucchi (2017), a resposta brasileira à AIDS tem íntima relação com a estruturação do SUS. Assim, levou-se em consideração que a saúde é um direito de todos e um dever do Estado, de modo que lhe cabe garantir o acesso à saúde como um item da agenda política brasileira.

Desde 1996, houve estratégias de enfrentamento à AIDS no Brasil, com a adoção de uma política pública de acesso universal ao tratamento antirretroviral, sendo paradigma até mesmo para o cenário internacional. Assim, a política nacional de saúde é coordenada pelo Ministério da Saúde, mas segue modelo descentralizado, manifestado pelo Departamento de IST, AIDS e Hepatites Virais. Atua, portanto, na coordenação, ao passo em que nos Estados e Municípios surge certa autonomia para o estabelecimento de instâncias e diretrizes locais.

Na referida política, embora tenha sido identificado uma diversificação nos casos de contágio, como o incremento entre pessoas de orientação heterossexual e o aumento entre os jovens, a epidemia ainda se concentra em populações mais vulneráveis, que ainda carrega altos índices epidemiológicos.

Tomando-se por base o Relatório da Sessão Especial da Assembleia-Geral das Nações Unidas, a vulnerabilidade ao HIV, no Brasil, está relacionada a fatores como questões de gênero, orientação sexual, raça/etnia, escolaridade, renda, religião, dentre outros, desdobrando-se em uma maior ou menor exposição ao problema.

Um dos maiores desafios percebidos é a diminuição do número de infecções, com ênfase nas populações vulneráveis, além da universalização das ações de prevenção, que devem ser pautados nos diversos mecanismos de invisibilidade que se sustentam no preconceito e na discriminação, revelando um certo fracasso no acesso à saúde.

Segundo ainda Lara Brum de Calais e Juliana Perucchi, é preciso considerar as mais variadas diferenças contextuais que influenciam em processos decisórios e na elaboração de estratégias de prevenção ao HIV/AIDS, especialmente quando se trata de vulnerabilidades específicas.

Sustentam ainda Lara Brum de Calais e Juliana Perucchi que o contexto de vulnerabilidade aplicado na área de saúde remete a uma contextualização que envolve aspectos sociais e programáticos de cada realidade, para além de uma percepção puramente individual. No Brasil teria havido superação no combate ao HIV ao se abandonar concepções já ultrapassadas, como de "grupo de risco" para "comportamento de risco", assumindo-se uma discussão de "contextos de vulnerabilidades". Entretanto, comparando-se com o modelo francês, que utiliza que o conceito de "contextos de vulnerabilidade" haveria uma melhor adequação à realidade, porque consideraria fatores socioeconômicos, culturais, com destaque para aqueles que são chamados de "públicos mais vulneráveis", como os HSH, lésbicas, bissexuais e transexuais. Entretanto, salientam Lara Brum de Calais e Juliana Perucchi que o Brasil ainda caminha de forma lenta para uma estratégia de prevenção combinada, que envolve não apenas o uso do preservativo, mas também das profilaxias pré e pós-exposição.

Há de se salientar também que as políticas públicas se revelam como estratégias governamentais que visam atuar sobre determinada situação que afeta a população, regulamentando e manifestando uma investida de poder. Assim, os silêncios sobre as diversas manifestações de sexualidade representam o pensamento foulcaultiano de biopolítica e biopoder, com regulação da vida que incide sobre as populações, como natalidade, mortalidade, natalidade, bem como o uso dos corpos.

Através das políticas públicas é preciso verificar os contextos de vulnerabilidade, com o trabalho do respeito à diversidade sexual e de gênero, o acesso equitativo aos serviços de saúde e o funcionamento das três esferas de interlocução do SUS (municipal, estadual e federal), além da participação da sociedade civil nas diversas nuances que são apresentadas.

DESAFIOS E PROPOSTAS

Por se tratar de um fenômeno ainda quase não conhecido no Brasil, que institucionalmente tarda a oferecer as devidas respostas à população LGBTQ, especialmente quando comparado com os países em ocorre uma séria investigação sobre novos comportamentos como o *chemsex* há considerável tempo, torna a construção de propostas um tanto quanto tímidas diante de tudo o que há para se fazer.

Nas seções anteriores desta investigação, foram expostas e debatidas diversas questões que perpassaram pelas causas em razão das quais os praticantes de *chemsex*, voluntariamente, de forma induzida socialmente ou uma combinação de ambos passavam a exercer, dentro de sua autonomia, a decisão de consumir substâncias químicas para a satisfação de seus desejos sexuais. Igualmente, também acabou-se por se evidenciar um traço muito frequente dentre os entrevistados tanto nas pesquisas do exterior como a desenvolvida de forma empírica nesta tese, que é o fato de que, em sua maioria, são pessoas de razoável poder aquisitivo, capazes de sustentar um estilo de vida de elevado custo, incluindo conjunta ou separadamente viagens, participação de eventos festivos, a busca por uma imagem de sucesso e, também, o próprio custo na obtenção das mais diversas drogas.

Assim, chega-se ao momento desta investigação em que é necessário enfrentar um frequente questionado que tem nos sido formulado em diversas ocasiões, que se haveria um dever do

Estado em, com seus recursos públicos, necessariamente escassos, amparar e acolher tais pessoas que teriam, em uma análise superficial, exercido sua autonomia para se autocolocar em risco, recorrendo ao poder público quando outra solução já não lhes restasse.

Trata-se de uma análise de elevada dificuldade e que não pretende ser esgotada nesta tese, muito menos em uma breve seção dedicada aos custos e à judicialização da saúde. Entretanto, com base no que já foi desenvolvido e exposto, é possível levantar algumas reflexões e questionamentos, de modo a que seja testados, em termos práticos, os preceitos da bioética de intervenção, bem como do reconhecimento da vulnerabilidade dos envolvidos – especialmente em razão do estado de exceção biopolítico – e a extensão dos princípios da alteridade e responsabilidade (bio)éticos.

Como restou demonstrado anteriormente, tomando-se por hipótese que os praticantes de *chemsex* sejam, em grande parte, sujeitos pertencentes às supostas classes "A" e "B", com recursos financeiros suficientes para sustentar o pagamento de planos de saúde e, assim, exercerem mais livremente sua autonomia, nota-se que a própria regulação dos referidos contratos privados de assistência médico-hospitalar é lacunosa e deficitária, não garantindo as necessidades para diversos riscos envolvidos na prática de *chemsex*.

Cláusulas reconhecidamente abusivas que limitam o acesso à contratação de planos de saúde por doenças preexistentes, a restrição de acesso a determinados tratamentos e medicamentos quando não previstos pela ANS ou pela ANVISA, além da quase que totalidade da oferta de planos de saúde nas modalidades coletiva e "falso coletiva" normativamente mitigantes da regulação da ANS não permitem que os praticantes de *chemsex*, mesmo que pertencentes às já referidas classes "A" e "B" possam declarar sua total independência do sistema de saúde pública, estrito ou complementar. Um exemplo claro desta afirmação perpassa pela própria dispensação de medicamentos de prevenção e de terapia antirretroviral ao HIV, monopolizado pelo poder público para que se garanta o acesso amplo e a uma redução a preços inferiores ao de mercado junto aos fornecedores da indústria farmacêutica.

O desafio é compreender se o praticante de *chemsex*, ainda que em caráter eventual, pode ser considerado dependente químico e, nesta condição, qual seria o limite para o plano cobrir os custos de sua internação. Para requerer tal cobertura, o paciente deverá cumprir três requisitos: possuir pedido médico para internação, com o CID da doença; cobertura da mesma pelo contrato, podendo ir além da classificação estatística internacional de doenças e de problemas relacionados à saúde, definidas pela OMS e, finalmente, um plano de saúde adequado para a cobertura, que, neste caso, deve ser o da modalidade hospitalar.

Os discursos desatualizados quanto às drogas, quanto aos métodos mais atualizados de prevenção ao contágio do HIV e à demora na concessão de igualdade jurídica à população LGBTQ, retroalimentam discursos moralistas e conservadores, causando um forte sentimento de desconhecimento e desamparo sobre as realidades vividas.

Embora esta pesquisa, por razões de corte epistemológico, estivesse detida à análise da política de drogas brasileira à luz do sistema de saúde, não se pode, ainda que em breves linhas, elencar como um dos desafios à construção de uma política de saúde adequada ao *chemsex* que o tema referente ao consumo de substâncias psicoativas ilícitas tenha sua incidência reduzida sobre o ângulo penal, para que, passando-se ao aspecto sanitário, não seja um elemento agravante para o aumento do estigma sobre a prática.

Como já dito, a Lei de Drogas Brasileira, ainda que com as atualizações ocorridas ao fim do ano de 2019, continua disciplinando nos artigos 27 a 47 os crimes e as penas quanto às mais variadas condutas e nos artigos 48 a 64, sobre os aspectos processuais penais.

Considerando que a prática de *chemsex* envolve tanto o uso pessoal e individual (no caso de masturbação com o uso de substâncias) ou o compartilhamento das drogas dentro de um grupo, a subsunção do praticante à conduta de usuário se torna desafiadora. Isto porque, no texto legal, os artigos 28 e 29 trazem as seguintes disposições:

Art. 28. Quem adquirir, guardar, tiver em depósito, transportar ou trouxer consigo, para consumo pessoal, drogas sem autorização ou em desacordo com determinação legal ou regulamentar será submetido às seguintes penas: I - advertência sobre os efeitos das drogas; II - prestação de serviços à comunidade; III - medida educativa de comparecimento a programa ou curso educativo. [...] § 2º Para determinar se a droga destinava-se a consumo pessoal, o juiz atenderá à natureza e à quantidade da substância apreendida, ao local e às condições em que se desenvolveu a ação, às circunstâncias sociais e pessoais, bem como à conduta e aos antecedentes do agente. § 3º As penas previstas nos incisos II e III do caput deste artigo serão aplicadas pelo prazo máximo de 5 (cinco) meses. § 4º Em caso de reincidência, as penas previstas nos incisos II e III do caput deste artigo serão aplicadas pelo prazo máximo de 10 (dez) meses. § 5º A prestação de serviços à comunidade será cumprida em programas comunitários, entidades educacionais ou assistenciais, hospitais, estabelecimentos congêneres, públicos ou privados sem fins lucrativos, que se ocupem, preferencialmente, da prevenção do consumo ou da recuperação de usuários e dependentes de drogas. § 6º Para garantia do cumprimento das medidas educativas a que se refere o caput, nos incisos I, II e III, a que injustificadamente se recuse o agente, poderá o juiz submetê-lo, sucessivamente a: I - admoestação verbal; II - multa. § 7º O juiz determinará ao Poder Público que coloque à disposição do infrator, gratuitamente, estabelecimento de saúde, preferencialmente ambulatorial, para tratamento especializado. .

O primeiro ponto é a definição de consumo próprio, que fica a critério do magistrado, a exemplo dos julgados a seguir:

PENAL E PROCESSUAL PENAL. APELAÇÃO. TRÁFICO DE DROGAS. DESCLASSIFICAÇÃO. PORTE PARA CONSUMO PRÓPRIO. INOCORRÊNCIA. QUANTIDADE. CIRCUNSTÂN-CIAS DA APREENSÃO. 1. A quantidade da droga é um dos parâmetros legais utilizados para determinar se a substância entorpecente destina-se a consumo pessoal. A convicção do juízo quanto à prática do crime de tráfico formou-se a partir da análise conjunta da quantidade e das circunstâncias em que se deu a sua apreensão. 2. Recurso conhecido e não provido (Brasil, Tribunal de Justiça do Distrito Federal (31 out 2019)).

Em sentido contrário, encontramos, dentre outros, o julgado a seguir:

EMENTA: APELAÇÃO CRIMINAL - TRÁFICO DE DROGAS - ART. 33, CAPUT, DA LEI Nº 11.343/2006 - MERCANCIA NÃO COMPROVADA - DESCLASSIFICAÇÃO PARA PORTE PARA USO PRÓPRIO - NECESSIDADE - QUANTIDADE DE DROGA COMPATÍVEL AO CONSUMO - PRESCRIÇÃO RETROATIVA - CONFIGURAÇÃO - PUNIBILIDADE EXTINTA. - É impres-cindível para a configuração do crime de tráfico ilícito de entorpecentes prova da destinação comercial da substância, sendo imperiosa sua desclassificação para o delito previsto no art. 28, da Lei 11.343/2006, quando não comprovado o dolo específico de mercancia - Certa a posse, mas incerta a finalid-ade, incabível a condenação do denunciado pelo crime de trá-fico de drogas - Transitada em julgado a sentença condenatória para a acusação em relação ao denunciado e decorrido o lapso prescricional entre a data do recebimento da denúncia e a data da publicação da sentença condenatória, forçoso reconhecer a extinção da punibilidade do agente, pela prescrição da preten-

são punitiva (Brasil, Tribunal de Justiça de Minas Gerais (25 out 2019)).

Nas cortes superiores aponta-se tendência de desclassificação das condutas mais graves em prol do porte de substância para uso próprio, como se verifica no STJ:

HABEAS CORPUS. IMPETRAÇÃO ORIGINÁRIA. SUBSTITU-IÇÃO AO RECURSO ORDINÁRIO CABÍVEL. IMPOSSIBILI-DADE. TRÁFICO DE ENTORPECENTES. PRISÃO EM FLA-GRANTE CONVERTIDA EM PREVENTIVA. ALEGAÇÃO DE QUE AS DROGAS SERIAM PARA CONSUMO PRÓPRIO. MATÉRIA NÃO APRECIADA PELA CORTE DE ORI-GEM NO ACÓRDÃO COMBATIDO. SUPRESSÃO DE IN-STÂNCIA. REDUZIDA QUANTIDADE DA DROGA APREEN-DIDA. AGENTE PRIMÁRIO E DE BONS ANTECEDENTES. CONDIÇÕES PESSOAIS FAVORÁVEIS. SEGREGAÇÃO DES-PROPORCIONAL. MEDIDAS CAUTELARES ALTERNATIVAS. ADEQUAÇÃO E SUFICIÊNCIA. COAÇÃO ILEGAL EM PARTE DEMONSTRADA. ORDEM CONCEDIDA DE OFÍCIO. 1. O STF passou a não mais admitir o manejo do habeas corpus ori-ginário em substituição ao recurso ordinário cabível, entendi-mento que foi aqui adotado, ressalvados os casos de flagrante ilegalidade, quando a ordem poderá ser concedida de ofício. 1. Inviável a apreciação, diretamente por esta Corte Superior de Justiça, da alegação de que as drogas encontradas seriam dest-inadas ao consumo pessoal, tendo em vista que tal questão não foi analisada pelo Tribunal impetrado no aresto combatido. 2. A aplicação de medidas cautelares, aqui incluída a prisão preventiva, requer análise, pelo julgador, de sua necessidade e adequação, a teor do art. 282 do CPP, observando-se, ainda, se a constrição é proporcional ao gravame resultante de eventual condenação. 3. A prisão preventiva somente será determinada quando não for cabível a sua substituição por outra medida cautelar e quando realmente se mostre necessária e adequada às circunstâncias em que cometido o delito e às condições pessoais do agente. Exegese do art. 282, § 6º, do CPP. 4. No caso, não obstante a reprovabilidade da conduta, mostra-se devida e suficiente a imposição de medidas cautelares alternativas, dada a apreensão de reduzida quantidade de estupefaciente e as condições pessoais do agente, primário e de bons antecedentes. 5. Habeas corpus não conhecido, concedendo-se, contudo, a ordem de ofício, para substituir a cautelar da prisão pelas medidas alternativas previstas no art. 319, I, IV e V, do Código de Processo Penal (Brasil, Superior Tribunal de Justiça (18 abr 2016)).

Ademais, houve reconhecimento de repercussão geral sob o tema n. 506 – "Tipicidade do porte de drogas para consumo pessoal", no recurso extraordinário n. 635659/2011, interposto pela Defensoria Pública do Estado de São Paulo e tendo como *amici curiae* já admitidos, dentre outros, a Comissão Brasileira sobre Drogas e Democracia, a Associação Brasileira de Estudos Sociais do Uso de Psicoativos e a Central de Articulação de Entidades de Saúde. A repercussão geral foi indexada sob os temas "Constitucional. Direito Penal. Constitucionalidade do art. 28 da Lei n. 11.343/2006. Violação do artigo 5º, inciso X da Constituição Federal ("são invioláveis a intimidade, a vida privada, a honra e a imagem das pessoas, assegurado o direito a indenização pelo dano material ou moral decorrente de sua violação"), tendo como relator o Ministro Gilmar Mendes, cuja excerto da decisão se faz relevante:

No caso, a controvérsia constitucional cinge-se a determinar se o preceito constitucional invocado autoriza o legislador infraconstitucional a tipificar penalmente o uso de drogas para consumo pessoal. Trata-se de discussão que alcança, certamente, grande número de interessados, sendo necessária a manifestação desta Corte para a pacificação da matéria. Portanto, revela-se tema com manifesta relevância social e jurídica, que ultrapassa os interesses subjetivos da causa (Brasil, Supremo Tribunal Federal (09 mar 2012)).

O julgamento da referida repercussão geral ainda não foi concluído e, certamente, trará importantes resultados quanto à discricionaridade hoje vivenciada por aqueles que fazem uso de substâncias ilícitas. Não é possível ainda verificar o alcance de tal julgado, ou se o argumento de que a quantidade aparentemente elevada de substâncias se deveria à escassez no seu acesso (fazendo-se necessária a aquisição de quantidade maior, como no caso das drogas sintéticas ou importadas) ou se seria levado em consideração o uso prolongado das mesmas.

Ainda dentro da Lei de Drogas, revela-se preocupação quanto ao conteúdo jurídico do artigo 33, nos seus §§ 2º e 3º, que tratam, respectivamente, de condutas como "induzir, instigar ou auxiliar alguém no uso indevido de drogas" e "oferecer droga, eventualmente e sem objetivo de lucro, a pessoa de seu relacionamento, para juntos a consumirem". Ambas condutas são passíveis de pena de privação de liberdade pela detenção, sendo de um a três anos no caso do § 2º e seis meses a um ano no caso da conduta prevista no § 3º.

Potencialmente, em caso de necessidade de auxílio médico para socorro de *overdose* ou ainda mediante flagrante ou mandado judicial, práticas de *chemsex* não seriam consideradas, no cenário jurídico atual, como decorrentes de um transtorno médico em uma primeira análise em sede de delegacia de polícia até a instrução criminal. O receio do constrangimento pela exposição à imagem e enfrentamento de processos criminais poderia inibir os praticantes na busca por ajuda, com receio de suportarem tais desafios legais.

Saindo-se da situação criminal, verificou-se que a completa inexistência de discussão sobre o *chemsex*, muito menos sobre consumo de drogas pelas populações LGBTQ ou ainda quanto ao consumo de substâncias que são mais frequentes em tal cenário, como o GHB, *ecstasy*, quetamina e outras junto ao CONAD.

Tal invisibilização igualmente impede qualquer compreensão ou construção de práticas preventivas no uso problemático de tais substâncias, não sendo adequada a abordagem puramente individual e sob a perspectiva do vício pelo ângulo psicofisiológico. Diante de outros países, o Brasil se encontra muito atrasado nesta situação, tendo sido um tabu, até não muito tempo, a própria realização de manifestações pela liberação do uso individual da maconha.

Uma política efetiva de redução de danos se faz necessária, a exemplo do que ocorre na iniciativa privada, a exemplo do folheto adiante ilustrado, distribuído em um cruzeiro para o público LGBTQ, no qual poderia haver o consumo de substâncias, orientando sobre quais a taxa de letalidade na combinação entre elas, visto que muitos dos usuários entrevistados nesta pesquisa e também das investigações no exterior relataram consumo combinado de drogas:

Quanto ao portador do HIV, quando aderente ao tratamento, não possui escolha: ou busca o medicamento ou assume o risco de morrer. Entretanto, para aqueles que não possuem o vírus, mas que até mesmo gostariam de fazer o uso da PreP, o longo percurso burocrático até a chegada nos centros de dispensação de medicamentos, perpassando por cadastros e até mesmo o risco de encontrar pessoas conhecidas que possam aumentar o estigma, afasta uma adesão maior a este método eficaz de prevenção.

Segundo diversos estudos, inclusive um recentemente publicado no Reino Unido, houve 71% de redução dos casos de infecção por HIV graças à PreP (Rico Vasconcelos (2020)), o que demonstra a eficácia do método. É preciso repensar o acesso à PreP, talvez adotando-se, como medida análoga, à da venda de medicamentos controlados, em farmácias, para que o grande público que possa pagar assim o acesse, reservando-se ao serviço público de saúde a dispensação de forma gratuita para os que assim necessitarem – ou optarem.

O *chemsex* também deve entrar na equação entre a infecção

do HIV e outras ISTs, evoluindo-se já ultrapassado que se restringe ao compartilhamento de seringas. Faz-se necessária, além da discussão e da inclusão do tema desde a formação dos profissionais de saúde nas instituições de ensino, até mesmo a integração dos dados dos serviços de prevenção ao consumo de substâncias e centros de saúde relacionados a infecções sexualmente transmissíveis.

Por fim, mais complexo, porém que deva ser mantido em constâncias, é a redução para completa eliminação do estado de exceção de direitos ao qual vive a comunidade LGBTQ. Em uma linha de discriminação positiva e ações afirmativas, poderia ser considerada a criação de centros policiais (delegacias) e até mesmo varas especializadas em situações exclusivas ou frequentes de violência para a comunidade, o que representaria um marco simbólico de que o compromisso constitucional contra a discriminação tem efeitos concretos.

Avanços significativos foram notados nos últimos anos, mas é perceptível junto às pessoas que possuem mais de 35 anos de idade no presente ano, diversos traumas que vêm desde a ausência absoluta de reconhecimento de direitos, a epidemia da AIDS e o respeito associado a um sucesso de carreira e financeiro, como relatado nas reflexões sobre o *pink money*.

Há muito o que se fazer e pouco tempo para se lamentar. Entretanto, discutir e problematizar questões emergentes como a do *chemsex* traduz a necessidade de se permanecer acompanhando a evolução dos acontecimentos para a proteção da saúde dos envolvidos.

CONSIDERAÇÕES FINAIS

É chegado o momento de encerrar a escrita desta investigação e, assim, nas primeiras linhas destas considerações finais, peço licença à comissão avaliadora para quebrar parcialmente o protocolo e, antes de fazer a retomada do raciocínio científico, tecer algumas considerações sobre a razão e o processo de escrita desta tese, dirigindo-me ao leitor, ainda que brevemente, na primeira pessoa.

É inevitável que sejamos invadidos por uma profusão de sentimentos, como, primeiramente, o de dever cumprido, o de gratidão por todos aqueles que prestaram apoio na construção deste trabalho e de certa frustração combinada com resignação de que se pôde entregar o melhor resultado científico-acadêmico diante do contexto em que vivemos.

O trabalho de doutoramento é a consagração máxima para aqueles que têm amor à Academia. Como já dito na introdução, nos agradecimentos e também nas dedicatórias, devo eterna gratidão e reconhecimento aos professores Alexandre Sérgio da Rocha e Maria Auxiliadora Minahim por terem visto em um jovem de 23 anos de idade, há quase duas décadas, o potencial para seguir adiante nesta trajetória, que envolve docência, pesquisa, extensão e aplicação prática do direito. Ambos sempre disseram que não iriam conseguir descansar enquanto não me vissem com o título de doutor. Então, é isto, meus padrinhos acadêmicos, espero não os ter decepcionado, apresentando o melhor trabalho que pude fazer para o encerramento deste ciclo.

Ainda dentro da quebra de protocolo, quero fazer um imenso e verdadeiro agradecimento à professora Mônica Aguiar. Eu escolhi trabalhar com a professora Mônica nas duas oportunidades em que fui seu orientando, tanto no mestrado como no doutorado. Desde o primeiro momento, sua inteligência, capacidade inovadora de pesquisar e também de se reinventar me encantaram. A bioética, que foi um namoro lá nos anos de 2004 a 2006, quando fiz o mestrado, tornou-se um casamento e pude perceber com maior clareza e maturidade a sua importância e lugar de altíssima relevância na sociedade. Assim, agradeço demais a paciência, mais uma vez e a confiança de me ter como seu orientando.

Este pequeno introito é para demonstrar ao leitor que muito mais do que a escrita de um texto, uma vida passar por entre nós e, assim, desde a escolha deste tema, como a motivação que me dissuadiu de desistir dos desafios que é fazer um doutorado, é a paixão que move cada um de nós na produção da ciência, apesar de tantas adversidades.

A quebra de protocolo já se fez suficiente. Vamos agora fazer as considerações finais desta pesquisa.

A presente pesquisa teve como tema apresentado "o *Chemsex* como padrão comportamental e a adequação do sistema de saúde brasileiro à luz da bioética de intervenção para o acolhimento dos envolvidos". Construída na forma de uma tese monográfica, foi submetida à avaliação do Programa de Pós-Graduação em Direito da Universidade Federal da Bahia, na área de Relações Sociais e Novos Direitos e linha pesquisa em Bioética, cuja orientadora foi a Professora Doutora Mônica Neves Aguiar da Silva", como requisito parcial para obtenção do título de doutor em direito.

A investigação, desconsiderando a introdução e as presentes considerações finais, foi dividida em quatro capítulos de desenvolvimento, adiante apresentados.

No capítulo dois, intitulado "Noções preliminares sobre o *chemsex*", em abordagem teórico descritiva com revisão de literatura em artigos e estudos publicados em periódicos especialmente estrangeiros, foi apresentado o conceito de *chemsex*, o contexto em que ocorre, suas possíveis causas e consequências e o estado atual de reconhecimento de sua relevância pela sociedade civil e governos de países como Reino Unido, Espanha e Estados Unidos.

Adotando-se a definição trazida pelo criador do termo, David Stuart, trata-se do consumo problemático de substâncias psicoativas em contextos sexuais, muito frequente na comunidade LGBTQ e especialmente entre homens que fazem sexo com homens (HSH), que em razão da discriminação estrutural e enraizada quanto aos comportamentos não heteronormativos, buscam acolhimento, aceitação, prolongamento e intensificação das sensações de sexo, intimidade e amor, visando prolongar os relatados curtos momentos em que podem se sentir mais livres e "normais", diante de uma sociedade que não os considera assim.

Não se tratou a pesquisa de enaltecimento e valorização da prática; pelo contrário e como defendido por David Stuart em seu trabalho como ativista e cientista da área, muitas vidas de pessoas brilhantes foram prejudicadas por conta do *chemsex*, que se releva um comportamento problemático e aditivo, mas não por livre e autônoma decisão, porém devido a um contexto de homotransfobia ainda existente.

Neste capítulo dois foram apresentados os detalhamentos dos principais e pioneiros estudos internacionais na área – "The Chemsex Study" e o Relatório ASTRA", bem como o inventário de drogas que é consumido e os riscos e danos já percebidos com a prática. O capítulo se encerra com a notícia de que o *chemsex* foi reconhecido como uma manifestação do transtorno 6C72 ("desordem de comportamento sexual compulsivo") do CID-11, que entrará em vigor em todo o mundo a partir de janeiro de 2022.

Ainda sobre o *chemsex*, foi desenvolvido o capítulo três, com abordagem diametralmente oposta à do anterior. Retirou-se de cena o contexto internacional e focou-se na percepção da prática no Brasil. Dada a praticamente absoluta ausência de literatura ou discussão sobre o *chemsex* no Brasil, adstrita a reportagens esparsas nos veículos de imprensa (muitas vezes repletas de equívocos), realizou pesquisa empírica qualitativa, com a devida aprovação pelo Comitê de Ética e Pesquisa em Seres Humanos do Centro Universitário da Bahia, mesma IES que financiou parcialmente as entrevistas aplicadas a vinte homens em diálogo semiestruturado.

Respeitando-se não apenas os parâmetros bioéticos como também da legalidade, outra técnica de pesquisa foi a realização de visitas a alguns possíveis cenários e contextos em que o *chemsex* pode se apresentar, para melhor entendimento de sua dinâmica. O capítulo demonstrou que muitos aspectos no comportamento do *chemsex* se aproxima das pesquisas já realizadas no exterior, porém há especificidades locais, como certos tipos de drogas consumidas, uma certa ausência de visibilidade de discussão do comportamento e de suas consequências e o temor de não se procurar por ajuda especializada ainda quando se fizesse necessária, por aumento da estigmatização, sentimento de não compreensão adequada dos profissionais e serviços de saúde e receio de problemas com a polícia e a justiça.

O capítulo seguinte, o terceiro de desenvolvimento e quarto desta tese, foi o que se destinou à análise mais densa e teoricamente consistente dentro das limitações intelectuais e circunstanciais deste pesquisador, buscando reconhecer e identificar o *chemsex* sob três prismas: da biopolítica, de alguns princípios bioéticos mais pertinentes ao objeto de estudo e ao marco teórico da bioética de intervenção.

Nesta etapa, demonstrou-se que há uma biopolítica reguladora dos corpos e identidades LGBTQ, envolvendo assuntos como o proibicionismo do consumo de substâncias psicoativas, a normalização à luz do paradigma heteronormativo dos corpos e da identidade LGBTQ e as políticas de prevenção e tratamento do HIV e outras ISTs.

Na seção específica que trata sobre os princípios bioéticos, adentrou-se no sentido da palavra "autonomia" presente no Relatório Belmont e os possíveis equívocos que sua análise à luz do pensamento kantiano pode representar diante da diversidade e do pluralismo. Portanto, sopesou-se esta abordagem com o pensamento de Tristam Engelhardt Jr e, diante da vulnerabilidade e da alteridade, especialmente sob a ótica levinasiana, constatou-se um condicionamento das vivências dos sujeitos participantes do *chemsex* que apenas emulam uma autonomia diante de um pré-contexto de vulnerabilidades decorrentes de uma estrutura social já opressora. A alteridade surge como caminho para superação das diferenças e oferecimento de auxílio sanitário aos que necessitam reduzir ou abandonar a prática, sem que tenham receios de estigmas e preconceitos.

Na última seção do capítulo quatro abordou-se como a bioética de intervenção, longe de denotar "intromissão" (como aponta Dora Porto), reconhece a autonomia dos sujeitos, mas, antes disto, o pluralismo e as vulnerabilidades. É ferramenta teórica para a construção de um sistema de saúde mais humanizado, tendo, em certa medida, sido uma das inspirações para o modelo de saúde pública do SUS.

Em síntese, o capítulo quatro demonstrou que os praticantes de *chemsex* vivem em um movimento que humildemente identificamos como "pêndulo-insular" entre a autonomia e a vulnerabilidade, porque pensam agir de acordo com a autonomia, emulando a construção kantiana racionalista, mas, em verdade, suas atitudes não são a causa, mas a consequência do cenário biopolítico opressivo em que vivem.

No último capítulo de desenvolvimento, foi analisado de forma mais jurídico-administrativa como o sistema de saúde brasileiro pode acolher os participantes de *chemsex* no desejo de reduzirem ou abandonarem tal prática, especialmente quanto aos entraves normativos e políticos apontados. O resultado da análise, descrita em sua última seção, não foi muito animador, porque as concepções de corpos, comportamentos e sexualidades no Brasil ainda remontam uma realidade atrasada em pelo menos uma década de consciência e decisões, diante de outros países que lidam com o *chemsex* como questão relevante de saúde pública, a exemplo do Reino Unido.

Há muito o que se fazer, a começar pela própria efetividade do garantido na parte não penal da Lei do Sistema Nacional de Drogas e embora haja algum tipo de evolução no que tange aos direitos LGBTQ, a política de redução de danos em matéria de drogas e na prevenção e tratamento do HIV, ainda é muito lento para que se considerem acolhidos adequadamente pelo sistema de saúde brasileiro os envolvidos, como anunciado no título desta tese.

Assim é que encerramos estas considerações finais, com uma mensagem de esperança. Há muito o que se fazer, mas não se pode desprezar que há uma abertura na sociedade brasileira para a discussão temas complexos como o *chemsex*. O maior exemplo disto é a conclusão desta pesquisa, que se não conseguiu trazer soluções objetivas, ao menos serviu para fazer um estudo sistêmico sobre todo o contexto, para que futuras colaborações possam dar continuidade ao propósito de auxiliar os envolvidos na busca pela compreensão, acolhimento e tratamento de que necessitam.

REFERÊNCIAS CONSULTADAS E CITADAS

AGAMBEN, G. Homo sacer: O poder soberano e a vida nua. Belo Horizonte: UFMG, 2007. I.

ALSAN, M.; WANAMAKER, M. Tuskegee and the health of black men. The quarterly journal of economics, v. 133, n. 1, p. 407 – 455, 2018.

ANDRÉ, M. E. D. A. de. Etnografia da prática escolar. Décima terceira. Campinas: Papirus, 1995.

ARÁN, M.; PEIXOTO, C. A. Vulnerability and bare life: Bioethics and biopolitics today. Vulnerability and bare life: Bioethics and biopolitics, v. 41, n. 5, p. 849 – 857, 2007.

ARENDT, H. A Condição Humana. 10ª. ed. Rio de Janeiro: Forense Universitária, 2009.

ARISTÓTELES. A política. 2. ed. [S.l.]: Martins Fontes, 2006.

AZAMBUJA, L. E. O. de; GARRAFA, V. A teoria da moralidade comum e o princípio da justiça na obra de beauchamp e childress. 2015. Tese (Doutorado).

BARROS, G. P. R. de U.; MASSONE, F. U. Avaliação algimétrica por estímulo nociceptivo térmico e pressórico em cães pré-tratados com levomepromazina, midazolam e quetamina, associados ou não ao butorfanol. 2002. Dissertação (Mestrado) — Universidade Estadual Paulista (UNESP).

BEAUCHAMP, T. L.; CHILDRESS, J. F. Princípios de Ética Biomédica. São Paulo: Loyola, 2002.

BECKER, H. S. Segredos e truques da pesquisa. Rio de Janeiro: Zahar, 2017.

BENOTSCH, E. G. et al. Internet use, recreational travel, and HIV risk behaviors in men

who have sex with men. Journal of Community Health, v. 36, n. 3, p. 398 – 405, Jun 2011.

BIRD, S. J. Responsible Research: What is Expected? - Commentary on: "Statistical Power, the Belmont Report, and the Ethics of Clinical Trials". Science and Engineering Ethics, v. 16, n. 4, p. 693 – 696, 2010.

BLOCK, M. Remembering the Early Days of "Gay Cancer". NPR News, Maio 2006.

BOSANQUET, B. S. The kinsey reports. The Eugenics Review, v. 46, n. 2, p. 134 –, 7 1954.

BOTTON, A. M. Autonomia da vontade e interesse moral em Kant. 2005. 101 p. Dissertação (Programa de Pós-Graduação em Filosofia) — Universidade Federal de Santa Maria.

BOURNE, A. et al. The Chemsex Study: drug use in sexual settings among gay and bissexual men in Lambeth, Southwark & Lewisham. 2014. Sigma Research, London School of Hygiene & Tropical Medicine.

BOUSMAN, C. A. et al. Preliminary evidence of motor impairment among polysubstance 3,4- methylenedioxymethamphetamine users with intact neuropsychological functioning. Journal of the International Neuropsychological Society : JINS, v. 16, n. 6, p. 1047 – 1055, 11 2010.

BRAINE, N. et al. Drug use, community action, and public Health: Gay men and crystalmeth in NYC. Substance Use and Misuse, v. 46, n. 4, p. 368 – 380, 2011.

BRISOLA, E. M. A.; MARCONDES, N. A. V. Análise por Triangulação de Métodos: Um Referencial para Pesquisas Qualitativas. Revista UniVAp, v. 20, n. 35, 2014.

BRITO, A. N. de. Ética: Questões de fundamentação. Brasília: UnB, 2007.

BUTLER, J. Gender trouble-feminism and subversion of identity. Nova Iorque: Routledge, 2008.

BUTLER, J. Cuerpos que importan: sobre los limites discursivos del "sexo". Buenos Aires: Paidós, 2012.

CALAIS, L. B. D.; PERUCCHI, J. Políticas públicas de prevenção ao hiv/aids: uma aproximação entre França e Brasil. Psicologia em Revista, Belo Horizonte, v. 23, n. 2, p. 573 – 588, 2017.

CALIPARI, E. S.; FERRIS, M. J.; JONES, S. R. Extended Access Cocaine Self-Administration Results in Tolerance to the Dopamine-Elevating and Locomotor-Stimulating Effects of Cocaine. Journal of neurochemistry, v. 128, n. 2, p. 224 – 232, 1 2014.

CAMPOS, M. da S. Pela metade: as principais implicações da nova lei de drogas no sistema de justiça criminal de São Paulo. 2015. Tese (Faculdade de Filosofia, Letras e Ciências Humanas (FFLCH).) — Universidade de São Paulo.

CANDIDO, L. F. M. et al. Genealogia da biopolítica. 2013. Dissertação (Mestrado) —Universidade Federal de Minas Gerais.

CARDO, J. L. Lévinas - El sujeto debe responsabilizarse de los otros hasta el punto de renunciar a sí mismo. Barcelona: RBA Contenidos Editoriales y Audiovisuales, 2015.

CENTRE, C. HIV health promotion and men who have sex with men (MSM): A systematic review of research relevant to the development and implementation of Evidence for Policy and Practice. [S.l.: s.n.], 2004.

CHALIER, C. Por una moral más allá del saber. Kant y Lévinas. Madri: Caparrós, 2002.

CISION PR NEWSWIRE. Seeking Integrity Opens Men's Multi-Addiction Treatment Program for Sex/Porn and Chemsex Addiction. 2019.

CLATTS, M. C.; GOLDSAMT, L. A.; YI, H. Drug and sexual risk in four men who have sex with men populations: Evidence for a sustained HIV epidemic in New York City. Journal of Urban Health, v. 82, n. SUPPL. 1, p. 9 – 17, Mar 2005.

CLOUSER, K. D.; GERT, B. A critique of principlism. In: JECKER, N. S.; JONSEN, A. R.; PEARLMAN, R. A. (org.). Bioethics: An introduction to the history, methods, and practice. Sudburry: Jones and Bartlett Publishers, 2012. cap. 17, p. 153 – 158.

CNJ - CONSELHO NACIONAL DE JUSTICA. Cartórios são proibidos de fazer

escrituras públicas de relações poliafetivas. site CNJ, junho 2018.

CONSELHO NACIONAL DE SAÚDE. Diretrizes e normas regulamentadoras de pesquisas envolvendo seres humanos. Pesquisa Odontológica Brasileira, v. 17, p. 33 – 41, 2003.

CORREA, F. J. L.; BANDERAS, A. Bioética y sociedad en Latinoamerica. Santiago de

Chile: FELAIBE, 2011.

COSTA, A. B.; NARDI, H. C. O casamento "homoafetivo" e a política da sexualidade: implicações do afeto como justificativa das uniões de pessoas do mesmo sexo. Revista Estudos Feministas, scielo, v. 23, p. 137 – 150, 04 2015.

COSTA, E. S. da; LIMBERGER, T. Direito fundamental à saúde. 2012. Dissertação

(Programa de Pós-Graduação em Direito) — Universidade do Vale do Rio dos Sinos.

CRESWELL, J. W. Métodos Qualitativos. Porto Alegre: Artmed, 2010.

CRESWELL, J. W. Investigação qualitativa e projeto de pesquisa: escolhendo entre cinco abordagem. Porto Alegre: Penso, 2014.

341 p.

CRUZ, M. R.; ALBERTO, J.; PORTILLO, C. A Declaração Universal sobre Bioética e Direitos Humanos - contribuições ao Estado brasileiro. Revista Bioética, v. 18, n. 1, p. 93 – 107, 2010.

CRUZ, R. do C.; SILVEIRA, J. G. da. Redes sociais virtuais de informação sobre amor. InCID: Revista de Ciência da Informação e Documentação, v. 3, n. 1, p. 146 – 167, 2012.

CUNHA, S. Chemsex: prática de transar compulsivamente com drogas chega ao Brasil. 2015. Eletrônica.

DANNER, F. O sentido da biopolítica em Michel Foucault. Revista Estudos Filosóficos, Universidade Federal de São João del Rei, São João Del-Rei, n. 4, p. 143 – 157, 2017.

DANNER, F.; OLIVEIRA JUNIOR, N. H. F. de. Biopolítica e liberalismo. 2011. Tese (Programa de Pós-Graduação em Direito) — Pontifícia Universidade Católica do Rio Grande do Sul. Disponível em: http://tede2.pucrs.br/tede2/handle/tede/2874. Acesso em: 13 jan 2020.

DASKALOPOULOU, M. et al. Recreational drug use, polydrug use, and sexual behaviour in HIV-diagnosed men who have sex with men in the UK: results from the cross-sectional ASTRA study. The Lancet HIV, Elsevier Limited, Londres, Inglaterra, v. 1, n. 1, p. e22 – e31, 124 Outubro 2014.

D'ÁVILA, P. F. Drogas y sexo: vieja canción, nueva versión. La emergencia del Chemsex y sus riesgos entre hombres gais. GEHITU Magazine, 2016.

DAVIS, C. Levinas - An Introduction. Indiana - EUA: University of Notre Dame Press, 1996.

DAWSON, G. Black Gay Men, HIV and Crystal Meth. Journal of the National

Medical Association, v. 98, n. 4, p. 596 –, 4 2006.

DECOTELLI, K. M.; BOHRE, L. C. T.; BICALHO, P. P. G. de. A droga da obediência:

medicalização, infância e biopoder: notas sobre clínica e política. Psicologia: Ciência e

Profissão, scielo, v. 33, p. 446 – 459, 00 2013.

DESLANDES, S. F.; ASSIS, S. G. Abordagens Quantitativas e Qualitativas em Saúde : o diálogo das diferenças. In: MINAYO, M. C. S.; DESLANDES, S. F. (org.). Caminhos do pensamento. Epistemologia e método. Rio de Janeiro: Fiocruz, 2003.

DHOEST, A.; SZULC, L.; EECKHOUT, B. LGBTQs, media and culture in Europe. Nova Iorque: Routledge, 2016.

DINIZ, E. Governabilidade, governance e reforma do Estado: considerações sobre o novo paradigma. Revista do Serviço Público, v. 120, n. 1, p. 67 – 82, 2005.

DORDONI, P. Bioética y pluralismo: el método Socrático en la tradición de Leonard Nelson y Gustav Heckman en Medicina. 2007. 499 p. Tese (Doutorado em Filosofia) — Universidad Complutense de Madrid - Facultad de Filosofía. Acesso em: 20 nov 2018. DÓRIA, R. Os fumadores de maconha: efeitos e males do vício. In: DÓRIA, R. (ed.). Maconha (Coletânea de trabalhos brasileiros). 2a. ed. Rio de Janeiro: Serviço Nacional de Educação Sanitária, 1958. cap. I, p. 7 – 17.

DUARE, L. C. Repensando questões de autoridade e autonomia a partir das experiências farmacológicas de portadores de HIV. In: ANAIS, 2., 2015, Porto Alegre. V Reunião de Antropologia da Ciência e Tecnologia. Porto Alegre, 2015. v. 2, n. 2.

DUARTE, B. A. F. Em busca da legitimidade dos discurso constitucionais relativos ao direito à saúde: uma análise à luz da reviravolta hermenêutico-linguístico-pragmática. 2011. 520 p. Dissertação (Programa de Pós-Graduação em Direito) — Pontifícia Universidade Católica de Minas Gerais, Belo Horizonte.

DURÃO, P.; CAVALCANTI, F. de Q. B. Convênios e consórcios administrativos. 2002.

Dissertação (Programa de Pós-Graduação em Direito) — Universidade Federal de Pernambuco.

EICHELBERGER, M. et al. Itinerários da política de atenção integral a usuários de álcool

e outras drogas. 2016. Tese (Faculdade de Ciências Médicas) — Universidade Estadual de Campinas.

ENGELHARDT, J. H. T. Fundamentos da Bioética. 5. ed. São Paulo: Edições Loyola, 2013.

ESCOHOTADO, A. Historia general de las drogas. Madrid: Alianza Editorial, 1995.

ESCOHOTADO, A. O livro das drogas: usos, abusos, preconceitos e desafios. São Paulo: Dynamis Editorial, 1997.

FAZIO, A.; HUNT, G.; MOLONEY, M. It's one of the better drugs to use: Perceptions of cocaine use among gay and bisexual asian american men. Qualitive Health Research, v. 21, n. 5, p. 625 – 641, Maio 2011.

FEDUCCIA, A. A.; KONGOVI, N.; DUVAUCHELLE, C. L. Heat increases MDMA enhanced NAcc 5-HT and body temperature, but not MDMA self-administration. European neuropsychopharmacology : the journal of the European College of Neuropsychopharmacology, v. 20, n. 12, p. 884 – 894, 12 2010.

FELDMAN, F. Kanthian Ethics. In: JECKER, N. S.; JONSEN, A. R.; PEARLMAN, R. A. (Ed.). Bioethics: An introduction to the history, methods, and practice. Sudburry: Jones and Bartlett Publishers, 2012. cap. 15, p. 137 – 146.

FERNANDES, B. V. S.; SILVA, M. N. A. da. O dano moral por discriminação à pessoa em decorrência de orientação sexual. 2006. Dissertação (Programa de Pós-Graduação em Direito) — Universidade Federal da Bahia.

FERNANDEZ-MARTOS, J. M.; VIDAL, M. Esclarecimentos fundamentais: nome, definição, tipo e normalidade. In: FERNANDEZ-MARTOS, J. M.; VIDAL, M. (ed.). Homossexualidade: ciência e consciência. São Paulo: Edições Loyola, 1998. cap. 1, p. 7 – 15.

FERRER, J. J.; ÁLVAREZ, J. C. Para fundamentar la bioética. 2. ed.

Sevilla: Editorial Desclée de Brouwer, 2005.

FINO, C. FAQs, Etnografia e Observação Participante. SEE – Revista Europeia de Etnografia da Educação, n. 3, p. 95 – 105, 2003.

FIORE, M. O lugar do Estado na questão das drogas: o paradigma proibicionista e as alternativas. Novos Estudos - CEBRAP, Centro Brasileiro de Análise e Planejamento, v. 3, n. 92, p. 9

FOLHA DE SÃO PAULO. OMS tira transexualidade de nova versão de lista de doenças mentais. 2018. Jornal.

FOUCAULT, M. Em defesa da sociedade. São Paulo: Martins Fontes, 2005a.

FOUCAULT, M. Vigiar e punir. 30. ed. [S.l.]: Petrópolis: Vozes, 2005b.

FOUCAULT, M. Nascimento da biopolítica. São Paulo: Martins Fontes, 2008a.

FOUCAULT, M. Segurança, território, população. São Paulo: Martins Fontes, 2008b.

FOUCAULT, M. A microfísica do poder. Rio de Janeiro: Paz e Terra, 2015a.

FOUCAULT, M. História da sexualidade - a vontade de saber. 3. ed. São Paulo: Paz & Terra, 2015b. Tradução de Maria Thereza da Costa Albuquerque e J.A. Guilhon Albuquerque.

FOUCAULT, M. História da Sexualidade - IV: As Confissões da Carne. 1. ed. Lisboa: Relógio D'Água, 2019.

FREIRE, S. E. de A.; GOUVEIA, V. V. Poliamor, uma forma n?o exclusiva de amar. 2013. Tese (Programa de Pós-Graduação em Psicologia Social) — Universidade Federal da Paraíba.

FURTADO, R. N.; CAMILO, J. A. de O. O Conceito de Biopoder no Pensamento de Michel Foucault. Revista Subjetividades, v. 16, n. 3, p. 34 – 44, Dez 2017.

GAISSAD, L. La Démence ou la dépense ? Le circuit festif gay entre consommationet consumation. Ethnologie française, v.

43, n. 3, p. 409 – 416, 2013.

GALVÃO, J. A AIDS no Brasil: agenda de construção de uma epidemia. São Paulo: 34/ABIA, 2000.

GARRAFA, V. Da bioética de princípios a uma bioética interventiva. Revista Bioética, v. 13,bn. 1, p. 125 – 134, 2005a.

GARRAFA, V. Inclusão social no contexto da bioética. Revista Brasileira de Bioética, v. 1, n. 1, p. 122 – 132, 2005b.

GARRAFA, V.; PORTO, D. Intervention bioethics: A proposal for peripheral countries in a context of power and injustice. Bioethics, v. 17, n. 5-6, p. 399 – 416, Out 2003.

GASTALDO, D. et al. Unprotected sex among men who have sex with men in Canada: Exploring rationales and expanding HIV prevention. Critical Public Health, v. 19, n. 3-4, p. 399 – 416, Abr 2009.

GIL, A. C. Como elaborar projetos de pesquisas. 5ª. ed. São Paulo: Atlas, 2010.

GILMAN, S. Disease and Representation-Images of Illness from Madness to AIDS. Ihaca/London: Cornell University Press, 1988.

GÓIS, J. B. H. Olhos e ouvidos públicos para atos (quase) privados: a formação de uma percepção pública da homossexualidade como doença. Physis: Revista de Saúde Coletiva, scielo, v. 10, p. 75 – 99, 12 2000.

GOLDIM, J. R. O caso Tuskegee: quando a ciência se torna eticamente inadequada. 1999.

GOMES, R. et al. Organização, processamento, análise e interpretação de dados: o desafio da triangulação. In: MINAYO, M. C. de S.; ASSIS, S. G. de; RAMOS, E. (Ed.). Avaliação por triangulação de métodos: abordagem de programas sociais. Rio de Janeiro: Fiocruz, 2005. p. 185 – 221.

GOODWIN, A. K. et al. Behavioral Effects and Pharmacokinetics of (±)-3,4- Methylenedioxymethamphetamine (MDMA, Ecstasy) after Intragastric Administration to Baboons. The

Journal of Pharmacology and Experimental Therapeutics, The American Society for Pharmacology and Experimental Therapeutics, v. 345, n. 3, p. 342 – 353, 6 2013.

GOULART, B. K.; ROESLER, R. Efeitos de cetamina na formação da memória de longa duração e níveis de BDNF no hipocampo de ratos. 2009. Dissertação (Ciências Biológicas) — Universidade Federal do Rio Grande do Sul.

GOURLAY, A. et al. A qualitative study exploring the social and environmental context of recently acquired HIV infection among men who have sex with men in South-East England. British Medical Journal, v. 7, n. 8, Ago 2017.

GOVERNO DO REINO UNIDO. New drug strategy to safeguard vulnerable and stop substance misuse. 2017. Eletrônica.

GRAÑA, R. B. É a homossexualidade um problema "clínico"? Curitiba: Juruá, 2001.

GRELLMANN, L. N. F. G.; LIMBERGER, T. A releitura da nacionalidade para efetivação do direito social à saúde: O exemplo privilegiado do caso fronteiriço. 2011. Dissertação (PPG Direito) — Universidade do Vale do Rio dos Sinos.

GUIMARÃES, C. D. O homossexual visto por entendidos. São Paulo: Garamond, 2004.

GUINOSA, M. O poder do Pink Money. 2012.

HAMMOUD, M. A. et al. Intensive sex partying with gamma-hydroxybutyrate: Factors associated with using gamma-hydroxybutyrate for chemsex among Australian gay and bisexual men-results from the Flux Study. Sex Health, v. 15, n. 2, p. 123 – 134, Abr 2018.

HOBBES, M. Together alone - the epidemic of gay loneliness. The Huffington Post, New York, 2017.

HOLM, S. Not just autonomy - The principles of American biomedical ethics. Journal of Medical Ethics, v. 21, n. 6, p. 332 – 338, Dez 1995.

HOSSNE, W. S.; PESSINI, L. Dos referenciais da Bioética – a Vulnerabilidade. Bioethikos, Centro Universitário São Camiloa, São Paulo, v. 8, n. 1, p. 11 – 30, 2014.

IRWIN, T. W. et al. Alcohol and sexual HIV risk behavior among problem drinking men who have sex with men: An event level analysis of timeline followback data. AIDS and behavior, v. 10, n. 3, p. 299 – 307, 2006.

JABOR, A. Os gays e as paranoias do mundo. O Estado de São Paulo, São Paulo, Julho 2011.

JONSEN, A. R. The Birth of Bioethics. New York: Oxford University Press, 1998.

KANT, I. Crítica da razão pura. São Paulo: Nova Cultural, 1996.

KANT, I. Fundamentação da metafísica dos costumes. São Paulo: [s.n.], 2002.

KOTT, A. Drug Use and Loneliness Are Linked to Unprotected Sex in Older Adults with

HIV. Perspectives on Sexual and Reproductive Health, p. 43 – 69, 2011.

KOTTOW, M. Bioethics and Biopolitics. Revista Brasileira de Bioética, Sociedade Brasileira de Bioética, Brasília, v. 1, n. 2, p. 110 – 121, 2005.

KRAUS, S. W. et al. Compulsive sexual behaviour disorder in the ICD-11. World Psychiatry, The World Psychiatric Association, Rockville Pike, p. 109 – 110, Janeiro 2019.

LAGES, R. Turismo Mundial perde preconceito com o Pink Money. 2012.

LAPLANTINE, F. O campo e a abordagem antropológicos. In: LAPLANTINE, F. (ed.). Aprender Antropologia. 27°. ed. São Paulo: Editora Brasiliense, 2012.

LAVILLE, C.; DIONNE, J. Manual da Metodologia da Pesquisa em Ciências Humanas. Belo Horizonte: Editora UFMG, 1999.

LEITE, A.; GOMES, F. C. Sexo, drogas e saúde mental. A gestão de prazeres e riscos nas práticas de chemsex. 2020. CES - Centro de Estudos Sociais da Universidade de Coimbra

LEITE JUNIOR, J. Transitar para onde?: monstruosidade, (des) patologização, (in)segurança social e identidades transgêneras. Revista Estudos Feministas, scielo, v. 20, p. 559 – 568, 08 2012.

LEMOS, F. de C.; MATTA, G. C. Saúde como direito fundamental à vida. 2012. Dissertação (Mestrado) — EPSJV.

LÉVINAS, E. Autrement qu'être ou au-dela de l'essence. Haia: The Hague: Martinus Nihjoff, 1978.

LÉVINAS, E. Totalidade e infinito. Lisboa: Edições 70, 2008.

LIMA, L. S. A. et al. O sistema de defesa do consumidor e o trata-mento dos contratos de plano de saúde pelo Superior Tribunal de Justiça. 2015. Dissertação (Programa de Pós-Graduação em Direito) — Universidade de Fortaleza.

LUCCHESE, P. et al. Políticas públicas em Saúde pública. São Paulo: [s.n.], 2004.

MA, R.; PERERA, S. Safer 'chemsex': GPs' role in harm reduction for emerging forms of recreational drug use. The British Journal of General Practice, Royal College of General Practitioners, v. 66, n. 642, p. 4 – 5, 1 2016.

MADRID, R. La bioética de Tristram Engelhardt: entre la contra-dicción y la postmodernidad. Revista Bioética, Pontificia Uni-versidad Católica de Chile, v. 22, n. 3, p. 441 – 447, 2014.

MAGALHAES, G. A. et al. Convênios administrativos. 2011. Tese (Doutorado) — Universidade Federal de Minas Gerais.

MANZINI, E. J. A entrevista na pesquisa social. Didática, São Paulo, v. 26/27, 1990/1991. P. 149-158.

MARQUES, C. L.; SCHMITT, C. H. A Aplicação do CDC nos Contra-tos de Plano de Saúde de Assistência à Saúde. 2018.

MARQUES, F. F. et al. A prestação privada de serviços públicos no Brasil. 2009. Dissertação (Direito do Estado) — Universidade de

São Paulo, Faculdade de Direito.

MARTINS, I. O. P. P. de M. A operacionalização dos princípios da bioética no principialismo de Beauchamp e Childress. 2013. 75 p. Dissertação (Faculdade de Ciências Sociais e Humanas) — Universidade Nova de Lisboa.

MARTORELL, L. B. Análise Crítica Da Bioética De Intervenção: Um Exercício De Fundamentação Epistemológica. 2015. Tese (Doutorado em bioética) — Universidade de Brasília.

MARTUCCI, M. E. Estudo de caso etnográfico. Revista de Biblioteconomia de Brasília, Brasília, v. 25, n. 2, p. 167 – 180, 2001.

MATTOS, C. L. G. de. A abordagem etnográfica na investigação científica. Campina Grande: Eduepb, 2011.

MEASHAM, F. et al. The rise in legal highs: Prevalence and patterns in the use of illegal drugs and first- and second-generation "legal highs" in South London gay dance clubs. Journal of Substance Use, v. 16, p. 263 – 272, Jul 2018.

MELLO, V. V. de; COLLARILE, L. V. F. Controle da concessão de serviço público. 2006. Tese (Doutorado) — Pontifícia Universidade Católica de São Paulo.

MIGALHAS. STF aprova tese que permite mudança de nome e sexo por transgêneros sem cirurgia. 2018.

MILHET, M. et al. Chemsex experiences: narratives of pleasure. Drugs and Alcohol Today, v. 19, n. 1, p. 11 – 22, 2019.

MINAHIM, M. A. Autonomia e Frustração da Tutela Penal. São Paulo: [s.n.], 2015.

MINAYO, M. Pesquisa social, método e criatividade. Vozes, v. 30, 2011.

MOREIRA, D. O método fenomenológico na pesquisa. São Paulo: Pioneira, 2002.

MORRIS, S. Too painful to think about: chemsex and trauma. Drugs and Alcohol Today, v. 19, n. 1, p. 42 – 48, 2019.

.

MOUZO, J. Barcelona incorpora o 'chemsex' na lista de problemas de saúde pública. ElPaís, Madri, Setembro 2017.

MUSTANSKI, B. S. et al. HIV in young men who have sex with men: A review of epidemiology, risk and protective factors, and interventions. Journal of Sex Resarch, v. 48, n. 2-3, p. 218 – 253, 2011.

MUSTO, D. F. The american disease: origin of narcotic control. New York: Oxford University Press, 1987.

NEVES, M. do C. P. Sentidos da vulnerabilidade: característica, condição, princípio.

Revista Brasileira de Bioética, v. 2, p. 157 – 172, 2005.

NEWMAN, C. E. et al. Comparing 'doctor' and 'patient' beliefs about the role of illicit drug use in gay men's depression. Health and social care in the community, v. 20, n. 4, p. 412 – 419, Jul 2012.

NHS CHELSEA AND WESTMINSTER HOSPITAL. 56 Dean Street. 2020.

NUNES, C. A. Desvendando a sexualidade. São Paulo: Papirus, 1997.

NUNES, N.; MARQUES, J. A.; FERREIRA, H. I. Anestesia dissociativa em potros pela associação de droperidol e quetamina. Ciência Rural, scielo, v. 22, p. 285 – 288, 12 1992.

OLIVEIRA, F. B. de et al. A concretização constitucional do direito homoafetivo. 2012. Dissertação (Mestrado) — Universidade Presbiteriana Mackenzie

OLIVEIRA, J. Em decisão histórica, STF derruba restrição de doação de sangue por homossexuais. El País, maio 2020.

ORGANIZAÇÃO MUNDIAL DA SAÚDE. Classificação Estatística Internacional de Doenças e Problemas Relacionados com a Saúde (CID). 11. ed. [S.l.], 2018.

ORGANIZACÃO MUNDIAL DA SAÚDE. CID-10 - Classificação Estatística Internacional de Doenças. [S.l.]: EDUSP, 2008. v. 3.

PALACIO, M. La vulnerabilidad fundando lá ética de la solidaridad y la justicia. Análisis. Revista de Investigación filosófica, v. 2, n. 1, p. 29 – 47, 2015.

PASSETTI, E. Das fumeries ao nascotráfico. São Paulo: EDUC, 1991.

PEREIRA, C. R. et al. O papel de representações sociais sobre a natureza da homossexualidade na oposição ao casamento civil e à adoção por famílias homoafetivas. Psicologia: Teoria e Pesquisa, scielo, v. 29, p. 79 – 89, 03 2013.

PEREIRA, M. E. C. Krafft-Ebing: A Psychopathia Sexualis e a criação da noção médica de sadismo. Rev. latinoamericana de psicopatol fundamental, São Paulo, v. 12, n. 2, p. 379 – 386, Junho 2009.

PILÃO, A. C.; GOLDENBERG, M. Poliamor e monogamia: construindo diferenças e hierarquias. Revista Ártemis, v. 13, p. 62 – 71, julho 2012.

PIMENTA, P. O que é o chemsex, prática associada ao surto de hepatite A? Público (Jornal), Lisboa, Março 2017.

PLATAFORMA BRASIL (MINISTÉRIO DA SAÚDE). Comprovação de Aprovação por Comitê de Ética e Pesquisa. 2018.

PODVAL, M. L. de O. F.; FREDERIGHI, S. M. P. C. P. Serviço de saúde no âmbito do Sistema Único de Saúde e o Código de Defesa do Consumidor. 2006. Dissertação (Mestrado) — Pontifícia Universidade Católica de São Paulo.

POLLARD, A.; NADARZYNSKI, T.; LLEWELLYN, C. Syndemics of stigma, minority-stress, maladaptive coping, risk environments and littoral spaces among men who have sex with men using chemsex. v. 20, n. 4, 2018.

PORTELLI, A. Para além da entrevista: uma etnografia da minha prática. In: PORTELLI, A. (Ed.). História Oral como arte da escuta. São Paulo: Letra e Voz, 2016. p. 27 – 44.

PORTO, D. Bioética de intervenção: considerações sobre a economia de mercado. v. 13, n. 1, p. 111 – 123, 2005.

PORTO, D. et al. Bioéticas, poderes e injustiças 10 anos depois. Brasília: CFM, 2012.

PORTO, D.; GARRAFA, V. A influência da Reforma Sanitária na construção das bioéticas brasileiras. Ciência & Saúde Coletiva, scielo, v. 16, p. 719 – 729, 00 2011.

POTTER, V. R. Bioética: Ponte Para o Futuro. São Paulo: Edições Loyola, 2016.

POWERS, R. World Health Organization Confirms Compulsive Sexual Behavior Disorder to be in ICD-11. 2020. Eletrônica.

RACE, K. et al. The future of drugs: Recreational drug use and sexual health among gay and other men who have sex with men. Sexual Health, v. 14, n. 1, p. 42 – 50, 2017.

RAMOS, I. Brasil descobre a força do Pink Money. 2019. SAPO - eletrônico.

REVERBY, S. M. "Misrepresentations of the Tuskegee Study"– distortion of anallysis and facts? Journal of the National Medical Association, National Medical Association, v. 97, n. 8, p. 1180 – 1181, 8 2005.

REVERON, M. E.; MAIER, E. Y.; DUVAUCHELLE, C. L. Behavioral, Thermal and Neurochemical Effects Of Acute And Chronic 3,4-Methylenedioxymethamphetamine ("Ecstasy") Self-Administration. Behavioural brain research, v. 207, n. 2, p. 500 –, 3 2010.

RIBEIRO, A. A.; GUIMARÃES, S. M. F. Dilemas na construção e efetivação da política nacional e distrital de práticas integrativas e complementares em saúde. 2015. Dissertação (Mestrado).

RIBEIRO, M. de M. Drogas e redução de danos: análise crítica no âmbito das ciências criminais. 2012. 333 p. Tese (Faculdade de Direito) — Universidade de São Paulo, São Paulo.

RIBEIRO, M. de M.; ARAÚJO, M. R. Política mundial de drogas

ilícitas: uma reflexão histórica. In: RIBEIRO, M. de M.; ARAÚJO, M. R. (ed.). Panorama atual de drogas e dependência. São Paulo: Atheneu, 2006.

RICHARDSON, R. J. A Pesquisa Social: Métodos e Técnicas. 3. ed. São Paulo: Atlas, 2012.

RIVAS-MUÑOZ, F. et al. Bioética de intervención, interculturalidad y no-colonialidad. Saúde e Sociedade, São Paulo, p. 141 – 151, Junho 2015.

ROCHA, J. C. de Sá da. Direito da Saúde - Direito sanitário na perspectiva dos interesses difusos e coletivos. 2. ed. São Paulo: Atlas, 2011.

RODRIGUES, L. B. de F. Controle penal sobre as drogas ilícitas: o impacto do proibicionismo no sistema penal e na sociedade. 2006. 249 p. Tese (Doutorado em Direito - Faculdade de Direito) — Universidade de São Paulo, São Paulo. Acesso em: 15/01/2018.

ROLL, J. M. et al. Preference for Gamma-Hydroxybutyrate (GHB) in Current Users. Journal of the Experimental Analysis of Behavior, Society for the Experimental Analysis of Behavior, Inc, v. 97, n. 3, p. 323 – 331, 5 2012.

ROMANELLI, F.; SMITH, K. M.; POMEROY, A. C. Poppers: epidemiology and clinical management of inhaled nitrite abuse. Pharmacotherapy, v. 24, n. 1, p. 69 – 78, 2004.

ROSA, P. O.; PASSETTI, E. Drogas e biopolítica. 2012. Tese (Programa de Estudos Pós-Graduados em Ciências Sociais) — Pontifícia Universidade Católica de São Paulo.

ROSITO, E. S.; NEDER, M. O casal homoafetivo e a conjugalidade. 2013. Dissertação (Programa de Estudos Pós-Graduados em Psicologia: Psicologia Clínica) — Pontifícia Universidade Católica de São Paulo.

ROTHMANN, D. Strangers at the Bedside. A History of How Law and Bioethics Transformed Medical Decision Making. New York: Basic Books, 1991.

RUBIA DIAS. Homofobia: criminalizar e proteger. JICEX, v. 10, n. 10, 2017.

SAMPAIO, P. Sexo químico', a transa com drogas que leva foliões gays ao desatino. 2020. Eletrônica.

SANTIAGO, R. da S.; LIMA, F. H. V. de. O mito da monogamia à luz do direitocivil-constitucional. 2014. Dissertação (Programa de Pós-Graduação em Direito) —Universidade de Brasília.

SANTOS, J. A. T.; OLIVEIRA, M. L. F. de. Políticas públicas sobre álcool e outras drogas: breve resgate histórico. Saúde e transformação social, v. 4, n. 1, p. 82 – 89, 2013.

SANTOS, L. H.; ZAGO, L. F. Topologias dos Corpos de Homens Gays: Deslocamentos na Produção de Sensibilidades Biopolíticas. Nómadas: Colombia: Universidad Central, 2013.

Disponível em: https://lume.ufrgs.br/handle/10183/114996. Acesso em: 13 jan 2020. SANTOS, W. M. et al. Diálogo integrativo entre as terapias analítico-comportamental, cognitivo-comportametnal e narrativa de re-autoria. 2015. Dissertação (Instituto de Psicologia) — Universidade Federal de Uberlândia.

SARTOR, C. E.; KRANZLER, H. R.; GELERNTER, J. Characteristics and Course of Dependence in Cocaine-Dependent Individuals Who Never Used Alcohol or Marijuana or Used Cocaine First. Journal of Studies on Alcohol and Drugs, Rutgers University, v. 75, n. 3, p. 423 – 427, 5 2014.

SAVARY, P. et al. Poppers toxic maculopathy misdiagnosed as atypical optic neuritis. European Journal of Neurology, v. 20, n. 7, p. e90 – e91, 2013.

SCHENBERG, E. E. et al. Acute Biphasic Effects of Ayahuasca. PLoS ONE, Public Library of Science, v. 10, n. 9, p. e0137202 –, 2015.

SCHIERANO, C.; POTTER, G. R. Sex & drugs & EDM : the use and distribution of drugs within a London chemsex scene. In: SCHIERANO, C.; POTTER, G. R. (Ed.). Evidence in European social drug research and drug policy. Berlim: Pabst Science Publishers,

2016. cap. 10.

SCHMITT, C. H. Cláusulas abusivas em contratos de planos e de seguros de assistência privadaà saúde. Revista de Direito do Consumidor, v. 246, n. 75, p. – 214, julho-setembro 2010.

SCHMITT, C. H. Consumidores hipervulneráveis: a proteção do idoso no mercado deconsumo. São Paulo: Atlas, 2014.

SECRETARIA NACIONAL DE CUIDADOS E PREVENÇÃO ÀS DROGAS - SENAPRED. Mapa das comunidades terapêuticas. 2020. Eletrônica.

SEGRE, M.; FERRAZ, F. C. O conceito de saúde. Revista de Saúde Pública, v. 31, n. 5, p. 538– 542, Out 1997.

SEN, A. Desenvolvimento como liberdade. 4. ed. São Paulo: Companhia das Letras, 2010.

SEWELL, J. et al. Changes in chemsex and sexual behaviour over time, among a cohort of MSM in London and Brighton: Findings from the AURAH2 study. The international journal of drug policy, v. 68, p. 54 – 61, 2019.

SEWELL, J. et al. Poly drug use, chemsex drug use, and associations with sexual risk behaviour in HIV-negative men who have sex with men attending sexual health clinics. International Journal on Drug Policy, v. 43, p. 33 – 43, Mai 2017.

SIBILIA, M. P. O corpo modelado como imagem: o sacrifício da carne pela pureza digital. In: RIBEIRO, P.; SILVA, M.; GOELLNER, S. (Ed.). Corpo, gênero e sexualidade: composições e desafios para a formação docente. [s.n.], 2009. cap. 3, p. 30 – 41.

SILVA, L. E. S.; DRUMMOND, A.; GARRAFA, V. Bioética de intervenção: uma prática politizada na responsabilidade social. Universitas Ciência da Saúde, UniCEUB, Brasília, v. 9, n. 2, p. 111 – 119, 2011.

SILVA, M. N. A. da. O paradoxo entre a autonomia e a beneficência nas questões de saúde: quando o poder encontra a vulnerabilidade. Revista de biodireito e direito dos animais, v. 2, n. 1, p.

16 –, 2016.

SILVEIRA, A. T. R. da; CAMMAROSANO, M. As organizações sociais e o exercício de competências públicas. 2011. Tese (Doutorado) — Pontifícia Universidade Católica de São Paulo.

SILVERMAN, D. Interpretação de dados qualitativos: métodos para análise de entrevistas, textos e interações. Porto Alegre: Artmed, 2009.

SOTOLONGO, P. ¿Es Una Bioética Separada De La Política Menos Ideologizada Que Uma Bioética Politizada? Revista Brasileira de Bioética, v. 1, n. 2, p. 133 – 144, 1969.

SOUZA, C. Governos e sociedades locais em contextos de desigualdades e de descentralização. v. 7, n. 3, p. 431 – 442, 2002.

SOUZA, D. R. de et al. Redução de danos (RD). 2013. Dissertação (Mestrado) — Universidade de São Paulo.

SOUZA, T. de P. O nascimento da biopolítica das drogas e a arte liberal de governar. Fractal : Revista de Psicologia, scielo, v. 26, p. 979 – 997, 12 2014. ISSN 1984-0292.

STRECK, L. Sobre a decisão do STF (uniões homoafetivas). 2011.

STUART, D. Cultural competency for clinicians: ChemSex and coinfection. Future Virology, v. 10, n. 4, p. 347 – 349, Abr 2015.

STUART, D. Chemsex: origins of the word, a history of the phenomenon and a respect to the culture. Drugs and Alcohol Today, v. 19, n. 1, p. 3 – 10, 2019.

STUART, D. Chemsex psychosis. 2020a. Eletrônica.

STUART, D. Página oficial no Academia.edu. 2020b. Eletrônica.

SURYAN, J.; GARCIA, M. O Direito constitucional à saúde e o sistema de saúde complementar. 2014. Dissertação (Programa de Estudos Pós-Graduados em Direito) —Pontifícia Universidade Católica de São Paulo.

TAN, R. K. J. et al. Chemsex among gay, bisexual, and other men who have sex with men in Singapore and the challenges ahead:

A qualitative study. The international journal of drug policy, v. 61, n. October, p. 31 – 37, Nov 2018.

TEIXEIRA, G. Nem um passo atrás. 2015. Online.

TOMAZETTE, M. Curso de Direito Empresarial: Falência e Recuperação de Empresa. 5. ed. [S.l.]: Atlas, 2017. v. 3.

TORCATO, C. E. M. et al. A história das drogas e sua proibição no Brasil. 2016. Tese (Faculdade de Filosofia, Letras e Ciências Humanas) — Universidade de São Paulo.

UNAIDS. Gap Report. UNAIDS Gap Report, 2014.

VASCONCELOS, R. Casos de HIV caem 71% entre gays do Reino Unido. O mesmo ocorre no Brasil? 2020. Eletrônica.

VAZ, R. de O. F.; VICENTIN, M. C. G. Redução de danos, política do comum e invenções de um cuidado de si. 2015. 154 p. Dissertação (Programa de Estudos Pós-Graduados em Psicologia: Psicologia Social) — Pontifícia Universidade Católica de São Paulo.

VENTURA, D. Pandemias e estado de exceção. In: CATONI, M.; MACHADO, F. (org.). Constituição e Processo: a resposta do constitucionalismo à banalização do terror. Minas Gerais: Del Rey, 2009. cap. 4.

VIGNAL-CLERMONT, C. et al. Poppers-associated retinal toxicity. New England Jornal of Medicine, v. 363, n. 16, p. 1583 – 1585, 2010.

VINTE, E. Entrevista XX: Entrevistado por Belmiro Vivaldo Santana Fernandes [jun 2018]. Salvador: Transcrição disponível no Apêndice desta tese, 2018.

WAKABAYASHI, K. T.; KIYATKIN, E. A. Critical role of peripheral drug actions in experience-dependent changes in nucleus accumbens glutamate release induced by intravenous cocaine. Journal of neurochemistry, v. 128, n. 5, p. 672 – 685, 3 2014.

WHARTON, J. Something for the weekend. Londres: Biteback Publishing, 2017.

ZAGO, L. Corpo-currículo na cultura somática. In: ULBRA (Ed.).

Seminário Brasileiro de Estudos Culturais em Educação. Canoas: ULBRA, 2013. p. 1 – 12.

ZAULI, A.; GALINKIN, A. L. Famílias homoafetivas femininas no Brasil e no Canadá. 2012. 457 p. Tese (Psicologia Social, do Trabalho e das Organizações) — Universidade de Brasília.

---

[1] BOURNE, A. et al. The Chemsex Study: drug use in sexual settings among gay and bissexual men in Lambeth, Southwark & Lewisham. 2014. Sigma Research, London School of Hygiene & Tropical Medicine. Disponível em: https://www.lambeth.gov.uk/sites/default/files/ssh-chemsex-study-final-main-report.pdf. Acesso em: 06 jan 2018.

[2] DASKALOPOULOU, M. et al. Recreational drug use, polydrug use, and sexual behaviour in HIV-diagnosed men who have sex with men in the UK: results from the cross-sectional ASTRA study. The Lancet HIV, Elsevier Limited, Londres, Inglaterra, v. 1, n. 1, p. e22 – e31, Outubro 2014. Disponível em: http://www.thelancet.com/journals/lanhiv/article/PIIS2352-3018(14)70007-4/fulltext. Acesso em: 06 jan 2018.

[3] KOTT, A. Drug Use and Loneliness Are Linked to Unprotected Sex in Older Adults with HIV. Perspectives on
Sexual and Reproductive Health, p. 43 – 69, 2011. Disponível em: https://www.guttmacher.org/journals/psrh/2011/03/drug-use-and-loneliness-are-linked-unprotected-sex-older-adults-hiv. Acesso em: 17/01/2018

AGRADECIMENTOS

Ninguém consegue desenvolver um trabalho acadêmico da monta de uma tese de doutorado sem contar com o apoio de muitas, mas muitas pessoas.

Então, de antemão, já peço desculpas se em razão da emoção eu me esquecer de reconhecer a sua importância no desenvolvimento desta pesquisa.

Para não ser repetitivo, reitero, aqui, na forma de agradecimentos, a todos aqueles a quem eu já dediquei este trabalho, pedindo gentilmente que leiam a dedicatória que lhes fiz : minha mãe, minha avó Antonieta (in memoriam), meu pai, meus irmãos Sandro, Paulinha e Binho, Jeovanna, Dedé, Ezilda, Ana Cristina, Profa. Auxiliadora, Prof. Alexandre Rocha, Profa. Mônica (minha orientadora) e os meus amigos.

Preciso registrar alguns agradecimentos especiais e a ordem que seguirei não obedece critérios, se não o do coração.
O doutorado se iniciou em 2017 e, assim, passei por muitos trabalhos acadêmicos,
de modo que eu não poderia deixar de agradecer a todos os colegas e alunos, da graduação
e da pós-graduação, que estiveram comigo me apoiando e vibrando para que este momento
fosse conquistado. Aproveito já para agradecer às oportunidades que recebi de fomento e

incentivo à pesquisa pelo Centro Universitário Estácio da Bahia, no qual fui professor, bolsista
de produtividade (inclusive na área de pesquisa desta tese) e cujo Comitê foi o responsável por
aprovar a pesquisa de campo.

Agradeço à tia Bernadete Poças, a Ana Cristina e a todo o escritório MB Poças, que me
acolheu no exercício da advocacia desde 2015 e que também me apoiou incondicionalmente no
meu ingresso no doutorado.

Agradeço também aos meus amigos Sócrates, Fábio Lima, Alessandra Sauka, Heron,
Ricardo Ciriaco, Carlos Eduardo, André Nascimento, Geraldo, que também estiveram ao meu
lado para me apoiar e acompanhar a evolução da escrita da tese, sem desconsiderar todos os
outros que já foram citados acima e também na dedicatória.

Peço mais uma vez desculpas se pela emoção ou memória imediata não foi citado, mas
saiba que sua colaboração foi fundamental para que eu chegasse até aqui. Portanto, fica o meu
carinho e a minha gratidão.

ABOUT THE AUTHOR

Belmiro Vivaldo Santana Fernandes

Belmiro Vivaldo Santana Fernandes é Dou-
tor e Mestre em Direito pela Universidade
Federal da Bahia, além de graduado em Direito pela Universidade Católica do Salvador. É pesquisador do Grupo VIDA na área
de bioética, registrado no CNPq e vinculado ao Programa de Pós-Graduação em
Direito da Universidade Federal da Bahia.
Pesquisa sobre direitos LGBTQIA+ desde o
ano de 2004, com dissertação de mestrado
e tese na área. É professor universitário dos
níveis de graduação, especialização e cursos livres, além de
autor de obras jurídicas, não jurídicas e também ficcionais.

BOOKS BY THIS AUTHOR

Direito Civil: Obrigações

O direito das obrigações representa um importante departamento da ciência jurídica, com reflexos fundamentais não apenas no próprio direito civil, mas em diversos outros, a exemplo do próprio direito administrativo, tributário e do trabalho, para citar alguns.

Seus conteúdos precisam ser solidamente apreendidos pelo estudioso do direito, para que compreenda a maneira pela qual credores e devedores se vinculam, o direito civil garante normativamente o pagamento, além das consequências da mora e do inadimplemento absoluto.

Comumente, todo aquele que não compreende adequadamente o direito das obrigações acaba enfrentando problemas técnicos quando do estudo e da aplicação nos ramos acima já citados, além de não conseguir visualizar soluções mais adequadas diante das situações jurídicas com as quais se depara.

Esta obra foi construída com o objetivo duplo: possibilitar o aprendizado daquele que está conhecendo a disciplina e também ser um instrumento para o leitor que pretende revisar ou rescobrir o seu estudo.

Através da apresentação mais direta dos conteúdos (o que podemos chamar de "resumo", "sinopse" ou "doutrina compactada"), optamos por evitar cansativas ilações doutrinárias ou jurisprudenciais, trazendo o essencial para o seu propósito, que é um caminhar seguro e lógico no ramo escolhido.

Os conteúdos aqui apresentados são o resultado de mais de quinze anos de docência nesta e em outras áreas afins, sendo a compilação da melhor estratégia didática observada junto aos nossos alunos de graduação, pós-graduação e cursos preparatórios.

Esperamos sinceramente que o(a) caro(a) leitor(a) deguste esta obra, construída com muito carinho e responsabilidade, pelo que nos colocamos em contato direto para dúvidas, críticas e sugestões, através do e-mail belmirofernandes@gmail.com, no Instagram em @belmirovivaldo e através de nosso canal de aulas no YouTube, em www.youtube.com/belmirovivaldo

A Bomboniére: E Seu Delicioso Cardápio De Tortas E Bolos Ebook Kindle

O universo LGBTQ é ainda rodeado por mistérios, especialmente dentre aquelas pessoas que não fazem parte dele. Há diversos mitos, estereótipos e estigmas que o permeia, mas também muitas vivências e histórias boas para serem contadas.

Este livro é um pequeno romance literário, ficcional portanto, de algumas vivências ocorridas por Hudson, Mário, Eustáquio, Ernani e Edson, na busca de viverem e serem felizes, seja na cidade onde parte deles vive, em Salvador/BA, seja nas diversas viagens pelo Brasil.

Neste volume, são retratadas as vivências desses personagens, marcadas por encontros, reencontros, curtição e vulnerabilidades. Alguns temas aqui trabalhados são um tanto quanto sensíveis e recomendo ao leitor que os conheça com cautela.

O Dano Moral Por Discriminação À Pessoa Em Decorrência De Sua Orientação Sexual.: Edição Revista E Ampliada

Esta dissertação buscou examinar a aplicação da responsabilidade civil por danos morais como instrumento de proteção às pessoas que são discriminadas em decorrência de orientação sexual. A partir da interlocução possível entre a Constituição e o Direito Civil, examinou-se o valor filosófico da dignidade humana e seu reconhecimento jurídico como princípio constitucional, cuja aplicabilidade revela-se plena mediante a utilização das teorias lastreadas no pensamento pós-positivista. Objetivando o reconhecimento de sua máxima eficácia, pôs-se em aproximação a dignidade humana perante os direitos de personalidade e direitos fundamentais, enquanto suas decorrências normativas, enfrentando-se, com relação a estes últimos, o regramento da direta aplicação do direito à igualdade às relações jurídicas entre particulares. Reconhecidos tais limites, estudou-se mais detidamente o instituto da responsabilidade civil por danos morais, mediante o levantamento de seus pressupostos e das diversas correntes que regulam sua aplicação. Neste contexto, buscou-se o regramento da livre expressão da sexualidade como decorrência do exercício da dignidade, mediante levantamento de dados antropológicos, científicos e históricos que atestam a ocorrência e legitimação social da homossexualidade em outras culturas e épocas, bem como os elementos que motivaram sua discriminação. A seguir, expôs-se o quadro da tolerância da orientação sexual no Brasil, a partir da análise de exemplos contemporâneos, conferindo-se especial destaque aos casos levados a julgamento nos tribunais pátrios. A pesquisa indicou que, embora a sociedade brasileira ainda discrimine pessoas em decorrência de orientação sexual, o ordenamento jurídico pátrio é capaz de indenizá-las moralmente por tais agressões, considerando que o livre exercício da sexualidade é componente da plena manifestação da personalidade e satisfação do corolário da dignidade humana.